教育部人文社会科学重点研究基地项目

项目批准号：14JJD810001

APEC 茂物目标 20 年：评价与展望

主编：宫占奎

南开大学出版社

天　津

图书在版编目(CIP)数据

APEC 茂物目标 20 年：评价与展望 / 宫占奎主编.
—天津：南开大学出版社，2021.1
ISBN 978-7-310-06082-5

Ⅰ.①A… Ⅱ.①宫… Ⅲ.①亚太经济合作组织－自
由贸易－研究②亚太经济合作组织－投资－经济自由化－
研究 Ⅳ.①F116

中国版本图书馆 CIP 数据核字(2021)第 002669 号

APEC 茂物目标 20 年：评价与展望
APEC MAOWU MUBIAO 20NIAN：PINGJIA YU ZHANWANG

南开大学出版社出版发行
出版人：陈　敬
地址：天津市南开区卫津路 94 号　　邮政编码：300071
营销部电话：(022)23508339　营销部传真：(022)23508542
http://www.nkup.com.cn

三河市同力彩印有限公司印刷　全国各地新华书店经销
2021 年 1 月第 1 版　　2021 年 1 月第 1 次印刷
240×170 毫米　16 开本　20.75 印张　297 千字
定价：88.00 元

如遇图书印装质量问题，请与本社营销部联系调换，电话：(022)23508339

总　序

　　亚太地区的人口约占世界总人口的三分之一，地区国内生产总值（GDP）总量和贸易总额在世界上所占的比重也都超过了50%。因此，始于20世纪80年代末的亚太区域合作进程不仅关乎本地区的经济增长和繁荣，而且对世界经济的发展也具有重要的影响。

　　需要强调的是，亚太区域合作进程是由多种因素驱动的，既缘于地区成员之间日益紧密的经济联系，也受到大国地缘战略的影响。同时，就客观条件而言，亚太地区地域辽阔，经济体众多，各成员在社会制度、经济发展水平、文化、历史等方面存在很大差异。因此，亚太区域合作具有比较显著的多样性和灵活性，呈现出多层次、多领域、多途径的特征。

　　进入21世纪以来，随着新一轮区域经济一体化浪潮在全球范围内的兴起，以及世界贸易组织（WTO）多边贸易谈判的遇阻，亚太区域合作进程加速，在形式上集中表现为各种类型区域贸易安排（FTA/RTA）的大量衍生。在亚太区域经济一体化程度不断加深的背景下，传统的贸易投资自由化和便利化合作向全球价值链合作领域纵深发展，各成员经济政策的协调从关税、非关税等"边界上"措施向"边界内"的规制领域延伸，并由此引发了区域乃至多边贸易投资规则的重构。与此同时，域内大国纷纷加大了战略投入，从而使亚太地区成为大国利益交汇最多、战略博弈最激烈的地区。从前景来看，亚太区域合作进程将对全球经济治理的格局演变产生至关重要的影响。

以1991年加入亚太经济合作组织（APEC）作为标志，中国（本书中中国、我国均指中国内地，不包括港、澳、台）从20世纪90年代初开始全面参与亚太区域合作进程，这是我国为了适应新一轮区域经济一体化浪潮的兴起，并满足以经济建设为中心和加快推进市场经济改革的国内任务需要而采取的重要举措。除了欧盟之外，中国的主要贸易和投资伙伴主要集中亚太地区。因此，积极参与亚太区域合作使中国享受了更加开放的贸易和投资环境，进一步密切了与区域内各成员的经贸关系，为此后参与多边、区域、次区域和双边层次的多元化国际经济合作体系奠定了基础。不仅如此，亚太区域合作还为中国推动建立更加公平合理的国际经济新秩序提供了机遇和平台。

《中华人民共和国国民经济和社会发展第十三个五年规划纲要》指出，我国将坚持开放发展，着力实现合作共赢，并强调我国将以更加主动的姿态参与全球经济治理，在积极承担国际责任和义务的同时，提高我国在全球经济治理中的制度性话语权。需要指出的是，对正在迅速崛起的中国而言，虽然综合国力不断提升，但在今后较长一段时期内仍将是一个具有世界影响力的亚太大国。基于这一定位，深入推进亚太区域合作既是我国参与全球经济治理的重要组成部分，也将为我国进一步提升在全球经济治理体系中的地位和影响力提供契机和有效抓手。

鉴于此，南开大学亚太经济合作组织（APEC）研究中心作为教育部人文社会科学重点研究基地，将"中国参与亚太区域合作和全球经济治理的战略与实施"确定为"十三五"期间的科研主攻方向，并组织研究中心的学术团队撰写"亚太区域合作与全球经济治理研究丛书"。丛书涉及的主要问题包括亚太区域经济一体化新趋势、APEC 进程中的热点问题、亚太区域合作与"一带一路"倡议的相互促进，以及国际经贸规则重构对中国参与亚太区域合作和全球经济治理的影响等。希望本丛书的出版能够为推进该领域的理论和应用研究成果创新做出有益的尝试和贡献。

刘晨阳

南开大学亚太经济合作组织（APEC）研究中心　主任

前　言

　　APEC 茂物目标于 1994 年 APEC 领导人非正式会议确定，即发达成员与发展中成员分别于 2010—2020 年实现贸易投资自由化和便利化。1995 年日本会议将茂物目标细化，确定了实施目标的基本原则和具体内容，包括自由化的 4 个领域以及便利化的 11 个领域。1996 年确定了利用单边行动计划和集体行动计划同时推进，并确定了经济技术合作的 13 个领域。一般与自由化和便利化称为推进 APEC 进程的三个支柱。

　　为了有效推进茂物目标，APEC 进行了同行审议与中期评估，2010 年 13 个 APEC 成员参加了茂物目标评估，包括 5 个发达成员和 8 个发展中成员。鉴于大部分成员完成了茂物目标评估，今后的目标如何确定，以什么方式继续推进 APEC 进程，已经成为 APEC 成员需要思考的最大问题。

　　由于 APEC 积极推进贸易投资自由化，使 APEC 成员的关税平均水平低于 WTO 所有成员的平均水平，鉴于有些成员担心非 APEC 成员搭便车，另外也是为了推进贸易投资自由化进程由自愿模式转向机制化，APEC 成员内部建立了诸多的自由贸易协定（FTA），如何处理 APEC 茂物目标与各个 FTA 的关系也成为 APEC 今后发展的重要议题。

　　2020 年 APEC 所有成员将完成茂物目标评估，之后 APEC 目标必须重新确定。研究和盘点 APEC 在各个领域取得的成就以及存在的问题，有利于 APEC 今后的顺利发展。

　　《APEC 茂物目标 20 年：评价与展望》一书按照不同的领域共分七章，第一章具有总论性质，第二章为投资自由化研究，第三章为便利化研究，第四章涉及经济技术合作，第五章是 APEC 内部 FTA 分析，第六章是中国对 APEC 进程的贡献，第七章主要集中在对 APEC 今后发展的展望问题。

本书成稿于 2016 年 10 月，由于地区经济合作局势变化迅速，请读者结合相关最新发展情况阅读和参考。

APEC 是中国最早参加的区域经济合作组织，具有论坛性质，茂物目标中所涉及的内容都是软性指标，2020 年以后茂物目标如何变化是 APEC 将要面对的重大问题，值得政府部门与专家学者的关注。

宫占奎

2016 年 10 月于南开大学

目　录

第一章　APEC 茂物目标：憧憬与行动

亚太经济合作组织（APEC）是亚太地区最大的区域经济组织，1989 年成立，至 2016 年已有 27 年历史，APEC 对推动亚太地区贸易投资自由化和便利化，加强经济技术合作起到了积极推动作用。自 1994 年 APEC 确立茂物目标之后，APEC 发展进程基本是按照茂物目标确定的一般原则和内容推进。回顾二十多年以来茂物目标进程，分析当前 APEC 成员实施茂物目标的现状，展望未来，对于茂物目标按时实现，推进 APEC 经济可持续增长，加强成员间经济技术合作具有重要意义。

第一节　APEC 茂物目标：从憧憬到行动

APEC 从成立、构建憧憬到实际行动，走过了一个探讨、协商、承诺目标、构建具体内容的过程，自 1996 年开始，APEC 进入了具体行动阶段。

一、APEC 茂物目标：憧憬构建

APEC 于 1989 年在澳大利亚成立时，参加 APEC 的 12 个成员都是关税与贸易总协定（GATT）缔约方。[①] 第一届 APEC 部长级会议确定了 APEC 贸易投资自由化的目标，鉴于两组织目标的一致性，推进 GATT 贸易自由化成为 APEC 的

---

① WTO 于 1995 年成立，前身为关税与贸易总协定（GATT）。

主要工作。1990 年新加坡第二次部长级会议依然关注 GATT 乌拉圭回合谈判进程，再次阐明了推动贸易投资自由化是 APEC 的主要目标。1991 年韩国首尔第三届部长级会议确定了 APEC 的宗旨，即推动全球贸易自由化，促进 APEC 成员间贸易、投资和技术领域的经济合作。① 1992 年 APEC 泰国第四届部长级会议是继新加坡会议之后，再次就推进 GATT 乌拉圭回合谈判成功发表的第二个单独声明。同年，APEC 成立了秘书处，秘书处设在新加坡，标志着 APEC 开始走向组织化。

APEC 自成立到 1992 年期间的最高级会议是由各成员的外交部和商务部部长参加的部长级会议。1993 年的 APEC 会议由美国主办，当时，美国借东道主之机，将 APEC 最高级别的部长级会议提升为 APEC 经济非正式领导人会议。② 以后，每年一度的 APEC 部长级会议之后，召开 APEC 成员领导人参加的非正式会议。

1993 年 11 月，APEC 第五届部长级会议和第一次 APEC 经济领导人会议在美国西雅图召开，此阶段，乌拉圭回合谈判接近结束，③所以会议强调 APEC 成员应该深化和扩展乌拉圭回合的谈判成果，促进 APEC 地区的贸易投资自由化，推动以市场为导向的经济合作，促进该地区贸易、投资自由化进程，消除 APEC 成员间的贸易和投资障碍。

1994 年 11 月，在印度尼西亚的雅加达召开的第六届部长级会议提出了贸易自由化报告，并将报告提交随后召开的第二次 APEC 领导人非正式会议讨论。会议发表了《亚太经济合作组织领导人共同决心宣言》，由于会议在印度尼西亚的小镇茂物召开，所以该宣言中各成员承诺的目标称为"茂物目标"，即发达成员和发展中成员分别于 2010—2020 年实现贸易投资自由化和便利化。茂物目标指出，APEC 贸易投资自由化不仅要减少 APEC 成员间的贸易壁垒，而且要减少 APEC 成员与非成员间的壁垒。同时指出，APEC 将"致力于单方面实施贸易和投资自

---

① 1991 年 APEC 韩国首尔（旧称汉城）第三届部长级会议同时接纳中国、中国台北、中国香港为正式成员，中国作为主权国家，中国台北、中国香港作为地区成员参加。1993 年墨西哥和巴布亚新几内亚成为正式成员，1994 年智利被批准加入，当时 APEC 共有 18 个成员。此后 APEC 3 年没有增加新成员，以便集中精力推进 APEC 进程。茂物目标就是在 18 个成员的推动下确立的。1997 年 11 月接纳俄罗斯、秘鲁和越南为 APEC 成员，APEC 已经达到 21 个成员。此后，APEC 再没有发展新成员。

② 英文原文为：Economic Leaders Meeting（经济领导人会议）。

③ 乌拉圭回合谈判于 1994 年 4 月结束。

由化的进程"。此次会议确定了 APEC 的基本性质，即开放性、非排外的区域经济组织，APEC 贸易投资自由化的益处和非 APEC 成员同样享受。

1995 年 APEC 会议在日本举行，会议发表了《APEC 经济领导人行动宣言》和《执行茂物宣言的大阪行动议程》。宣言再次明确了 APEC 发展的目标，《大阪行动议程》将 APEC 实现目标的途径具体化，其内容共包括两部分：第一部分阐明了 15 个领域的自由化和便利化内容，其中 4 个领域为贸易投资自由化，11 个领域为贸易投资便利化；第二部分阐明了 13 个具体领域的经济技术合作内容。[①]

APEC 经过 7 年的努力，到 1995 年日本会议结束。可以说，APEC 已经确立了推进贸易投资自由化的基本原则、自由化和便利化的框架、自由化和便利化的具体行动内容、经济技术合作的主要领域。从成立到 1995 年，APEC 已经完成了从憧憬到行动的规划。

茂物目标及其相关原则、领域、基本内容的确立是 APEC 发展的里程碑，也是 APEC 完成憧憬构建的标志。

APEC 成员之所以就茂物目标问题达成共识，完成从憧憬到行动的转换，主要与 APEC 性质以及推进目标的模式相关，APEC 自身是论坛性质的区域经济合作组织，各成员承诺实现茂物目标没有实质性压力，因为 APEC 不是约束性的区域经济组织，而且茂物目标是各成员的承诺，不像一般的区域一体化协定是谈判的结果，没有涉及硬任务，而是按照各成员自己的实际情况做出推进贸易投资自由化和便利化计划。鉴于 APEC 成员的差异性，包括市场开放程度、国力大小、文化差异、发展历史等，如果采取强制体制，必然存在巨大困难。为了保障 APEC 从憧憬到行动的转换，采用软机制是当时创新性的制度安排。

二、APEC 茂物目标：具体行动

APEC 茂物目标构建完成以后，接下来就是按照已经确定的目标推进 APEC

---

① 在 APEC 正式文件中，称《大阪行动议程》包括三个支柱：一是贸易投资自由化，二是便利化，三是经济技术合作。由于《大阪行动议程》分为两大部分，我国习惯称其为 APEC 的两个轮子。

贸易投资自由化和便利化进程。APEC 茂物目标从憧憬到行动的具体标志体现就是 1996 年菲律宾马尼拉会议形成的《马尼拉行动计划》，该计划在 APEC 进程中具有重要位置。

1996 年 11 月 APEC 菲律宾马尼拉会议的主要工作就是具体落实《大阪行动议程》提出的行动计划，会议形成的《APEC 经济领导人宣言：从憧憬到行动》重申了 APEC 单边和集体行动计划的目标是使 APEC 成员的人民富裕起来，并持续提高生活水平，达到这一目标的方法就是推动贸易和投资自由化和便利化，以及加强 APEC 成员间的经济技术合作。APEC 菲律宾马尼拉会议的圆满结束，标志着 APEC 贸易和投资自由化进程以及经济技术合作进入了行动阶段。会议形成了《马尼拉行动计划》。

《马尼拉行动计划》包括四个方面的内容：一是总论，二是集体行动计划，三是单边行动计划，四是关于经济技术合作 320 个项目的进展报告。从 APEC 茂物目标的角度分析，《马尼拉行动计划》的第二部分和第三部分至关重要。为了更好地实现茂物目标，APEC 经济技术合作也是重要内容。加强 APEC 成员间的经济技术合作除了提高人民生活水平之外，同时可以弥补各成员经济发展水平之间的差距，更有利于推动 APEC 贸易投资自由化和便利化进程。

当时，APEC 为 18 个成员，各成员第一次按照《大阪行动议程》规定的 15 个领域，提交了各自的单边行动计划（IAP）。单边行动计划按照时间段又划分为三部分：一是阐明短期和中期内在 15 个领域推进贸易投资自由化和便利化所自愿采取的行动，二是勾画 2010 年达到的具体目标，三是 2020 年达到的具体目标。

1996 年所有 APEC 成员都提交了 IAP，1997 年 1 月 1 日开始实施。

三、推进茂物目标的原则、具体内容及其修订

就贸易投资自由化和便利化而言，茂物目标包括三部分：一是推进茂物目标的原则，二是贸易投资自由化的具体领域和内容，三是贸易投资便利化的具体领域和内容。《大阪行动议程》中存在 APEC 经济技术合作问题，在推进茂物目标的初期面对经济技术合作的意义有不同的认识：一种观点认为经济技术合作是为了更有利于推进贸易投资自由化和便利化；另一种观点认为，经济技术合作能够缩小成员间经济发展的差异，有利于推进茂物目标。但随着贸易投资自由化和便利化进程的深入，这种争论不再被关注，APEC 经济技术合作进程发展比较顺利。

（一）推进茂物目标的一般原则

《大阪行动议程》规划了推进贸易和投资自由化和便利化目标的 9 项一般原则。

1. 全面性。APEC 推进贸易投资自由化和便利化是全面的，包括逐步取消影响贸易和投资自由化和便利化的所有障碍，在推进茂物目标进程中没有例外。

2. 与世界贸易组织（WTO）的一致性。《大阪行动议程》要求 APEC 贸易投资自由化和便利化措施与 WTO 协定相一致。APEC 应该实施 WTO 规则中的最惠国待遇以及国民待遇原则，这两个基本原则是 WTO 的核心和最基本的原则，这些基本原则包括在关税、非关税措施、海关手续以及费用、进口产品的国内流通与管理领域应该享受国民待遇原则。在 APEC 推进茂物目标的进程中，为了实施最惠国待遇和国民待遇原则，提出了规制改革问题。

3. 可比性。尽管推进茂物目标是自主自愿，但也要求所有成员在推进过程中具有总体的可比性。

4. 非歧视性。非歧视性也是 WTO 基本原则之一，即 APEC 实施贸易投资自由化和便利化进程中，不得对其他 APEC 成员产生歧视，同时也不得对非 APEC 成员产生歧视。

5. 透明度。各 APEC 成员应该在有关贸易投资领域的法律、规章、政策和行政程序方面保持透明度，以建立和维持一个开放和可预期的贸易与投资环境。

6. 维持现状。各成员将努力尽可能不使用使贸易保护主义升级的措施，在现有政策的基础上，尽量推进贸易投资自由化和便利化，不增加新的有碍推进茂物目标的措施。

7. 同时启动、持续进程与不同的时间表。各 APEC 成员应该同时启动推进茂物目标的进程，并为推动这一进程确定做出长期持续的、重要的贡献。不同的时间表指发达成员与发展中成员分别于 2010—2020 年实现茂物目标。

8. 灵活性。考虑到 APEC 成员之间在经济发展水平、市场开放程度、政策法规方面的差异，在推进茂物目标的进程中，允许存在灵活性。

9. 合作。积极寻求和加强 APEC 成员间的经济技术合作，为茂物目标的实现做出贡献。

（二）推进茂物目标的 15 个具体领域

对于推进茂物目标的具体领域和内容，尽管贸易投资自由化和便利化存在差别，但为了保持与《大阪行动议程》的一致性，贸易投资自由化和便利化问题不再分开阐明。贸易投资自由化包括 4 个领域，即关税、非关税措施、服务业、投资，其他 11 个领域为贸易投资便利化问题。

1. 关税。关税减让是 APEC 实现贸易自由化的重要途径，其目标是逐步削减关税，确保 APEC 成员各种关税制度的透明度；削减或取消关税将对亚太地区的贸易和经济产生积极影响，但是在削减关税过程中，关税减让不要被非正当措施的使用所破坏。另外，在处理 APEC 和该组织内部次区域经济集团之间的关税减让时，在自愿的基础上，将区域安排产生的关税削减和消除的好处扩大给所有 APEC 成员。当时在 APEC 内部存在两个主要次区域经济集团，一是包括美国、加拿大和墨西哥的北美自由贸易区（NAFTA），另一个是包括新加坡、泰国、菲律宾、马来西亚、印度尼西亚和文莱六国的东盟（ASEAN）。这些次区域经济集团内部削减或取消关税的安排，可在自愿基础上给予 APEC 所有成员。[1]但从具体实施的效果分析，各个区域经济一体化组织都没有政策的溢出，而是内外有别。2005 年之后，APEC 内部的 RTA 发展迅速。

2. 非关税措施。该领域的目标是逐步减少非关税措施，确保 APEC 成员各种非关税措施的透明度。非关税措施主要包括以下几个方面：数量性进出口限制

---

[1] 宫占奎. APEC 贸易投资自由化和经济技术合作研究——兼论 APEC 制度创新[M]. 天津:南开大学出版社，1999：95-96.

或禁止、最低进出口限制、进出口许可证、自动出口限制、出口补贴等。①

　　为了达到逐步减少或取消非关税措施的目的，APEC 要求每一个成员应确保任何非关税措施的削减或削除不被非正当措施的使用所破坏，使非关税措施的削减或削除能对亚太地区的贸易和经济增长产生积极影响，同时考虑在自愿基础上将次区域安排产生的非关税措施削减和削除的好处扩大至所有 APEC 成员。在削除非关税措施方面，APEC 特别强调逐步取消出口补贴问题。除此之外，APEC 提出取消不正当的出口禁令和限制；停止采用任何新的非关税措施。

　　3. 服务业。该领域的自由化目标为逐步减少服务贸易市场准入限制；逐步为服务贸易提供最惠国待遇和国民待遇。为达到此目标，APEC 要求各成员为 WTO 主持下的服务贸易多边谈判做出积极贡献，扩大服务贸易总协定（GATS）在市场准入和国民待遇方面的承诺，并在适当时候取消最惠国待遇例外。APEC 服务贸易自由化领域主要包括电信、交通、能源、旅游四个方面。除此之外，各成员的单边行动计划（IAP）中也提出了金融服务业自由化计划。

　　4. 投资。实现投资领域自由化目标的主要途径为：通过逐步提供最惠国待遇和国民待遇以及确保透明度，使 APEC 成员各自的投资制度和整个 APEC 投资环境自由化；通过技术援助和合作促进投资活动，以实现上述目标。APEC 为每一个成员提出了行动的准则，即利用 WTO 协议、APEC 非歧视性投资原则、其他有关国际协议及任何在 APEC 内制定并一致同意的准则作为初步框架，逐步减少或削除实现上述目标的例外和限制；探讨 APEC 双边投资协议网络扩大可能性。②APEC 在投资领域所采取的集体行动包括：采取措施增加 APEC 投资制度的透明度，促进与投资环境有关的 APEC 商业团体间可持续的对话机制，短期内同经济合作发展组织（OECD）和其他参与全球及区域投资问题的国际论坛建立对话机制。

　　以上 4 个方面是 APEC 贸易投资自由化问题，其余 11 个领域主要是便利化

---

①　宫占奎. APEC 贸易投资自由化和经济技术合作研究——兼论 APEC 制度创新[M]. 天津：南开大学出版社，1999：96.
②　宫占奎. APEC 贸易投资自由化和经济技术合作研究——兼论 APEC 制度创新[M]. 天津：南开大学出版社，1999：97. 原始资料参阅了 APEC Secretariat（*The Osaka Action Agenda Implementation of the Bogor Declaration*，Nov. 1995）.

问题，但在某些条款中既包括了便利化措施，也包括了自由化内容。

5. 标准一致化。要求 APEC 成员确保与 APEC 标准一致化框架宣言及 WTO 协议附属的技术性贸易壁垒协议和卫生与动植物检疫措施协议相接轨。

6. 海关程序。要求关税术语一致化；信息的共同使用性；简化和协调海关程序，提高海关程序电脑化程度；协调海关估价制度。海关程序问题在 APEC 推进便利化进程中始终是重要领域，包括电子商务、互联互通等问题都涉及海关程序领域。

7. 知识产权。要求在最惠国待遇、国民待遇及透明度原则基础上，确保对亚太地区知识产权充分、有效地立法、管理和执行。APEC 在知识产权方面的准则是：每一个 APEC 成员确保知识产权的迅速给予，确保以有力的方式对付违反知识产权的行为。关于知识产权的问题，既不属于贸易投资自由化内容，也不属于便利化措施问题，而是贸易投资领域所存在的 APEC 发达经济成员所关注的权力和利益问题。在贸易投资自由化和便利化领域中加入这一问题是维护发达成员的经济利益，但在确保知识产权迅速给予问题上对发展中成员是有利的。

8. 竞争政策。APEC 目标是确保竞争政策、法律法规及相关政策的透明度，改善亚太地区竞争环境，最大限度地增强市场的有效运行、生产和贸易者之间的竞争以及保证消费者的利益。

9. 政府采购。增加对政府采购政策和制度以及对每一个 APEC 成员政府采购做法的共同理解，实现亚太地区政府采购市场的自由化。

10. 放松管制。APEC 目标是促进各自管理制度的透明度以外，要求每一个成员消除那些由于国内规章条例引起的贸易与投资的扭曲。在推进 APEC 贸易投资自由化进程中，该领域不仅是便利化问题，同时也是自由化问题和国民待遇原则的实施问题，APEC 内部一些规章制度影响了贸易投资自由化进程，为此，APEC 推出了"规制改革"问题，以求从各成员内部的规章制度改革推进茂物目标实现。

11. 原产地规则。APEC 目标是各成员将确保与国际统一的原产地规则相一致；确保各自原产地规则规定和应用的公正、透明、中立。同时提出，APEC 各成员的原产地规则与即将作为世界贸易组织/世界海关组织进程中通过的国际协调原产地规则接轨；确保原产地规则的可预见性及运用的一致性。

原产地规则是国际贸易的重要规则，但在某种程度上却起到对区域经济集团内部的保护作用。也就是说，由于区域经济集团内部取消了关税，实行了商品的自由流动，原产地规则防止了区域集团外国家和地区的商品通过区域集团中的成员流入整个集团内部。这种规则促进了区域经济集团内部的贸易发展，但却对集团外商品进口起到了阻碍作用。

12. 争端调解。APEC 将鼓励成员尽早通过合作方式处理争端问题，以便在不发生对抗和升级的情况下解决分歧，同时不损害 WTO 协议和其他国际协议下的权利和义务。

13. 商业人员流动。APEC 提出的目标是加强亚太地区从事贸易与投资行为商业人员的流动。APEC 推出的商务旅行卡计划有效地实施了该计划，为商务人员流动提供了极大的便利。

14. 乌拉圭回合结果执行。APEC 要求每一个 WTO 组织中的 APEC 成员要忠实地执行其在乌拉圭回合中的承诺，每一个正在加入 WTO 协议进程中的 APEC 成员，可以自愿采取各自的与 WTO 协议一致的贸易与投资自由化步骤，参加 APEC 乌拉圭回合执行行动，每一个 APEC 成员要自愿加速、深化和扩大执行乌拉圭回合的结果。

15. 信息收集与分析。计划建立有关货物贸易、服务贸易和直接投资的数据库并经常进行更新；接受服务贸易的国际标准及由国际货币基金组织开发的投资数据。[①]

总结 APEC 贸易投资自由化和便利化的内容，自由化涉及的 4 个领域主要是市场开放问题，推进茂物目标实现就是逐步减少和消除贸易投资领域的保护措施。APEC 便利化措施主要是增加政策、标准的透明度，与国际标准接轨等问题，以提高贸易和投资的便利化，节省交易时间和减少交易成本。

---

① The Osaka Action Agenda , Implementation of the Bogor Declaration, Osaka, Japan November 1995. 宫占奎. APEC 贸易投资自由化和经济技术合作研究——兼论 APEC 制度创新[M]. 天津：南开大学出版社，1999：99.

（三）茂物目标具体领域内容的修订

2002 年 APEC 对《大阪行动议程》进行了修订。此次修订体现了 APEC 针对新形势而强调 APEC 进一步推进贸易投资自由化和便利化的目标。主要修订的内容包括以下几个方面。

1. 基本原则的修订

由于《马尼拉行动计划》已经开始实施，所以在新修订的第一部分"自由化和便利化"中的"一般原则"中，增加了"相关性、进步性和有效性"的内容。该原则内容主要强调 APEC 发展应该使所有成员受益，同时强调了 APEC 对全球经济发展的引领作用。这一基本原则对 APEC 的发展起到了积极的促进作用。近些年来，APEC 强调发展与增长议题中的平衡增长、包容性增长、可持续增长、创新增长、安全增长等内容就是修订原则的体现。

2. 强调 APEC 与 WTO 的一致性

新的修订强调了 APEC 执行 WTO 协议的决心，从 1995 年到 2002 年世界经济形势和 APEC 面临的情况发生了变化。1997 年 WTO 签订了《信息技术协定》，新修订的《大阪行动议程》在"关税"部分，鼓励所有 APEC 中的 WTO 成员加入《信息技术协定》，同时鼓励非 WTO 成员遵守该协定。该协定要求 WTO 所有缔约方的 IT 产品分阶段将关税削减至零。[①] 在非关税领域，强调 WTO 的作用，要求 APEC 成员取消任何与 WTO 协定不一致的非关税措施，不折不扣地执行 WTO 协定，同时要求各成员增加非关税政策的透明度。在标准一致化方面，要求各成员与 WTO 的技术性贸易壁垒协议与动植物检疫措施协议的国际标准相一致。

3. 强调电子商务的作用

2000 年 5 月 26 日第四届 APEC 电信和信息产业部长级会议通过了《坎昆宣言》，确定了亚太地区未来电信和信息产业发展的共同目标。宣言还呼吁各国应重视培养面向新数字经济的人才，努力推动电子商务的发展，制定推动行业竞争的管理政策，鼓励通信服务行业竞争和减少非关税堡垒等方面的合作。为了推动《坎

---

① 2003 年 4 月中国加入 WTO《信息技术协定》。

昆宣言》的落实，APEC 强调在服务业领域要充分发挥电子商务在服务给予方面
的合作，要求各成员在国内、本地区以及全球层次上填充"数字鸿沟"，在网络服
务领域要加强交流，并与 APEC 网络服务国际定价原则相一致。在海关程序领域，
鼓励使电子商务作为便利化工具，努力减少或者消除海关程序领域的纸质文件，
实现无纸贸易，2005 年之前取消传递国际运输与贸易关键信息的纸质文件。

4. 新增加的内容

新增加的内容主要包括两个方面，一是推进商务旅行卡计划，到 2001 年包
括智利、中国香港、澳大利亚、韩国、菲律宾、文莱、秘鲁、泰国、中国台北、
新加坡、越南、墨西哥、马来西亚等成员都参加了商务旅行卡计划，所以新修订
的《大阪行动计划》要求定期更新"APEC 商务旅行手册"，同时要求其他成员根
据自己的移民政策和工作程序，尽快加入商务旅行卡计划。二是加强经济法律方
面的基础设施建设，促进经济的良性发展。要求在商业领域运用法律规定时确保
公平、透明、一视同仁，建立商人和投资者的信心。

5. 经济技术合作领域的修订

与对贸易投资自由化领域的修订相比较，在经济技术合作领域的修订内容比
较少，1995 年的《大阪行动议程》包括 13 个领域，新修定的《大阪行动议程》
包括 12 个领域，没有提及"贸易和投资数据"问题。鉴于 APEC 活动内容的重
要性，新版的《大阪行动议程》将"农业技术合作"提到重要的位置，其次是能
源、渔业等。[1]

四、推进茂物目标的"APEC 方式"

APEC 方式（APEC Approach）是 APEC 推进茂物目标模式的创新，是 APEC
区别于其他区域经济组织的特殊运作机制，在 APEC 成员之间存在巨大差异条件
下， APEC 方式适应了 APEC 推进茂物目标的客观要求，对 APEC 成员产生了巨
大的聚合力。APEC 方式的产生与《大阪行动议程》中所确立的推进茂物目标的

---

[1] 宫占奎，黄春媛.APEC 进程 25 年：回顾与展望[J]. 亚太经济，2014（2）.

一般原则相一致。

（一）APEC 方式产生的主要原因

由发达工业化国家和发展中国家与地区组成的 APEC，自成立以来发展顺利，主要在于 APEC 方式的独特性及其所产生的聚合力。APEC 方式不仅丰富了国际区域经济组织理论，而且这一模式保持了与 WTO 的一致性。分析 APEC 方式产生的原因，可以概括为以下几个方面。

1. APEC 方式产生的内部动力

APEC 方式之所以产生，首先是来自 APEC 成员内部的动力。对于发展中成员而言，随着东亚经济的不断增长，寻求技术合作、调整产业结构和解决资金短缺问题日益成为这些国家和地区加快发展步伐、适应经济全球化趋势的关键。同时，发展中成员遇到的压力也包括市场相对狭小的问题，APEC 中的亚洲国家和地区的经济发展战略基本雷同，都是以出口带动经济增长。然而，随着"东亚经济模式"的发展成熟，各成员内部市场相对狭小，为寻求外部有利的市场，继续推行外向型经济发展战略是 APEC 发展中成员理想的选择。近几年来，APEC 发达工业化成员的国际经济地位相对下跌，其主要的矛盾是国内市场的有效需求不足，寻求更加广阔的市场是发达工业化成员经济发展的关键问题，加强与 APEC 成员的合作将扩大他们的市场。

2. 外部压力的推动

在 APEC 成员中，不论是发达的工业化成员，还是发展中成员的经济发展都遇到了全球经济一体化带来的巨大压力。20 世纪 80 年代以来，国际区域经济组织或集团发展迅速。这种发展的直接后果是全球市场被分割，形成区域垄断，从这一点讲，区域经济集团阻碍全球贸易投资自由化的发展。欧盟的迅速发展使美国等 APEC 发达成员的利益受到威胁。外部压力的产生，促使发达成员为与欧盟竞争而积极推动 APEC 进程。

3. 相互依赖性的推动

APEC 的产生及 APEC 方式制度的确立，除了 APEC 各成员内外部的压力之外，APEC 各成员经济的相互依赖性也推动了 APEC 方式的产生。APEC 成员的相互依赖主要表现在贸易依赖和投资依赖。1995 年，APEC 成员中，澳大利亚对 APEC 成员的贸易占总贸易量的 72.3%，加拿大为 87.3%，日本为 71.3%，新西兰为 70.8%，美国为 65.4%，中国为 73.1%，占比重最高的墨西哥达到了 90.2%，占比重最低的智利对 APEC 成员的进出口贸易的比重也达到了 46.2%。[①]

APEC 成员之间除了贸易依赖程度比较强之外，相互之间的投资流动也相当多。目前关于投资的研究报告权威的应该为联合国出版的《世界投资报告》，但从公布的资料看，很难把 APEC 成员对外直接投资国别去向和引进外资的具体来源划分清楚，但从公布的数字分析，APEC 各成员对外投资和引入外资规模不断扩大，相互依赖性不断增强。

在茂物目标的指引下，APEC 充分发挥了 APEC 方式的优势，推进了贸易投资自由化进程。

（二）APEC 方式的概念与内容

APEC 方式从建立到目前依然是一种有别于目前其他区域经济组织的独特运行方式。APEC 自成立以来，在实践中积累了一些经验，形成了独具特色的合作方式。这种方式可以概括为：承认多样性，强调灵活性、渐进性和开放性；遵循相互尊重、平等互利、协商一致、自主自愿的原则；单边行动计划与集体行动计划相结合，在集体制定共同目标指引下，APEC 各成员根据各自不同的情况，做出自己的努力。[②]

APEC 方式自 1996 年产生，尽管 APEC 遇到了 1997 年的亚洲金融危机、2008 年的美国次贷危机引发的全球金融危机，但 APEC 方式始终体现了自身的灵活性，推动着 APEC 贸易投资的自由化与便利化进程。尽管目前 APEC 方式受到区域贸易协定（RTA）的挑战，但目前为止，APEC 方式依然是 APEC 运作的基本原则和框架。

---

① 资料来源：依据国际货币基金组织（IMF）《贸易方向统计》1996 年鉴。
② 宫占奎. APEC 贸易投资自由化和经济技术合作研究——兼论 APEC 制度创新[M]. 天津：南开大学出版社，1999：32-33.

1. 承认多样性，强调灵活性、渐进性和开放性

APEC 成员经济发展水平的多样性包括经济发展管理模式的多样性，市场开放程度不同；综合国力的多样性，有的成员的经济规模很大，有的很小；生活方式、文化、政治体制等方面也存在着多样性。这些多样性决定了 APEC 的运作机制应该采取 APEC 方式。

APEC 方式所强调的灵活性主要体现在两个方面：一方面是发达与发展中成员达到 APEC 目标时间表的灵活性，另一方面是贸易投资自由化和便利化进程的灵活性。APEC《大阪行动议程》所阐述的推进茂物目标的一般原则也体现了 APEC 方式的灵活性。从 APEC 发展进程分析，灵活性还体现在单边行动计划（IAP）的中期评估以及 2010 年的茂物目标评估问题上，例如，计划 2010 年仅仅是发达成员参加茂物目标评估，但 8 个发展中成员也自愿参加了茂物目标评估。

渐进性和开放性与 APEC 实施茂物目标的一般原则相一致。

2. 相互尊重、平等互利、协商一致、自主自愿

鉴于 APEC 成员发展的差异性，尤其是经济发展水平的差异性，要求实现茂物目标，推进自由化和便利化就必须相互尊重，采取非歧视性原则。因为只有相互尊重才能共同维护亚太地区经济稳定和繁荣，才能不断挖掘经济潜力，使该地区经济充满活力，社会福利不断增加。

平等互利与相互尊重紧密相关，在相互尊重基础上的合作原则为平等互利，这种模式改变了"南北"合作中带援助性、某种程度上体现歧视性的合作方式。APEC 合作是在平等基础上的合作，通过合作推进贸易投资自由化和便利化，加强经济技术合作，使合作各方受益。2003 年泰国 APEC 领导人宣言的主题就是"建立面向未来的伙伴关系"，表明了 APEC 各个成员平等互利的新型伙伴关系。

协商一致是 APEC 平等的具体化，是摈弃谈判体制而采取的协商方式。协商一致原则使 APEC 区别于其他区域经济集团，APEC 不存在超国家决策，从而也不存在国家和民族权力的让渡，也充分体现了 APEC 的平等原则。APEC 方式是：

协商+自主行动，在协商一致的基础上，各成员为达到共同的目标而采取自主行动。

自主自愿原则可以说是 APEC 方式的核心，自主自愿原则的优越性在于它比谈判更容易达成一致的意向，给 APEC 各成员留有充分调整的余地。谈判具有法律效应，各成员必须实施，因此进程缓慢。对于 APEC 而言，如此多的成员，在如此广阔的经济领域达成具有法律效应条款的困难是可想而知的。

3. 单边行动计划与集体行动计划相结合

APEC 单边行动计划和集体行动计划都是为了实现 APEC《大阪行动议程》所确立的目标。单边行动计划与集体行动计划的相互促进和补充是 APEC 方式的具体实施机制。在 APEC 1996 年 11 月马尼拉会议上，各成员提交了各自的单边行动计划，同时马尼拉会议制定了集体行动计划。单边行动计划体现了 APEC 各成员在自愿基础上制定的贸易投资自由化和便利化的时间表。《大阪行动议程》为各成员制定了单边行动计划的基本框架，共包括 15 个具体领域。集体行动计划在《马尼拉行动计划》（Manila Action Plan for APEC，简称 MAPA）中给予了详细阐述，包括 APEC 集体行动计划图表、APEC 经济技术领域集体行动进展报告，详细阐明了 APEC 在 13 个领域的集体行动。[①]

（三）APEC 方式推进茂物目标的初期进程

总体分析，APEC 关税自由化进程开始阶段进展较快，尤其是 2006 年之前各成员都在不同程度上削减了进口商品关税，从 1996 年到 2006 年，各成员关税呈大幅下降趋势。但之后的几年基本没有变化，主要原因是此阶段 APEC 成员的平均关税税率已经低于 WTO 所有成员的平均关税水平，由于 APEC 自身开放性的制度安排，如果再降低关税，其他 APEC 成员将会搭便车。

---

① APEC. *Manila Action Plan for APEC*, Philippine International Convention Center, Manila, November 1996.

表 1.1 APEC 成员简单平均关税税率变化

（单位：%）

成员	1993 年	1996 年	2004 年	2006 年	2007 年	2008 年	2009 年
澳大利亚	9	6.1	4.25	3.53	3.53	3.53	3.8
文莱	3.9	1.98	1.98	1.98	1.98	1.98	—
加拿大	8.8	5.8	3.9	3.8	3.8	3.8	3.7
智利	14.9	11	6	6	6	6	6.0
中国	37.5	23	10.4	9.9	9.9	9.8	9.8
中国香港	0	0	0	0	0	0	0
印度尼西亚	17	13.01	9.88	9.45	9.45	7.72	7.64
日本	6.5	5	2.4	2	1.8	1.8	—
韩国	11.6	14..4	11.91	12.8	12.8	12.8	12.2
马来西亚	12.8	9	8.56	7.68	7.68	7.7	7.4
墨西哥	12.8	9.8	15.9	10.9	10.9	10.9	9.6
新西兰	8	5.7	3.5	3.4	3.4	3.4	2.4
巴布亚新几内亚	—	23	20	20	20	20	—
秘鲁	—	11.9	10.2	10.1	8.3	5.0	5.0
菲律宾	23.5	13.99	7.06	7.33	7.33	6.23	6.31
俄罗斯	—	12.7	11.9	11.4	11.4	11.4	—
新加坡	0.4	0.3	0	0	0	0	0
中国台北	8.9	8.64	5.74	5.60	5.60	5.57	5.8
泰国	37.8	18.36	11.97	11.36	11.36	11.83	—
美国	6.6	6.4	4.9	4.8	4.8	4.8	4.8
越南	—	11.9	18.53	18.5	18.5	11.79	—

注：2008 年日本加权平均关税为 1.8%，简单平均关税为 6.7%；部分成员 2008 年在 IAP 中没有公布当年数据，表明关税没有变化，故 2008 年情况依据 2007 年数据填制。

资料来源：PECC, Perspective on the MAPA, 1996, p8；《APEC 马尼拉行动计划要点》，1996 年 11 月；Bogor Goals Mid-Term Stocktake—Discussion Paper, 28 May 2005；各成员提交的相关年份的 IAP。

如表 1.1 所示，1996 年 APEC 成员受非关税壁垒约束的进口额占总进口的比重为 5%。1997 年之后，各成员开始根据 IAP 有计划努力减少非关税壁垒措施，部分领域虽然没有减少非关税措施，但在透明度方面有所改进。

由于经济发展水平的不同，APEC 发展中成员实施非关税措施的情况比较复杂，尽管实施非关税壁垒的种类和手段各具特点，但发展中成员非关税措施的削减取得了一定进展。按照 WTO 规则，2005 年所有 WTO 缔约方将全部取消非关税措施，但 APEC 成员 2005 年依然存在少量的非关税措施。有些成员认为，有关公共健康、公共安全等方面的非关税壁垒符合 WTO 相关协议和国际贸易条例的规定。

总体分析，APEC 服务业贸易自由化进程慢于商品贸易自由化，但在该领域也取得了一些进展，各成员在电信、工程服务、能源服务、运输、银行、教育、旅游、保险、电力、天然气、邮政领域的市场都有不同程度的开放。但是在卫生、社会服务方面的限制相比其他领域依然较多。

APEC 成员在投资领域开放比较快，主要是一些发展中成员为促进经济发展，采取了吸引外资的优惠政策。

第二节 APEC 茂物目标同行审议与中期评估

在 APEC 茂物目标 2010 年正式评估之前，APEC 对各个成员在执行茂物目标进程所取得的成果以及存在的不足进行了同行审议和中期评估，以利于 2010 年发达成员能够按时完成茂物目标。

一、APEC 茂物目标同行评议

为了积极推进贸易投资自由化和便利化，按时实现茂物目标，APEC 对各成员推进茂物目标的进展进行了同行评议。同行评议表明了 APEC 为按时实现茂物目标，对推进过程和阶段性成果的高度重视，作为一项宏大的贸易投资自由化和便利化行动工程，茂物目标的推进对 APEC 成员而言无疑充满挑战。

同行评议问题早在《大阪行动议程》中就已经提出，同行评议机制建立于 1997 年，2001 年 APEC 部长级会议同意以新机制进行同行评议，即任命一个正式的评审小组，然后提出评议分析报告，并提出问题和希望。APEC 工商咨询理事会

（ABAC）参与了该项活动。第一轮同行评议 2002 年 8 月开始，2005 年 3 月结束，APEC 21 个成员都完成了同行评议，这次评议主要是配合 2005 年的 APEC 茂物目标中期评估。为配合茂物目标 2010 年的评估而进行的第二轮同行评议 2007 年开始，2009 年年中结束。表 1.2 是 APEC 成员参加两轮同行评议的具体时间。

表 1.2　APEC 成员参加同行评议时间表

第一轮同行评议时间表	
时间　会议	参加同行评议的成员
2002 年 8 月　第三次高官会	日本、墨西哥
2003 年 2 月　第一次高官会	加拿大、泰国、澳大利亚
2003 年 8 月　第三次高官会	中国香港、韩国、新西兰
2004 年 6 月　第二次高官会	中国、智利、秘鲁、美国
2004 年 10 月　第三次高官会	新加坡
2005 年 3 月　第一次高官会	马来西亚、菲律宾、俄罗斯、越南、文莱、印度尼西亚、马来西亚、巴布亚新几内亚
第二轮同行评议时间表	
时间　会议	参加同行评议的成员
2007 年 1 月　第一次高官会	澳大利亚、日本、中国台北、中国香港
2007 年 7 月　第三次高官会	韩国、新西兰、中国
2008 年 3 月　第一次高官会	加拿大、秘鲁、美国
2008 年 8 月　第三次高官会	墨西哥、新加坡、智利
2009 年 2 月　第一次高官会	马来西亚、泰国、文莱、印度尼西亚
2009 年 7 月　第三次高官会	巴布亚新几内亚、俄罗斯、菲律宾、越南

资料来源：APEC 秘书处网站（http://www.apec-iap.org/default.asp?pid=/peerReview/default）

APEC 同行评议由 APEC 秘书处组织，由秘书处委派两个 APEC 问题专家对每个成员的单边行动计划进展进行评议。评议的依据主要是《大阪行动议程》涉及的贸易投资自由化和便利化的相关领域，同时也涉及 APEC 成员建立的区域贸易协定/自由贸易协定（RTAs/FTAs）问题。

评估报告一般分三部分：一是引言与执行茂物目标的简况；二是一般问题，包括经济发展政策背景和该成员在推进茂物目标进程中的作用；三是结合《大阪行动议程》评估各成员在具体领域的进展。评议报告的附录阐明了同行评议专家提出的问题和被评议方的回答等资料性文件。

以下是对 APEC 每个成员的同行评议的概括和总结，以分析各成员在 2010—2020 年实现茂物目标时应该努力的方向。

表 1.3　APEC 成员同行评议情况汇总

成员	主要进展	问题与不足	展望
澳大利亚	在自由化领域进展较快，关税水平较低，仅对影响健康或安全的商品使用非关税措施；消除了服务业的大部分限制；投资政策透明；便利化领域取得了积极进展。	对动植物进口商品检验过于严格；有些产品的高关税依然存在；服务业的多层次管理影响了开放；对某些敏感领域的投资有股权限制。	对推进茂物目标做出了较大贡献。澳大利亚将继续保持推进茂物目标的积极态度。
文莱	关税水平较低；自 2006 年以来非关税措施变化不大；没有对外资限制的法案。	非关税措施针对特定产品；服务业为国有控制；便利化某些领域进展缓慢；经济结构单一。	有较大空间减少非关税措施；经济发展波动较大；国内缺乏高效率的政府管理；有望积极推进茂物目标的实现。
加拿大	2000 年之前非关税措施削减较快；服务贸易和投资领域政策透明度很高；便利化领域进展积极，效果显著。	某些产品存在高关税；服务业保留了较多准入制，主要在商业存在和自然人流动方面；对外来投资有股权限制。	绝大部分领域已经达到了茂物目标的要求；为避免免费搭车，可能影响推进茂物目标进程；某些敏感部门的利益影响自由化进程。
智利	采用单一关税税率，且税率较低；不存在 WTO 不允许的非关税措施；服务市场开放；投资体制开放、透明；在便利化领域取得了巨大进展。	对很少产品有配额限制；进口许可出于对健康和安全考虑。	自愿承诺 2010 年将取消大部分产品的进口关税；取消服务市场准入限制；预计 2010 年达到茂物目标要求。
中国	关税水平不断下降；加入 WTO 以后，非关税措施有重大转变，削减了诸多非关税措施；削减了服务业某些领域的限制，提高了政策透明度；外资流入主要集中在制造业；积极推进便利化进程。	进口许可证制度和配额依然在一些领域存在；投资领域有股权限制。	积极推进贸易投资自由化和便利化进程，取得了瞩目进展。有信心 2020 年实现茂物目标。

续表

成员	主要进展	问题与不足	展望
中国香港	贸易方面实施零关税政策；是 APEC 中非关税措施最少的成员；服务业市场高度开放；投资体制高度开放透明。	在竞争政策和知识产权保护领域有待改善，如银行业存在垄断，盗版光盘软件的使用与销售。	是高度开放的成员，是茂物目标推荐的典范，是最接近茂物目标的成员。
印度尼西亚	关税降幅较大，降低了一些产品的高关税；非关税措施数量明显下降；提高了服务业透明度；投资市场开放速度较快；便利化领域取得了积极进展。	某些领域依然存在高关税；还存在非关税措施；服务业存在市场准入限制。	推进茂物目标进展取得重大进展，积极解决个别领域的问题，能够完成实现对茂物目标的承诺。
日本	日本在关税和非关税领域取得了缓慢进展，在非关税领域很少使用救济措施，在服务业的某些领域有进展，保持了开放的投资体制。	日本的高关税主要集中在农业、渔业；保持了对自然人流动的高度限制；对外资有绩效要求；便利化进程比较积极。	日本国民经济发展动荡，影响了推进茂物目标进程。
韩国	关税水平有所降低；非关税领域履行了国际协定的相关规定；有些服务业领域加大了开放力度；投资领域比较开放，给予了外资优惠政策；便利化程度较高。	农产品关税很高，并且利用非关税措施进行限制；对某些服务业依然存在限制，如建筑业。	有待于积极削减关税，与国际关税水平比较依然较高，尤其是农产品，如期实现茂物目标面临挑战。
马来西亚	关税有所下降，但幅度不大；非关税措施有所减少；积极推动服务业开放；保持了宽松的外资政策；积极参与便利化进程。	某些领域存在高关税；依然存在较多的非关税措施。	改善商业环境，提高政策透明度，政府在为实现茂物目标积极努力。
墨西哥	提高了关税政策透明度；减少了非关税措施，对存在的措施手续逐步简化；服务业逐步自由化；外资限制不断减少，提高了政策透明度；积极推进便利化进程。	关税水平下降幅度不明显；存在非关税措施；对外资有 17 项禁止措施。	为在 2020 年实现茂物目标，政府推进了具体措施，但在解决结构和某些领域政策问题，面临挑战。

续表

成员	主要进展	问题与不足	展望
新西兰	APEC 中最为开放的成员之一，关税水平较低，已经取消了所有的非关税措施；服务贸易领域限制很少；外资流动自由；便利化领域进展积极。	为了防止非 APEC 成员免费搭车，在继续推进茂物目标的前景方面等待多哈回合谈判的结果。	推进茂物目标最为积极的成员之一，如果多哈回合谈判取得积极成果，新西兰将继续推进自由化与便利化进程。能够如期实现茂物目标。
巴布亚新几内亚	关税水平变化不大，在 APEC 成员中相对较高；服务业自由化取得了较大进展；保持了开放的投资政策；在便利化领域取得重大进展。	少量商品存在高关税；自上次同行评议以来，非关税措施变化不大。	经济发展中，农业和矿业比重较大；应该加强多边经济技术合作。
秘鲁	大幅度降低了关税；只保留了非常少的非关税措施；诸多服务业领域相当开放；投资领域给予外资国民待遇；积极推进便利化进程。	服务业准入存在相互认证问题，电信行业存在垄断；从第一次同行评议到第二次，投资领域的开放基本无变化。	自然资源缺乏，经济发展存在不确定性。出口拉动型经济导致公众关注出口措施和效益。鉴于政府的积极支持，2020 年之前可能实现茂物目标。
菲律宾	关税逐步降低，继续逐步消除非关税措施，不存在对外资的歧视政策；在便利化领域取得较大进展。	某些领域存在高关税，如食品、服装、机动车；对某些产品实施出口管制；不允许外资参与一些专业服务。	虽然在便利化和政策透明度方面有进步，但仍需改善；服务业开放面临挑战。
俄罗斯	关税税率变化不大，对敏感产品实施管制；在某些服务部门放松了管制；积极优化吸引外资环境；便利化方面有一定进展。	在贸易投资领域相对其他 APEC 成员比较封闭，与国民待遇原则存在背离。	应该逐步减少对石油和天然气出口的依赖；关税减让和非关税壁垒消除方面面临挑战。
新加坡	对 99.9% 的商品免关税；较少的非关税措施；服务业最自由的国家之一；投资自由；积极推进便利化措施。	对酒精类产品征收关税；非关税措施方面履行了国际义务。	推进茂物目标取得重大进展，在推进自由化和便利化方面起到典范作用。
中国台北	总体关税水平不断下降；取消了不符合 WTO 规定的非关税措施；服务业、投资领域自由化程度较高；便利化领域成就瞩目。	农、渔、石油产品关税较高；投资领域与大陆缺乏必要的双边投资协定，对大陆投资存在壁垒。	对农产品等领域的高关税进行反思；虽然茂物目标定义不明确，但会积极努力推进自由化和便利化进程。

成员	主要进展	问题与不足	展望
泰国	逐步削减关税，但税率在 APEC 中相对较高；对绝大部分产品没有非关税措施；服务业有些领域较开放，但通信领域进展有限；积极推进了便利化进程。	存在出于健康、安全考虑的非关税措施；服务业准入有股权限制；有些领域政策透明度不够。	应该加强管理规制的透明度，防止政策实施的随意性。如果积极努力，有望 2020 年实现茂物目标。
美国	在关税和非关税领域进展较快，服务业和投资领域政策透明度较高；推进便利化领域活动效果较好。	存在种类繁多的非关税措施；服务业存在准入限制；严格的外资并购限制；严谨的海关程序等。	进一步削减关税比较困难，主要取决于多哈回合谈判结果；应该加强联邦政府与州政府的政策协调，减少注入限制。
越南	关税进行了大幅度削减；承诺非关税措施将逐步减少；鼓励外资参与服务业；采取了积极吸引外资的政策；积极努力参与便利化进程。	存在非关税措施，如进出口许可证制度；存在不公平竞争现象；贸易便利化进程受技术手段制约。	应该完善管理体制，继续改善商业环境，加强人力资源开发，有能力 2020 年实现茂物目标。

资料来源：依据《亚太经济发展报告》2008、2009、2010 年相关文章整理。

评估 APEC 两次同行评议，可以看出同行评议对推动各成员实现茂物目标具有重要意义。一是 APEC 同时起步，按照《大阪行动议程》的要求，于 1997 年开始推动贸易投资自由化和便利化进程，并且取得了可喜进展；二是体现了推进茂物目标的全面性，每个成员都按照《大阪行动计划》涉及的 15 个领域，按照各自的情况，制定了单边行动计划，且每年更新；三是各成员的贸易投资政策增加了透明度，改善了商业环境，有利于对参与商业活动结果的预判，提高了贸易和投资的安全性；四是各成员积极提高最惠国待遇和国民待遇，最惠国待遇原则在关税和非关税领域体现突出，国民待遇原则主要体现在贸易和投资领域，体现了 APEC 非歧视性原则的实施；五是 APEC 成员在推进茂物目标实现进程中保持了自主自愿的灵活性，按照茂物目标规定的两个时间表，灵活推进自由化和便利化进程，在同行评议中的体现就是有的成员推进速度快一些，有的比较慢，有个别成员在个别领域从第一次同行评议到第二次，几乎没有什么变化；六是 APEC 成员在推进茂物目标进程中差异较大，本来从开始阶段各成员的经济发展水平和市场开放程度就存在较大差异，在推进中的差异性也是必然现象。发达成员推进茂物目标成果明显，有的在评议结果中提出，已经达到了茂物目标，发达成员中新西兰、澳大利亚自由化程度较高，美国居中，日本和加拿大需要努力的领域比较多。发展中成员之间的差距更大，中国香港、新加坡几乎是 APEC 成员中推进茂物目标的典范，智利自由化和便利化进展很快，而有些成员在 2020 年达到茂物目标将面临挑战。

二、APEC 茂物目标中期评估

APEC 茂物目标的中期评估是在两次同行评议中间进行的，同行评议主要是针对 APEC 单个成员就推进贸易投资自由化和便利化进程进行评议，肯定已经取得的进展，指出存在的问题，并对实现茂物目标进行展望。APEC 茂物目标的中期评估不同于同行评议，是对整个 APEC 进程的评估，而不是针对单个成员，评估的目标是盘点 APEC 已经取得的成就，并就存在的问题提出行动计划，以便按时实现茂物目标。

（一）茂物目标中期评估："釜山路线图"

关于 APEC 中期评估问题，2001 年 APEC 中国上海会议首次提出，计划于 2005 年对茂物目标进展进行中期评估。2004 年 APEC 智利会议确定了中期评估的模式和时间表，并于 2005 年正式启动中期评估工作。具体工作进度为 2005 年第一次高官会各成员提交自我评估报告，第二次高官会指导小组草拟茂物目标中期评估报告，第三次高官会提出修改意见，第四次高官会向部长级会议和领导人会议提交最终评估结果。[①]

2005 年 11 月，在韩国釜山举行的 APEC 部长级会议通过了高官会提交的《茂物目标实施进程的中期评估——实现茂物目标的釜山路线图》（简称"釜山路线

---

① 资料来源：APEC. "Report to the 16th APEC Ministerial Meeting on Preparation for Mid-term Stocktake of the Bogor Goals".

图"）。该报告共包括四部分，即概述、成就、机遇与挑战、实现茂物目标的路线图。"釜山路线图"以实现茂物目标为主要内容，概述所取得的成绩，包括贸易和投资壁垒的降低、政策透明度的加强、贸易和投资政策对促进经济增长的作用等。在总结 APEC 进程的基础上，从贸易投资自由化和便利化的 15 个领域入手，勾画了今后实现茂物目标的路径选择。

为了实现茂物目标，"釜山路线图"指出了六个方面的努力方向：支持多边贸易体制，推动 WTO 多哈回合谈判尽快取得进展；加强集体行动计划和单边行动计划，更新集体行动计划，强化单边行动计划以及同行评议机制；① 提高区域贸易协定/自由贸易协定（RTA/FTA）的质量，使其为实现茂物目标做出贡献；改善贸易投资环境，解决目前的主要焦点问题，即关税减让和限制非关税措施的使用范围问题，保证茂物目标的完成；进一步加强能力建设；继续推行探路者方式，发达或有优势的成员率先实行部门自由化，带动 APEC 整体进程。②

总体而言，"釜山路线图"的主要成就是对 APEC 已经取得的成就进行了中期盘点，同时指出了今后推进茂物目标实现的努力方向，但是依然没有给出茂物目标的具体量化的指标体系，其原因有以下几点：一是从技术上存在较大困难，尤其是在服务贸易和投资领域，确定量化指标很难，在便利化领域确定量化指标也遇到同样问题。二是有相当部分成员对茂物目标的量化持消极态度，一旦指标量化，就有是否按时完成目标承诺的问题。三是 APEC 自身制度的限制，APEC 是论坛性质开放的区域经济组织，不存在制度化和强制性措施，如果强化指标体系将可能改变 APEC 性质。四是量化指标不可避免地会让非 APEC 成员搭便车，尽管 APEC 在一般原则中阐明 APEC 的开放性，提出 APEC 的自由化带来的益处，不仅给予 APEC 成员，也同时给予非 APEC 成员，但在实际行动中，包括 APEC 发达成员都不愿意让别人搭便车，有的成员在推进茂物目标达到一定水平后，等待 WTO 多哈回合谈判结果出台后，再继续推进自由化和便利化进程。

---

① 当时第一次同行评议已经结束，第二次同行评议还没有开始。
② 宫占奎，钱波. APEC 贸易自由化与釜山路线图[J]. 国际贸易，2006（4）.

（二）茂物目标中期评估："河内行动计划"

为了实施"釜山路线图"提出的努力方向，推进茂物目标有实质性进展，2006年 APEC 越南河内会议通过了《关于执行"釜山路线图"的河内行动计划》（简称《河内行动计划》），将"釜山路线图"提出的行动计划具体化。《河内行动计划》基本延续了"釜山路线图"的基本精神，同时考虑釜山会议其他成果以及 APEC 贸易投资自由化各个领域的新发展，制定了内容详尽的行动计划。应该说《河内行动计划》将"釜山路线图"具体化，并涉及了 APEC 几年来关注的重点问题，既是行动计划，也是对 APEC 进程的总结。

《河内行动计划》包括五个部分：第一部分和第二部分明确了目标和原则；第三部分列举了计划实施的行动；第四部分明确了实施方法；第五部分是总结陈述。

1. 行动计划目标

推进"釜山路线图"制定的行动计划，以求在推进实现茂物目标的过程中取得实质性的进展；在可能的情况下，明确相关的行动和计划的时间框架；推动能力建设措施，以保障相关行动的实施。

2. 行动计划原则

实施五条基本原则：战略性，"行动计划"所采取的行动能够有效地帮助各成员实现 APEC 的远景目标；长期性，"行动计划"将是一个多年的规划，以确保茂物目标所涉及的各个相关领域活动的连续性和一致性；务实性，以制定的具体行动为导向，以求获得实质性的成果；可行性，在充分考虑 APEC 各成员的具体情况和需求基础上，行动计划具有现实性和可行性；时效性，在可能的情况下，行动计划具有明确的时间框架，以督促各成员按照时间表努力实现茂物目标。

3. 具体行动内容

具体行动计划包括五个方面的内容，即支持多边贸易体制发展、加强集体行动计划和单边行动计划、推动制定高质量的 RTA/FTA 建设、釜山工商议程、加强经济技术合作。

第一，支持多边贸易体制发展。APEC 自成立以来始终积极推进多边贸易体制谈判，包括 GATT 和 WTO，多次为推进谈判早日结束而单独发表声明，为谈判带来新的活力。同时，APEC 成员在多边谈判中发挥了积极作用。鉴于 APEC 的基本原则与 WTO 的一致性，APEC 进程和 WTO 谈判相互促进，相互影响。为推动 WTO 谈判顺利进行，APEC 制定了详细的行动计划，包括继续支持推进多哈发展议程、加强有关 WTO 活动的信息交流、支持相关的 APEC 成员尽早加入 WTO、推进能力建设、支持非农市场准入谈判等。

第二，加强集体行动计划和单边行动计划。集体行动计划（CAPs）和单边行动计划相结合推动 APEC 贸易投资自由化进程是 APEC《马尼拉行动计划》的重要内容。每年进行更新的各成员的单边行动计划是推进茂物目标最重要的组成部分，而集体行动计划则起到监督和促进作用。《河内行动计划》阐明，APEC 成员一致认为，单边行动计划和集体行动计划将继续作为 APEC 推进亚太地区贸易投资自由化的主要途径，而且应该强化，不仅单边行动计划需要每年更新，集体行动计划也应每年更新。为此，该领域的具体行动计划包括：APEC 各成员继续提交单边行动计划；第二轮单边行动计划同行评议；在适当的情况下，对集体行动计划进行回顾和更新。

第三，推动制定高质量的 RTA/FTA。随着全球经济一体化的发展，以及 WTO 谈判进程艰难，APEC 内部 RTA/FTA 发展迅速，但由于各种 FTA 协定之间缺乏一致性，可能导致企业交易成本的增加，产生"意大利面碗"效应。总体分析，APEC 内部的 RTA/FTA 在推进茂物目标实现进程中利大于弊，起到了积极作用，如果规范各个不同的区域经济一体化协定的内容，将更有利于 APEC 茂物目标的实现，也有利于各 APEC 成员的经济发展。为此，近年来 APEC 始终将制定 RTA/FTA 方面的政策措施作为最主要的优先领域之一，以推动制定高质量、全面、透明和具有广泛一致性的 RTA/FTA。例如，APEC 部长级会议在 2004 年通过了 RTA/FTA 的一系列最佳范例，并在 2005 年通过了 RTA/FTA 贸易便利化示范条例，努力减少 RTA/FTA 对 APEC 发展的负面影响。该领域的具体行动包括网络建设及更新数据库、对最佳范例的实施情况进行回顾和考查、更新最佳范例、2007 年进一步完成示范条款的制定等行动。

第四，釜山工商议程。根据釜山工商议程，APEC 成员将在贸易投资便利化、透明度、边界后规制和管理等方面采取一系列措施，从而有效地改善企业的贸易投资环境。釜山工商议程的目标是努力减少商业活动中不必要的壁垒、减轻边界后管理措施给企业带来的负担、消除贸易投资障碍。在开展上述活动的过程中，APEC 将保持与 ABAC 和工商界的密切联系，及时了解他们的期望和意见。主要具体行动包括：完成第二阶段的贸易投资便利化行动计划，到 2010 年将交易成本再降低 5%；海关程序的简化和协调，加快亚太地区商品流动；加快国内标准和国际标准的一致化，并确保政策的透明度；促进商务人员流动，进一步推广 APEC 商务旅行卡计划；努力推广电子商务在亚太地区的应用，协助各成员应对电子商务带来的机遇和挑战；加强私人部门的能力建设，构成适应私人部门发展的商业环境；加强知识产权保护和执法体系，减少盗版和假冒商品贸易；减少 APEC 领域的投资壁垒，推进该领域的自由化和便利化进程；提高透明度，加大反腐败力度；努力保障亚太地区的贸易安全；推进结构改革，提高市场效率，保障经济的可持续性增长；鼓励成员在新领域积极采取探路者倡议，为茂物目标的实现做贡献。

第五，加强经济技术合作。《大阪行动议程》的三个支柱之一是经济技术合作，尽管经济技术合作不属于贸易投资自由化和便利化范畴，但经济合作依然是推进自由化和便利化的基础。"釜山路线图"中，APEC 领导人重申将积极推进经济技术合作，以促进亚太地区的平等发展和共同繁荣。经济技术合作将使亚太地区所有居民都有机会分享自由化和便利化带来的收益。经济技术合作的主要领域包括人力资本开发、加强经济基础设施、发展和加强中小企业的活力、保护环境等。

4. 《河内行动计划》的实施

为了完成上述各项计划，具体实施路径包括对单边行动计划和集体行动计划进行更新、加快实施探路者倡议、加强与相关国际机构的合作、加强与 APEC 内部学术机构与 ABAC 的合作、充分发挥妇女作用等活动。

5. 行动计划总结

按照茂物目标确定的 2010—2020 年实现贸易投资自由化和便利化的目标，

以及适应 APEC 内部和外部贸易投资政策环境的演变，及时对"行动计划"进行修订和改进。①

第三节　2010 年 APEC 茂物目标评估

按照 1994 年 APEC 领导人的承诺，APEC 发达成员将于 2010 年达到茂物目标，为了完成茂物目标的评估，在评估之前，APEC 已经做了大量工作。2010 年 APEC 按既定的时间表进行了茂物目标评估。按照对茂物目标的承诺，APEC 中 5 个工业化成员将进行了评估，另有 8 个发展中成员自愿参加评估。5 个工业化成员是澳大利亚、加拿大、日本、新西兰和美国，自愿参加评估的 8 个发展中成员是智利、中国香港、韩国、马来西亚、墨西哥、秘鲁、新加坡和中国台北。

一、茂物目标评估的基础和特点

从 APEC 推进贸易投资自由化和便利化进程分析，茂物目标评估的基础可以概括为四个方面：2005 年的"釜山路线图"、2006 年的《河内行动计划》、APEC 对各个成员两轮的同行审议、APEC 政策支持机构的工作成果。

为了实现茂物目标，推动单边行动计划和集体行动计划的实施是 APEC 推进贸易投资自由化的主渠道，各成员从 1996 年起编制各自的年度单边行动计划，并且每年进行修订和更新，逐步提高了贸易投资自由化和便利化水平，使 IAP 成为 APEC 茂物目标评估最主要的基础，因为 APEC 同行评议、中期评估等都利用了各成员提交的 IAP 作为基本数据进行分析。

APEC 中期评估所形成的"釜山路线图"和《河内行动计划》尽管具有中期盘点性质，但同样也为 2010 年茂物目标评估奠定了基础，阐明了 2010 年评估的方向以及具体内容。

---

① 资料来源：《关于执行〈釜山路线图〉的河内行动计划》附件。

由于 APEC 的性质和成员经济的差异性，"釜山路线图"没有解决 APEC 茂物目标界定问题。APEC 中期评估没有就茂物目标给出具体的指标评价体系，这也是 2010 年不少 APEC 发展中成员自愿参加茂物目标评估的原因。

APEC 政策支持机构的工作为 2010 年的 APEC 茂物目标评估做出了贡献。为了完成 2010 年的评估，APEC 政策支持机构提供了 APEC 政策报告，报告内容分为两部分。[①]

第一部分是迈向 APEC 茂物目标——APEC 政策支持单位的观点，内容包括：APEC 成就、茂物目标评估的内容、进一步推进茂物目标、经济增长与发展指标、APEC 成员发展情况报告等基本信息。更重要的是，该机构提出了"什么是茂物目标"，这对此次茂物目标评估有指导意义。同时文中有相当数量的表、图阐明 APEC 发展状况。

第二部分是附件，整理了 APEC 各成员的基本资料，资料将 APEC 成员分为两组，即工业化成员和发展中成员，这与 APEC 中的分类是一致的，然而，统计中，将自愿参加 2010 年茂物目标评估的 8 个发展中成员和没有参加此次评估的 8 个成员以不同的颜色加以区分，先是自愿参加评估的 8 个发展中成员，然后是没有参加此次评估的发展中成员。统计表一共 39 张，主要统计内容包括：各种不同计算方法给出的关税、商品贸易、服务贸易、国际直接投资（FDI）流动、GDP、人均 GDP、便利化领域的成果、环境保护方面成就、失业率等，同时也有世界相关指标的统计，以有利于 APEC 与世界平均水平的比较。

总结 2010 年茂物目标评估的特点，评估标准依然是《大阪行动议程》中为每个领域规定的原则和方向，除此之外，"釜山路线图"提出的目标也是评估的主要内容，例如利用 RTA/FTA 继续推进 APEC 贸易投资自由化和便利化，所以此次评估涉及 APEC 各成员在推进 RTA 领域的建设问题。

鉴于 APEC 的性质，2010 年茂物目标评估评采取了软指标的评估标准，没有

[①] APEC Secretariat. "Progressing towards the APEC Bogor Goals—Perspectives of the APEC Policy Support Unit", 2010.

具体量化指标评估，只有方向和内容的评估，所以最终的评估结果也不涉及谁达到或者没有达到茂物目标的问题。按照此次评估模式推论，没有参加评估的 8 个发展中成员也会按时完成茂物目标评估。

二、APEC 茂物目标评估的具体内容分析

分析 1995 年《大阪行动议程》以及 2002 年对《大阪行动议程》的修订，茂物目标只是为实现亚太地区贸易和投资自由化指出了方向，首先，指出了应进一步减少贸易与投资壁垒；其次，指出应通过与 GATT/WTO 一致的方式实现目标，这意味着茂物目标应遵循 WTO 的规则。APEC 推进贸易和投资自由化的目标与 WTO 一致，是逐步减少贸易和投资障碍，而不是完全消除障碍。由于 APEC 内部诸多 RTA/FTA 的存在，APEC 推进贸易投资自由化进程中存在以下的例外：区域贸易安排，只能给予缔约成员优惠；符合 WTO 原则的对发展中成员的单边优惠；当贸易涉及卫生和安全问题，威胁公众正当利益，或不公平的贸易条件损害国内生产者时，可以实施贸易救济措施。

依据 2009 年 11 月 8—9 日的高官会议的工作计划，APEC 发达成员提交的情况汇总表是茂物目标进程评估的基础资料之一。发达成员需在 2009 年 12 月 18 日前将情况表提交至政策支持小组（PSU），并且将递交的情况表同所有成员分享。

发达成员需要提供的材料包括：（1）各自为实现茂物目标的贸易投资自由化和便利化所做出的努力，这部分报告主要依据各成员近期的单边行动计划以及更新的资料；（2）提交实现茂物目标的概要报告；（3）评估推进茂物目标的主要具体行动、主要成就和最佳做法，报告 1996 年和 2009 年的具体进展情况，同时阐明 2005 年中期评估完成后的重大进步。

为了顺利完成茂物目标评估工作，日本作为 2010 年会议的东道主，作为牵头成员，通过与各成员协商，初步制定了各成员实现茂物目标进程情况表，为了保证填报的准确性和一致性，规划了 16 个领域进程的填报指南。

填报情况表的基础依然是各成员每年提交的 IAP，除此之外各成员可视情况递交概要报告，包括经济技术合作的行动及一些不包括在情况表中的领域。

通过该表的填报，使其成为茂物目标评估的基础。日本牵头完成的茂物目标进程情况表的简要内容见表 1.4。

表 1.4 2010 年各成员实现茂物目标进程情况表

1. 关税	2. 非关税措施	3. 服务
最惠国加权平均进口关税率；最惠国简单平均实施关税率；进口平均关税率；免税税号所占比重；免税进口品所占比重；实施关税率的标准差；关税制度透明度的描述	进口数量限制/禁止数量；进口许可数量；差价关税数量；出口补贴数量；其他非关税措施清单	55 个服务业部门中服务贸易总协定承诺的市场准入、国民待遇的数量；最惠国豁免的数量；多哈谈判提出的市场准入、国民待遇数量；多哈谈判中提出的最惠国豁免数量；RTA/FTA 中承诺的市场准入、国民待遇的数量；外国服务提供者需专门许可证和资格要求的部门数量；促进服务业透明度的措施
4. 投资	5. 标准一致化	6. 海关程序
外国投资限制兴业数量、外国投资补偿行业数量（绩效要求、出口要求、当地含量要求）；资本转移限制；与 APEC 投资原则的一致性；有关外国投资的保证国民待遇和最惠国待遇的双边投资协定（BITs）与 FTA/RTA 数量（APEC 成员保证有关外国投资的国民待遇/最惠国待遇的 BITs 与 FTA/RTA 数量）；促进投资透明度的措施说明	自愿行动计划的国内标准与国外标准接轨的数量；描述包括参与和实施互认协议的一致性评估进程；提升标准透明度和客观性的努力的说明	采用 HS2007 进口税则；与修订的《京都公约》的一致性、透明度说明；信息技术与自动化的使用（例如单一窗口，协调贸易数据要素、无纸贸易等）说明；安全贸易的措施说明；便利贸易的其他海关措施说明
7. 知识产权	8. 竞争政策	9. 政府采购
关于知识产权的主要多边协议的批准和实施；保证知识产权快速给予的措施；知识产权有效立法的措施；APEC 范围内协调知识产权体系的措施；关于知识产权的公共教育说明；知识产权的国际合作说明；促进知识产权透明度要求的措施（如 APEC 领袖的透明度标准）说明	竞争法规的发展和竞争管理部门的建立；与 APEC 加强竞争政策和放松管制原则的一致性，以及为与原则一致进行的努力；竞争法规/政策的国际合作	增加法规、投标制度、投标资格和中标者确定方式的透明度；对外国产品、服务或供应商的限制或本国供应商的优先权；政府采购市场准入的互惠要求；与 APEC 在政府采购方面非约束原则的一致性；政府采购采用电子手段

10. 放松管制/管理改革	11. WTO 义务/原产地规则	12. 争端调解
审查现行法规；审查新法规或提案；与 APEC 加强竞争和管理改革原则的一致性；促进管理体制的透明度	尚未完全履行的世界贸易组织乌拉圭回合（WTO/UR）协议；保证以公平、透明、中立的应用原产地规则	提供给一般外国企业的争端调解的方法、程序和机构的清单
13. 商务人员流动	14. 贸易便利化	15. 推进高质量 RTA/FTA
免签证或免签证安排的协议（与 APEC 成员签订的免签证协议）的数量；参加 APEC 商务旅行卡计划；商务人员流动便利化的其他努力；批准短期商务旅行的平均时间	与 APEC 贸易便利化原则的一致性；实施贸易便利化行动和措施数量	已签署的 RTA/FTA 数量及协议清单（其中 APEC 成员）；正在谈判中的 RTA/FTA 数量及协议清单（其中 APEC 成员）；与 APEC 关于 RTA 和 FTA 的示范措施的一致性说明
16. 自愿报告		
支持茂物目标的其他努力说明；所需的其他行动说明；所需的其他行动		

资料来源：《亚太经济发展报告 2010》，天津：南开大学出版社，2010 年。其中论文《APEC2010 年茂物目标评估分析》，作者宫占奎、文洋，依据原始资料整理，即日本牵头并与 APEC 成员协商初步确定的表格及其内容，2010 年 6 月。

具体分析茂物目标评估表的内容，体现了两个方面的特点。一是评估的内容基本与《大阪行动议程》以及 2002 年修订的《大阪行动议程》一致。二是此次评估更注重推进茂物目标的进展，把过程放到了首位，而不是考核最终结果。评估的重要指标是从 1996 年各成员首次提交 IAP 后，到 2009 年 13 年间在贸易投资自由化方面取得的成就。

三、2010 年茂物目标评估状况分析

2010 年的茂物目标评估包括两部分内容，一是参加评估的 13 个成员按照 2010 年 6 月提出的内容框架，按照各自实际进展进行填报，阐明已经取得的成绩；二是由 7 个独立机构完成的 APEC 茂物目标评估，7 个独立机构包括：WTO、世界银行（WB）、联合国贸发会议（UNCTAD）、亚洲开发银行（ADB）、中美洲发展银行（IDB）、经济合作发展组织（OECD）和 APEC 政策支持机构（PSU）。这 7

个机构的评估内容都有所侧重，APEC 政策支持小组（PSU）的评估相对比较完整。

结合上述两部分资料，更重要的是参考独立机构所进行的评估，对 APEC 推进贸易投资自由化和便利化进程加以阐述。

（一）关税普遍有所降低

过去二十年来，APEC 成员的关税已有显著下降，简单平均关税税率从 1989 年的 16.9% 降至 2009 年的 6.6%。表 1.5 为参评的 13 个 APEC 成员的关税变化情况。

表 1.5 13 个 APEC 参评成员的关税变化情况

（单位：%）

成员	加权平均关税		简单平均关税		进口平均关税率		零关税比例	
	1996 年	2009 年	1996 年	2009 年	1996 年	2009 年	1996 年	2009 年
澳大利亚	5.4	3.2	5.9	3.8	4.6	3	40.8	46.3
加拿大	1.4	1.2	6.3	3.7	1.3	0.9	32	54
日本	4.0	1.6	9.0	6.5	2.8	1.2	35.5	40.8
新西兰	3.5	1.5	5.3	2.4	2.72	0.65	54.3	57.71
美国	5.0	4.1	7.3	4.8	2.4	1.3	17.8	35.7
智利	11.0	6.0	11.0	6.0	—	1.12	—	0.45
中国香港	0	0	0	0	0	0	100	100
韩国	10.9	7.5	14.4	12.2	4.4	2.2	—	—
马来西亚	—	—	10.2	7.4	—	0	57.6	60.3
墨西哥	9.8	0.9	13.3	9.6	13.8	11.4	14.3	22.9
秘鲁	15.3	2.7	16.3	5.0	11.5	2.1	0.0	53.9
新加坡	0	0	0	0	0	0	99.8	99.9
中国台北	2.2	1.5	8.6	5.8	3.6	1.1	18.7	30.06
总体平均	5.7	2.5	8.3	5.2	4.3	2.1	30.1	50.2

注：新西兰在 1996 年栏中提供的是 1998 年的数据；美国在 2009 年栏中提供的是 2008 年的数据；日本在 2009 年栏中提供的进口平均关税率为 2008 年数据；中国台北在 1996 年栏中提供的加权平均关税和零关税比例数据为 2003 年数据。

资料来源：各成员 2010 年 11 月提交的茂物目标进展自评表。

上表选择了关税领域的四个主要指标，从总体平均分析，13 个成员的加权平均关税从 1996 年的 5.7% 降到 2009 年的 2.5%，同期的简单平均关税从 8.3% 降到 5.2%，进口平均关税率从 4.3% 降到 2.1%，零关税比例从 30.1% 提高到 50.2%。从关税自由化水平分析，13 个成员中，中国香港、新加坡的自由化水平最高，其次是 APEC 中的发达成员。

（二）非关税措施逐步减少

减少或消除非关税措施是 APEC 贸易自由化的重要内容之一。1997 年之后，APEC 各成员开始有计划地对非关税壁垒措施进行削减，一部分继续存在的非关税措施也增加了透明度。

根据对单边行动计划的分析，APEC 非关税措施削减存在以下主要特征：第一，由于政策透明度不足，难以判断和比较各成员非关税措施削减的速度差异；第二，APEC 中的 WTO 成员普遍认为自己所采用的非关税措施与 WTO 原则和其他国际协定的要求基本一致，并已在此基础上有所削减。

总体而言，APEC 成员现行非关税措施较少，大部分成员认为所保留的措施均出于保证人类健康、保护环境、维护社会安全等原因。目前，由于金融危机的影响，贸易保护主义在非关税领域有所抬头，主要集中在技术性贸易壁垒领域。

表 1.6　APEC 成员非关税措施的种类

数量	APEC 工业化成员	APEC 自愿参评成员	APEC 所有参评成员	APEC 所有成员	APEC 发展中成员
竞争问题	3	1	4	4	1
政府采购	11	2	13	15	4
其他非关税措施	11	2	13	15	4
数量限制和相关措施	6	0	6	8	2
登记、文件及海关程序	12	6	18	31	19
卫生和植物检验检疫措施	18	26	44	59	41
技术标准要求	15	11	26	35	20
补贴	15	1	16	16	1
全部	91	49	140	183	92

注：文莱、巴布亚新几内亚和越南没有提供数据。

资料来源：APEC Policy Support Unit. "Progressing towards the APEC Bogor Goals Perspectives of the APEC Policy Support Unit", November 2010（数据源为欧盟市场准入数据库）.

表 1.6 主要是按照非关税措施政策分类统计的非关税措施数量，仅从数量分析，参加评估的发达成员的保护措施的数量多于参评的发展中成员，与 APEC 所有发展中成员的数量相似。应该认为，在非关税领域发达成员的自由化水平并不比发展中成员高。

从参加评估的 13 个成员实际产业角度分析，受非关税措施保护的产业主要为：农业和渔业、航空、汽车、化学、电子、水平措施（horizontal）、钢铁和有色金属、机械、制药、造船、电信设备、纺织和皮革、酒类、造纸等，服务业为：通信、建筑、金融、分销等。[①]

（三）服务业自由化取得了进展，但仍有很大的进步空间

总体分析，APEC 服务贸易自由化慢于货物贸易自由化，但 APEC 在该领域也取得了一定进展。从各成员的情况来看，虽然自由化进展程度不同，涉及的领域也不尽相同，但各成员都采取了一些实质性的行动以实现服务贸易领域的自由化和便利化目标，参见表 1.7。

表 1.7　13 个 APEC 参评成员在服务业自由化方面的重要进展

成员	主要进展
澳大利亚	电信、商业和房地产投资制度自由化进程推进明显
加拿大	消除工程服务、能源服务部门的相关科学咨询中的国籍要求
日本	放松了天然气、视听通信、运输、能源服务业提供者的运营许可资格要求
新西兰	放松了能源、电力部门的限制；消除海外投资比重所有权的申报要求
美国	电信市场向外资开放程度有所提高
智利	电信、移动电话、增值网络对外商完全开放
中国香港	固定电信网络服务业已经完全开放，无线网络市场准入要求也大幅度减少
韩国	放宽电信服务、银行、教育服务、网络大学领域的投资限制
马来西亚	金融服务部门进一步开放，特别是开放伊斯兰银行、保险和资本市场
墨西哥	对电信、广播、旅游、金融和天然气服务业进行改善
秘鲁	在银行、保险、私人养老基金领域没有限制，电信部门限制有所减少
新加坡	电力、天然气、金融、电信部门开放程度很高；邮政部门已经实现了自由化
中国台北	电信放宽了准入条件，中华电信已经私有化

资料来源：APEC Policy Support Unit. "Progressing towards the APEC Bogor Goals Perspectives of the APEC Policy Support Unit", November 2010.

[①] 资料来源：APEC Policy Support Unit. "Progressing towards the APEC Bogor Goals Perspectives of the APEC Policy Support Unit", November 2010.

从 APEC 成员提交的 IAP 方面分析，工业化成员服务业开放的总体水平较高，由于服务业涉及政策的不一致性以及复杂性，很难就各成员的进展详细阐述，总体可以概括为：工业化成员加强了服务业的市场准入，减少了歧视性措施，降低了运营资格要求和门槛，加强了国民待遇原则的实施。具体开放的产业包括：电信、工程和能源、电力等服务业。但从各自的评估报告和 WTO 文件分析，工业化成员在一些部门仍然有很大的进步空间，例如房地产和商业服务业。

发展中成员通过服务业的市场开放，推进了跨境服务自由化，中国香港和新加坡的市场开放程度很高。其他成员在保险、电信、金融、旅游、保险等服务业都提高了开放幅度。

总体分析，参加评估成员的服务业自由化已经取得了进展，但依然慢于货物贸易自由化进程。

（四）投资自由化取得可喜进展，但限制措施依然存在

APEC 地区的外国直接投资（FDI）流入在 1994—2008 年间增长了 4 倍，2008 年接近 7910 亿美元，年增长率为 13%。其中，APEC 工业化成员的 FDI 流入年增长率为 14.9%，稍高于世界 14.4% 的增长率，而 APEC 发展中成员的 FDI 流入年增长率为 11.1%。同期，APEC 成员的 FDI 流出在 2008 年达到 7820 亿美元的峰值，年增长 13%。发达成员和发展中成员的年增长率分别为 12.6% 和 12.9%。

根据 UNCTAD 对 1996 年至 2008 年投资政策的评估，13 个 APEC 参评成员都采取了诸多投资优惠政策，具体数量见表 1.8。

表 1.8　13 个参评成员采取的投资优惠措施数量（1996—2008 年）

成员	总数	成员	总数	成员	总数	成员	总数	成员	总数
澳大利亚	22	新西兰	9	中国香港	6	墨西哥	13	中国台北	26
加拿大	21	美国	10	韩国	36	秘鲁	11		
日本	20	智利	11	马来西亚	31	新加坡	26		

资料来源：UNCTAD（联合国贸易发展会议）. "Assessment of Liberalization and Facilitation of FDI in Thirteen APEC Economies", December 2010（数据源为 UNCTAD, World Investment Reports 1997-2009）.

　　根据各成员的自评报告，APEC 参加评估的成员在投资自由化领域取得了很大的进展，特别是工业化成员起到了带头作用。许多 APEC 成员通过向 WTO 提交修订提案，在服务业领域的投资自由化方面做出了进一步的承诺，同时也利用 RTA、FTA、BIT 和 IAP 推进了投资自由化进程。

　　APEC 参加评估成员投资领域自由化进程主要表现为以下领域的开放和放松管制，包括航空、医药、电信、金融、邮政、石油开发、运输、保险、商业服务、广播等领域采取了不同程度的开放措施，放松了股权限制。但在一些敏感领域，依然存在限制性措施，包括文化、农业、渔业、核电、电视广播、原油、供水等领域。①

　　总体分析 2010 年 APEC 参加评估的 13 个成员在自由化领域的进展，体现了两个明显的特点：一是鉴于茂物目标没有具体的量化指标，所以评估仅是进展说明；二是评估后，13 个成员今后继续推进自由化的目标和计划措施不明确。

　　（五）APEC 贸易投资便利化进程评估

　　贸易投资便利化合作是 APEC 实现茂物目标的支柱之一，也是实现亚太地区经济可持续发展和人民共同富裕的重要途径。近年来，APEC 在贸易投资便利化领域所取得的进展越来越引人注目。因此，该领域也成为 2010 年茂物目标评估的重要组成部分。

　　但是，独立评估机构对于 APEC 贸易投资便利化的评估都不完整，主要集中在海关程序、标准一致化、商务人员流动等少数领域。相比较而言，APEC 成员的自我评估报告对于贸易投资便利化领域的进展情况总结得更为详尽，内容涉及标准一致化、海关程序、知识产权、竞争政策、政府采购、放松管制/管理改革、WTO 义务/原产地规则、争端调解、商务人员流动、推进高质量的 RTA/FTA 等诸多领域，还有一些成员纳入了自愿报告的内容。需要指出的是，APEC 贸易投资便利化评估同样没有具体的标准，各成员主要阐明 1996—2009 年期间取得的进展

---

　　① UNCTAD（联合国贸易发展会议），"Assessment of Liberalisation and Facilitation of FDI in Thirteen APEC Economies", December 2010（数据源为 UNCTAD, World Investment Reports 1997-2009）.

和成就，重点是中期评估后的实际进展和最佳实践范例。

1. APEC 商务旅行卡计划

APEC 在便利化领域最成功的范例就是 APEC 商务旅行卡（APEC Business Travel Card，ABTC）计划的实施。该计划于 1996 年由澳大利亚、韩国和菲律宾联合提出，旨在加强 APEC 内部合作，促进商务人员自由流动。作为发起成员，澳大利亚在 1997 年签署了第一张 ABTC，中国 2004 年签署了第一张 ABTC。目前，所有 21 个 APEC 成员都参加了 ABTC 计划，其中美国、加拿大和俄罗斯为过渡性成员。①

依照 APEC 商务旅行卡计划，持卡人可以在加入该计划的成员范围之内，不需要申请签证或进入许可，享受最多期限为 60 天的多种形式短期免签进入许可，还享有通过 APEC 主要机场的 APEC 通道快速出入境的权利。商务旅行卡相当于 3 年有效多次签证，持卡人凭旅行卡及有效护照便可出入相关成员，优于单个签证，有利于商务往来。自该计划实施以来，已经取得了显著成效，大大提高了 APEC 地区内快速有效的商务人员流动，增强了地区的商务活力，减少了跨境的交易成本，包括时间成本，推进了贸易和投资的便利化，有助于 APEC 自由开放贸易投资目标的实现。

2. APEC 两次贸易投资便利化行动计划

自 2001 年开始到 2010 年，APEC 推动了两次贸易便利化行动计划（TFAP）。贸易便利化包括合理简化海关和其他管理程序，削减商品进出口繁杂的纸质文件和不必要的程序，缩短商品跨境交易时间，减少交易成本，最大限度地提高国际贸易效益。

贸易便利化行动计划第一阶段（TFAP I）进程始于 2001 年，内容包括行动和措施两方面的菜单，以减少交易成本。在 APEC 成员选择的超过 1400 多个行动和改进措施中，已经完成了 62%。2006 年的越南会议期间，领导人会议认为已经

---

① 资料来源：Australia, "Summary of BMG's Achievements and Work Since 1997", 2010/SOM2/BMG/002 Second Business Mobility Group Meeting, Sapporo, Japan, 29 May 2010.

完成了减少交易成本 5%的目标。TFAPI 主要包括四个领域：海关程序、标准一致化、电子商务和商务人员流动。

贸易便利化行动计划第二阶段（TFAPII）于 2005 年 APEC 韩国会议提出，计划从 2007 年到 2010 年进一步减少贸易交易成本的 5%。TFAPII更新和改进了各成员关注的行动菜单和措施，虽然 TFAPII涉及领域与 TFAPI 相同，但 TFAPII更加注重集体行动计划和探路者模式，强调国内的规制改革、商业道德和贸易安全，强调边界后改革问题，在知识产权、反腐败、投资、贸易安全等方面提出了新倡议，并要求各成员加强能力建设，加强成员间在便利化领域的技术合作。强调充分发挥 ABAC 的作用。[①] 2010 年 TFAPII完成。

3. APEC 最佳 RTA/FTA 示范条款的实施

鉴于 WTO 多哈回合谈判进展的艰难，以及 APEC 市场开放推动了成员之间贸易投资的迅速增加，成员间经济相互依赖不断加深。APEC 方式的开放性，导致一些成员不再单方面降低关税和非关税措施，而转向积极缔结 RTA/FTA，以促进成员间贸易投资的发展，避免非 APEC 成员搭便车。APEC 成员分别于 2005 年和 2006 年开始在各自的 IAP 中报告自己建立的 RTA/FTA 具体状况。

总体评价 APEC 内部的 RTA/FTA，不论是对 WTO 还是 APEC 都是利大于弊，APEC 内部 RTA/FTA 建设有利于茂物目标的推进，有利于减少贸易投资的交易成本和经济效益最大化，尤其是对中小企业国际经济活动更加有利。但是 APEC 建立的众多 RTA/FTA 也不免产生了"意大利面碗"效应。

虽然 APEC 在推进贸易投资便利化进程中取得了显著成效，但目前依然存在一些问题，例如基础设施建设和人力资源开发相对滞后、APEC 成员法律法规的一致性有待协调、成本与收益核算困难等，这些问题需要在今后的 APEC 进程中逐步加以完善和解决。

---

① 资料来源：APEC Secretariat. *APEC's Second Trade Facilitation Action Plan*, 2007.

第四节　2010 年茂物目标评估后的发展状况

2010 年茂物目标评估以后，APEC 成员继续努力推进贸易投资自由化和便利化进程，保证 2020 年所有成员达到茂物目标的基本要求，以便将 APEC 顺利推进到机制化、具有约束力的区域经济组织。

总体而言，2010 年 APEC 茂物目标评估以后，APEC 的主要成就体现在推进贸易投资便利化领域。

一、继续推进贸易投资自由化和便利化进程

2011 年美国 APEC 会议提出了"深化区域经济一体化和扩大贸易"问题，包括八个方面：海关对微小货值、低价货物免除关税；采取具体行动解决中小企业在本地区贸易中面临的主要障碍；推动 WTO《信息技术协定》的实施，促进 APEC 成员的贸易投资与创新；启动 APEC 旅行便利化倡议；削减边界后壁垒；削减信息流动壁垒；对粮食贸易不采取出口限制和其他与 WTO 不一致的贸易措施；继续推进航空货物运输自由化。[①]

鉴于 IAP 在推进 APEC 茂物目标进程中的重要作用，美国 APEC 会议要求各成员于 2012 年继续提交各自推进茂物目标的 IAP。

2012 年 APEC 俄罗斯会议各成员提交了 IAP，主要是阐明 2009 年提交的 IAP 以后所取得的新进展。但总体分析，2012 年提交的 IAP 质量并不是很高。从 APEC 网站公布的资料分析，自 2012 年以后，各成员没有新的 IAP 提交。对于 IAP 的评估 2010 年以后停顿了几年。[②]

2014 年 APEC 政策支持小组依据 2012 年各成员提供的 IAP 进行了评估。主

---

① 资料来源：*The 19th APEC Economic Leaders' Meeting*[C]. Honolulu Hawaii, USA, Nov. 12-13 2011.
② 资料来源：http://www.apec.org/Topics/Action-Plans/IAP-Submissions.aspx.

要结论是 APEC 成员在推进茂物目标进程中发展不平衡，包括成员以及之间的不平衡，尤其是服务业、海关程序（缩短贸易时间方面）、政府采购、竞争政策、规制改革、知识产权和商务人员流动领域需要继续改进。在关税、非关税措施、标准一致化、海关程序（交易成本）有较大的进展。① 至此，没有新的可供参阅的资料。

APEC 计划 2016 年继续对各成员推进茂物目标进程进行新一轮的评论。

对于 APEC 成员的关税水平，由于 APEC 成员 IAP 资料的缺乏，只有在 WTO 网站中查到。②

二、APEC 会议对茂物目标的最新关注

尽管在推进贸易投资自由化和便利化方面存在不足，但 2014 年和 2015 年的 APEC 会议给予茂物目标更大的关注。

2014 年 11 月 11 日，APEC 北京会议发表的领导人非正式会议宣言指出："我们欢迎 APEC 在实现茂物目标方面所取得的显著进展，将为在 2020 年实现茂物目标付出全部努力，朝着实现茂物目标采取更多具体措施。"③

2015 年 11 月的 APEC 菲律宾部长级会议声明指出："我们维护我们的承诺，2020 年之前实现茂物目标，目前我们注意到 APEC 敏感的人口问题、成员间发展的差距、缓解贫困，我们重申修订 IAP 的重要性，我们重申 IAP 的重要作用，我们期望 2016 年对各成员 IAP 的评论。"④

2015 年 11 月菲律宾领导人非正式会议指出："回顾 1994 年茂物目标，我们决心通过下述合作原则加强我们在服务业领域的工作：实现符合 WTO 原则的自由开放的服务贸易和投资；开展透明和更有效的沟通；加强人力和制度方面能力

---

① 资料来源：*Assessment of Achievements of the Bogor Goals in 2014*，http://www.apec.org/Topics/Action-Plans/IAP-Submissions，2014-Bogor-Goals.aspx
② WTO 网站（World Tariff Profiles）。
③ 资料来源：外交部网站/国家与组织/国际和地区组织/亚太经合组织。
④ 资料：2015 APEC Ministerial Meeting. Joint Ministerial Statement, Manila, Philipine, 17 Nov 2015.

建设等建议。"①

　　APEC 在 2010 年茂物目标第一次评估以后，继续努力积极推进贸易投资便利化进程，包括 APEC 商务旅行卡计划、互联互通计划等，都取得了可喜成就。

　　对于 APEC 内部建立的诸多区域经济一体化组织，APEC 推进了 FTA 最佳示范条款，避免"意大利面碗"效应对 APEC 贸易投资自由化和便利化的影响。目前 APEC 正着力充足 APEC 内部诸多的 FTA，计划 2020 年将 APEC 建设成为一个区域经济一体化组织。

---

① 资料来源：外交部网站/国家与组织/国际和地区组织/亚太经合组织。

第二章　APEC 贸易投资自由化进程分析

　　1994 年设立的茂物目标成了引领亚太经济合作组织（APEC）贸易投资自由化进程的航标灯。根据茂物目标及《大阪行动议程》的安排，APEC 的贸易投资自由化进程主要包括关税、非关税措施、服务及投资四项主要议题，内容涉及货物贸易自由化、服务贸易自由化及投资自由化等领域，其涵盖范围非常广泛。自茂物目标确立以来，贸易投资自由化进程始终是 APEC 合作的核心内容之一。APEC 各成员为此做出了积极的努力，并取得了显著成果。通过单边行动计划和集体行动计划相结合的推进模式，APEC 各成员的关税和非关税壁垒显著降低，贸易和投资自由化水平不断提高，商业和投资环境日趋改善。

　　APEC 的贸易投资自由化进程促进了地区经济的繁荣，使 APEC 地区的经济保持了多年的较快增长，日益成为拉动世界经济增长的主要引擎。在货物贸易领域，APEC 货物贸易进出口总额由 1989 年的 2.76 万亿美元增长至 2015 年的 16.64 万亿美元，其在世界货物贸易中的比重由 1989 年的 43.68%提高至 50.19%。其中，APEC 货物出口贸易额从 1989 年的 1.34 万亿美元增长至 2015 年的 8.33 万亿美元，在世界货物出口贸易中所占比重由 43.23%上升至 50.51%；APEC 货物进口贸易额从 1989 年的 1.42 万亿美元增长至 2015 年的 8.31 万亿美元，在世界货物进口贸易中所占比重由 44.12%上升至 49.87%。APEC 区域内货物进出口总额由 1995 年的 3.42 万亿美元增加至 2014 年的 12.44 万亿美元，增长了 3.6 倍。[①]

　　在服务贸易领域，APEC 服务贸易进出口总额由 1989 年的 5749.7 亿美元增

---

① 根据联合国贸发会议数据计算整理，采用现价美元及现行汇率统计，http://unctadstat.unctad.org。

长至 2015 年的 3.93 万亿美元，其在世界服务贸易中的比重基本保持稳定，1989 年为 40.08%，2015 年为 41.11%。其中，APEC 服务出口贸易额从 1989 年的 2726.3 亿美元增长至 2015 年的 1.95 万亿美元，在世界服务出口贸易中所占比重由 39% 上升至 40.33%；APEC 服务进口贸易额从 1989 年的 3023.4 亿美元增长至 2015 年的 1.98 万亿美元，在世界服务进口贸易中所占比重基本保持稳定，1989 年为 41.2%，2015 年为 41.91%。[①]

在投资领域，APEC 外商直接投资流入额由 1989 年的 1031.41 亿美元增长至 2014 年的 6518.02 亿美元，1989 年 APEC 占世界外商直接投资流入总额的比重为 52.2%，2014 年为 53.07%，其间这一比重存在较大波动。APEC 外商直接投资流出额由 1989 年的 1048.57 亿美元增长至 2014 年的 9110.68 亿美元，1989 年 APEC 占世界外商直接投资流出总额的比重为 45.41%，2014 年为 70.85%，其间呈现出波动式增长态势。[②]

展望未来，APEC 在贸易投资自由化领域仍然存在较大的合作潜力，特别是在部分高关税产品如农产品的关税减让、部分非关税措施的管理与合作、现代服务贸易的自由化以及投资自由化等领域存在进一步合作的空间。APEC 在贸易投资自由化领域的合作和探索也将为世界贸易投资规则的改革与调整做出积极贡献。

第一节 APEC 货物贸易自由化进程分析

根据《大阪行动议程》的安排，APEC 茂物目标中关于货物贸易自由化的内容主要包括关税及非关税措施两项主要议题。在关税领域，各项评估结果显示，APEC 成员的关税水平已经实现了显著的削减，但成员间及产业间仍然存在削减

---

① 根据联合国贸发会议数据计算整理，采用现价美元及现行汇率统计，其中 1989 年数据采用 BPM5 标准，2015 年数据采用 BPM6 标准，http://unctadstat.unctad.org。
② 根据联合国贸发会议数据计算整理，采用现价美元及现行汇率统计，http://unctadstat.unctad.org。

程度上的差异，部分成员需要在少数产品的关税削减上做出更加积极的努力。在非关税措施领域，APEC 各成员非关税措施的使用范围和频率有所下降，但仍然存在进一步改革的空间。

一、APEC 关税减让情况分析

2002 年修订的《大阪行动议程》对 APEC 关税领域合作的目标做出了明确规定：（1）逐步削减关税，直至完全实现茂物目标；（2）确保 APEC 成员各种关税制度的透明度。自 1996 年《大阪行动议程》实施以来，APEC 各成员根据该议程要求，通过实施单边行动计划及集体行动计划等方式，有效降低了区域内的平均关税水平，为实现茂物目标、推动贸易自由化做出了积极贡献。

2005 年，APEC 中期评估项目专家组对各成员茂物目标实施情况进行了全面评估。其评估报告显示，自 1996 年以来，APEC 地区的整体关税减让取得了显著进展。根据 APEC 政策支持小组 2010 年发表的《APEC 茂物目标评估报告》，1989 年 APEC 建立时，区域内简单平均最惠国实际关税的平均水平为16.9%。[①] 如表 2.1 及表 2.2 所示，APEC 整体平均约束关税税率从 1996 年的20.6%降至 2004 年的 15.3%，降幅达到 25.7%；而平均实际关税税率从 1996年的 10.7%降至 2004 年的 7.6%，降幅达到 29%。如表 2.3 及表 2.4 所示，至2005 年茂物目标中期评估时，APEC 成员平均约束关税及实际关税水平均已显著低于其他世界贸易组织（WTO）成员。

表 2.1　1996 年、2000 年及 2004 年 APEC 整体平均关税税率（%）

项目	年份		
	1996 年	2000 年	2004 年
约束关税税率	20.6	19.8	15.3
实际关税税率	10.7	9	7.6

资料来源：APEC Mid-Term Stocktake (MTST) Project Team Experts. *Bogor Goals Mid-Term Stocktake – Discussion Paper (final version)*. 2005/SOM2/MTST/002rev1. http://www.apec.org.

[①] 资料来源：APEC Policy Support Unit, *APEC's Bogor Goals Dashboard*, May 2013, http://www.apec.org。

表2.2 1996—2004 年 APEC 整体关税削减幅度

年份	项目	
	实际关税（%）	约束关税（%）
1996—2000 年	15.9	3.9
2000—2004 年	15.6	22.7
1996—2004 年	29.0	25.7

资料来源：APEC Mid-Term Stocktake (MTST) Project Team Experts. *Bogor Goals Mid-Term Stocktake—Discussion Paper (final version)*. 2005/SOM2/MTST/002rev1. http://www.apec.org.

表2.3 2005 年 APEC 中期评估报告中 APEC 成员与非成员简单平均约束关税对比（%）

项目	产品		
	全部产品	农产品	非农产品
APEC 成员平均	16.8	21.4	16.1
非 APEC 成员平均	42.8	59.8	31.9
世界简单平均	39.0	54.2	29.6

资料来源：APEC Mid-Term Stocktake (MTST) Project Team Experts. *Bogor Goals Mid-Term Stocktake—Discussion Paper (final version)*. 2005/SOM2/MTST/002rev1. http://www.apec.org.

表2.4 2005 年 APEC 中期评估报告中 APEC 成员与非成员简单平均实际关税对比（%）

项目	产品		
	全部产品	农产品	非农产品
APEC 成员平均	7.5	11.4	6.9
非 APEC 成员平均	12.0	16.9	11.3
世界简单平均	11.4	16.1	10.7

资料来源：APEC Mid-Term Stocktake (MTST) Project Team Experts. *Bogor Goals Mid-Term Stocktake—Discussion Paper (final version)*. 2005/SOM2/ /002rev1. http://www.apec.org.

2005 年完成茂物目标中期评估后，APEC 各成员继续推进关税减让进程，但由于经过长期减让努力，关税减让的空间已经有限，所以，APEC 整体关税减让速度有所下降。2010 年，APEC 对部分成员的茂物目标执行情况进行了评估，其中包括全部发达成员（澳大利亚、加拿大、日本、新西兰和美国）以及 8 个发展中成员（智利、中国香港、韩国、马来西亚、墨西哥、秘鲁、新加坡和中国台北）。根据 APEC 政策支持小组 2010 年发表的《APEC 茂物目标评估报告》，2008 年 APEC 区域内简单平均最惠国实际关税的平均水平为 6.6%，其中，5 个工业化成员为 3.9%，8 个发展中成员为 6.4%。而 2008 年 WTO 所有成员的平均最惠国实际关税为 10.4%。APEC 参加评估成员平均关税水平显著低于 WTO 其他成员。APEC 区域内免税税目所占比重从 1996 年的 29% 上升至 2008 年的 40%，这期间免税税目进口品所占比重从 34% 增至 57%。[①]

2010 年评估后，APEC 各成员在关税的减让方面继续取得进展。如表 2.5 所示，根据 APEC 政策支持小组 2015 年的统计报告分析，2013 年 APEC 各成员简单平均最惠国实际关税税率（HS6 位）的平均水平为 5.8%，其中，农产品的平均关税为 12.2%，非农产品的平均关税为 4.7%；零关税税目所占比重达到 45.5%。2012 年零关税进口产品金额达到进口总额的 60%。

表 2.5 2008—2013 年 APEC 全体成员关税状况

项目	年份					
	2008 年	2009 年	2010 年	2011 年	2012 年	2013 年
全部产品简单平均最惠国实际关税（HS6 位，%）	6.6	6.1	5.8	5.7	5.7	5.8
农产品简单平均最惠国实际关税（HS6 位，%）	13.1	12.1	11.8	12.2	12.0	12.2
非农产品简单平均最惠国实际关税（HS6 位，%）	5.7	5.3	4.9	4.7	4.7	4.7
零关税税目所占比重（%）	42.4	43.1	45.5	45.3	45.4	45.5
零关税进口产品所占比重（%）	56.4	59.6	60.2	60.8	60.0	—

资料来源：APEC Policy Support Unit. *APEC's Bogor Goals Dashboard*, October 2015, http://www.apec.org.

APEC 各成员全部产品、农产品及非农产品的最惠国简单平均实际关税状况参见表 2.6、表 2.7 及表 2.8。统计结果显示，目前，APEC 各成员的平均关税水平普遍已降至较低水平。但是，韩国和泰国的平均关税水平达到或超过了 10%，

---

① APEC Policy Support Unit. *Progressing towards the APEC Bogor Goals, Perspectives of the APEC Policy Support Unit*, November 2010, http://www.apec.org.

仍处于相对较高水平。中国香港、新加坡则基本实行零关税进口。发达成员的平均关税水平普遍低于发展中成员。

表 2.6　APEC 各成员全部产品最惠国简单平均实际关税（HS6 位，%）

成员	年份									
	1996 年	2006 年	2007 年	2008 年	2009 年	2010 年	2011 年	2012 年	2013 年	2014 年
澳大利亚	5.9	3.5	3.5	3.5	3.5	2.8	2.8	2.7	2.7	2.7
文莱	—	3.3	3.6	2.5	—	2.5	2.5	2.5	—	1.2
加拿大	6.3	5.5	5.5	4.7	4.5	3.7	4.5	4.3	4.2	4.2
智利	11	6.0	6.0	6.0	6.0	6.0	6.0	6.0	6.0	6.0
中国	—	9.9	9.9	9.6	9.6	9.6	9.6	—	9.9	9.6
中国香港	0.0	0.0	0.0	0.0	0.0	0.0	0.0	0.0	0.0	0.0
印度尼西亚	—	6.9	6.9	6.9	6.4	6.8	7.0	7.0	6.9	6.9
日本	9.0	5.6	5.1	5.4	4.9	4.4	5.3	4.6	4.9	4.2
韩国	14.4	12.1	12.2	12.1	12.1	12.1	12.1	13.3	13.3	13.3
马来西亚	10.2	8.5	8.4	8.8	8.4	6.5	—	6.5	6.0	6.1
墨西哥	13.3	14.0	12.6	12.6	11.5	9.0	8.3	7.8	7.9	7.5
新西兰	5.33	3.0	3.0	2.2	2.1	—	2.0	2.0	2.0	2.0
巴布亚新几内亚	—	5.5	5.3	4.9	—	5.1	—	—	4.7	4.7
秘鲁	16.3	10.2	10.2	6.1	5.5	5.4	3.7	—	3.4	3.4
菲律宾	—	6.3	6.3	6.3	6.3	6.3	6.1	6.2	6.3	6.3
俄罗斯	—	—	11.0	10.8	10.5	9.5	9.4	10.0	9.7	8.4
新加坡	0.0	0.0	0.0	0.0	0.0	0.0	0.0	0.2	0.2	0.2
中国台北	8.6	6.4	6.3	6.1	6.1	6.1	6.1	6.1	6.0	6.5
泰国	—	10.0	10.5	10.5	9.9	9.9	9.8	—	11.4	11.6
美国	7.3	3.5	3.5	3.5	3.5	3.5	3.5	3.4	3.4	3.5
越南	—	16.8	16.8	16.8	10.9	9.8	—	9.5	9.5	9.5

资料来源：1996 年数据来源于 Fact sheet on Individual Efforts Made towards the Achievement of the Bogor Goals，2010，http://www.apec.org；2006—2014 年数据来源于 WTO Tariff Profile，http://www.wto.org 以及 APEC Policy Support Unit. *APEC's Bogor Goals Dashboard*, October 2015, http://www.apec.org.

如表 2.7 所示，各成员的农产品最惠国简单平均关税存在着非常大的差异。截至 2014 年，文莱和中国香港对农产品基本实行零关税进口。新加坡的农产品关税有所提高，但总体仍维持较低水平。澳大利亚和新西兰因在农产品生产上具有比较优势，因此也实行较低的农产品进口关税。而韩国和泰国的农产品进口关税相对较高，2014年上述成员的农产品简单平均最惠国实际关税均超过30%，其中韩国2014年的农产品最惠国简单平均实际关税水平达到52.7%，是APEC成员中最高的，且在近期内呈上升的趋势。同时，韩国部分农产品的最惠国关税峰值税率也十分惊人。日本的农产品平均关税水平近年来出现了显著下降，已基本接近APEC成员平均水平，但由于其部分农产品的关税峰值较高（2014年日本最惠国关税中，谷物及其制品类的关税峰值税率为718%，奶制品的关税峰值税率为586%），因此其农产品贸易自由化仍然面临较高压力，并受到APEC其他成员的普遍关注。

表2.7　2006—2014年APEC各成员农产品最惠国简单平均实际关税（HS6位，%）

成员	年份								
	2006年	2007年	2008年	2009年	2010年	2011年	2012年	2013年	2014年
澳大利亚	1.2	1.3	1.3	1.3	1.3	1.4	1.2	1.2	1.2
文莱	5.2	7.9	0.1	—	0.1	0.1	0.1	—	0.1
加拿大	17.3	17.9	11.5	10.7	11.3	18.0	16.2	15.9	15.9
智利	6.0	6.0	6.1	6.0	6.0	6.0	6.0	6.0	6.0
中国	15.7	15.8	15.6	15.6	15.6	15.6	—	15.6	15.2
中国香港	0.0	0.0	0.0	0.0	0.0	0.0	0.0	0.0	0.0
印度尼西亚	8.2	8.6	8.5	8.4	8.4	8.1	7.9	7.5	7.5
日本	24.3	21.8	23.6	21.0	17.3	23.3	16.6	19.0	14.3
韩国	47.8	49.0	49.0	48.6	48.5	48.6	52.7	52.7	52.7
马来西亚	12.3	11.7	14.7	13.5	10.8		11.2	8.9	9.3
墨西哥	18.2	22.1	22.9	22.1	21.5	21.4	21.2	19.7	17.6
新西兰	1.7	1.7	1.4	1.4	—	1.4	1.4	1.4	1.4
巴布亚新几内亚	16.7	16.6	13.9	—	14.8	—	—	12.7	12.7
秘鲁	13.6	13.6	10.0	6.2	6.3	4.1		4.0	4.1
菲律宾	9.6	9.6	9.7	9.8	9.8	8.7	9.8	9.9	9.9
俄罗斯	—	14.6	14.2	13.2	13.5	14.3	13.3	12.2	11.6
新加坡	0.2	0.1	0.2	0.2	0.2	0.2	1.4	1.4	1.1
中国台北	17.5	17.5	16.9	16.6	16.5	16.6	16.4	16.0	16.7
泰国	22.0	25.2	25.2	22.6	22.8	21.8	—	29.9	31.3
美国	5.3	5.5	5.3	4.7	4.9	5.0	4.7	5.3	5.1
越南	24.2	24.2	24.2	18.9	17.0	—	16.1	16.2	16.3

资料来源：WTO Tariff Profile, http://www.wto.org; APEC Policy Support Unit. *APEC's Bogor Goals Dashboard*, October 2015, http://www.apec.org.

如表 2.8 所示，APEC 各成员的非农产品平均关税普遍已降至较低水平，且均已低于 10%。其中，中国香港和新加坡实行零关税进口。而澳大利亚、文莱、加拿大、日本、新西兰、巴布亚新几内亚、秘鲁、中国台北和美国的非农产品简单平均关税也已低于 5%。

表 2.8　2006—2014 年 APEC 各成员非农产品最惠国简单平均实际关税（HS6 位，%）

成员	年份								
	2006 年	2007 年	2008 年	2009 年	2010 年	2011 年	2012 年	2013 年	2014 年
澳大利亚	3.9	3.8	3.9	3.8	3.0	3.1	2.9	3.0	3.0
文莱	3.0	3.0	2.9	—	2.9	2.9	2.9	—	1.3
加拿大	3.7	3.7	3.7	3.5	2.6	2.5	2.4	2.3	2.2
智利	6.0	6.0	6.0	6.0	6.0	6.0	6.0	6.0	6.0
中国	9.0	9.0	8.7	8.7	8.7	8.7	—	9.0	8.6
中国香港	0.0	0.0	0.0	0.0	0.0	0.0	0.0	0.0	0.0
印度尼西亚	6.8	6.7	6.7	6.6	6.6	6.9	6.9	6.7	6.7
日本	2.8	2.6	2.6	2.5	2.5	2.6	2.6	2.6	2.5
韩国	6.6	6.6	6.6	6.6	6.6	6.6	6.8	6.8	6.8
马来西亚	7.9	7.9	8.0	7.6	5.8	—	5.8	5.5	5.5
墨西哥	13.3	11.2	11.1	9.9	7.1	6.3	5.8	5.9	5.9
新西兰	3.2	3.2	2.3	2.2	—	2.1	2.2	2.2	2.2
巴布亚新几内亚	3.7	3.6	3.6	—	3.6	—	—	3.4	3.4
秘鲁	9.7	9.7	5.5	5.4	5.2	3.6	—	3.3	3.3
菲律宾	5.8	5.8	5.7	5.8	5.7	5.7	5.7	5.7	5.7
俄罗斯	—	10.5	10.2	10.1	8.9	8.7	9.4	9.3	7.9
新加坡	0.0	0.0	0.0	0.0	0.0	0.0	0.0	0.0	0.0
中国台北	4.7	4.6	4.5	4.5	4.5	4.5	4.5	4.5	4.8
泰国	8.2	8.2	8.2	8.0	8.0	8.0	—	8.3	8.3
美国	3.3	3.2	3.3	3.3	3.3	3.3	3.2	3.1	3.2
越南	15.7	12.6	15.7	9.7	8.7	—	8.4	8.3	8.4

资料来源：WTO Tariff Profile, http://www.wto.org; APEC Policy Support Unit. *APEC's Bogor Goals Dashboard*, October 2015, http://www.apec.org.

如表 2.9 所示，2008—2013 年，APEC 各成员零关税进口税目所占比重基本保持稳定，其中加拿大、马来西亚、墨西哥、秘鲁、俄罗斯和越南的零关税比重出现上升趋势，而印度尼西亚的零关税税目所占比重则出现了下降。澳大利亚、文莱、加拿大、中国香港、日本、马来西亚、墨西哥、新西兰、巴布亚新几内亚、秘鲁和新加坡的零关税税目占比均已达到或超过 50%。表 2.10 为 2008—2012 年 APEC 各成员零关税进口产品金额在进口总额中所占比重情况。

表 2.9　2008—2013 年 APEC 各成员零关税税目所占比重（%）

成员	年份					
	2008 年	2009 年	2010 年	2011 年	2012 年	2013 年
澳大利亚	48.8	48.8	48.8	48.8	50.3	50.3
文莱	81.0	—	81.0	81.2	81.2	—
加拿大	56.8	58.9	70.9	71.4	71.9	73.3
智利	0.3	0.3	0.3	0.3	0.3	0.3
中国	7.4	7.5	7.4	7.5	—	6.9
中国香港	100.0	100.0	100.0	100.0	100.0	100.0
印度尼西亚	22.3	22.4	22.5	10.7	10.7	12.7
日本	53.7	53.7	53.8	54.2	52.9	52.9
韩国	15.5	15.8	15.6	15.7	15.2	15.4
马来西亚	57.1	59.2	64.7	—	64.7	65.6
墨西哥	15.9	19.6	45.9	47.8	50.4	50.0
新西兰	63.1	63.1	—	64.7	63.9	63.9
巴布亚新几内亚	78.8	—	78.8	—	—	76.2
秘鲁	47.1	50.6	51.4	53.2	—	54.0
菲律宾	2.3	2.3	2.4	3.2	3.4	3.4
俄罗斯	10.8	11.5	13.6	13.6	13.4	13.4
新加坡	100.0	100.0	100.0	100.0	100.0	100.0
中国台北	31.6	30.8	30.8	30.9	30.9	30.9
泰国	20.8	21.7	21.6	21.7	—	20.7
美国	45.3	45.3	45.4	45.4	46.1	47.8
越南	32.6	34.6	37.1	—	37.1	37.0

资料来源：APEC Policy Support Unit, *APEC's Bogor Goals Dashboard*, October 2015, http://www.apec.org.

表 2.10　2008—2012 年 APEC 各成员零关税进口额在进口总额中所占比重（%）

成员	年份				
	2008 年	2009 年	2010 年	2011 年	2012 年
澳大利亚	52.0	50.9	49.9	52.8	50.9
文莱	—	83.1	—	—	—
加拿大	58.4	59.4	66.2	68.3	67.1
智利	0.4	0.2	0.7	0.3	0.3
中国	44.7	46.8	43.3	49.9	45.2
中国香港	100.0	100.0	100.0	100.0	100.0
印度尼西亚	69.8	76.0	56.5	44.7	42.0
日本	80.5	77.7	78.5	79.0	79.1
韩国	36.7	37.2	37.3	35.8	33.7
马来西亚	65.5	77.2	77.4	73.0	76.5
墨西哥	38.1	42.1	64.9	69.6	71.2
新西兰	66.2	63.6	66.0	67.6	65.0
巴布亚新几内亚	—	—	—	—	88.1
秘鲁	73.8	72.4	72.3	73.9	74.4
菲律宾	19.6	31.2	30.7	39.0	44.9
俄罗斯	22.5	29.5	28.0	29.2	30.5
新加坡	100.0	99.0	100.0	100.0	99.9
中国台北	73.0	71.7	72.2	72.1	73.3
泰国	48.5	45.7	45.9	47.3	43.3
美国	47.9	50.8	49.7	50.0	48.4
越南	32.4	44.1	49.6	—	43.7

资料来源：APEC Policy Support Unit. *APEC's Bogor Goals Dashboard*, October 2015, http://www.apec.org.

表 2.11 为 2014 年 APEC 各成员分产业的最惠国简单平均实际关税情况。其中，各成员平均关税税率水平超过 25% 的产业主要包括：加拿大的乳制品，日本的乳制品、谷物及其制品，中国的糖及糖果，印尼的饮料及烟草，韩国的乳制品、水果、蔬菜、植物、咖啡和茶、谷物及其制品、油料和油脂、饮料及烟草，马来西亚的饮料及烟草，墨西哥的动物产品、乳制品、咖啡和茶、糖及糖果、饮料及烟草，巴布亚新几内亚的饮料及烟草，俄罗斯的饮料及烟草，中国台北的谷物及

其制品，泰国的动物产品、乳制品、水果、蔬菜、植物、咖啡和茶、油料和油脂、糖及糖果、饮料及烟草、服装，越南的咖啡和茶、饮料及烟草。表2.12则显示了2014年APEC各成员农产品及非农产品关税分布情况。其中，发展中成员的高关税税目所占比重仍然普遍高于发达成员，关税分布仍需进一步的优化。

表 2.11 2014年APEC成员最惠国实际关税水平比较（%）

产品	发达成员												发展中成员								
	澳大利亚	加拿大	日本	新西兰	美国	文莱	智利	中国	中国香港	印尼	韩国	马来西亚	墨西哥	巴新	秘鲁	菲律宾	俄罗斯	新加坡	中国台北	泰国	越南
所有产品简单平均	2.7	4.2	4.2	2.0	3.5	1.2	6.0	9.6	0.0	6.9	13.3	6.1	7.5	4.7	3.4	6.3	8.4	0.2	6.5	11.6	9.5
农产品简单平均	1.2	15.9	14.3	1.4	5.1	0.1	6.0	15.2	0.0	7.5	52.7	9.3	17.6	12.7	4.1	9.9	11.6	1.1	16.7	31.3	16.3
非农产品简单平均	3.0	2.2	2.5	2.2	3.2	1.3	6.0	8.6	0.0	6.7	6.8	5.5	5.9	3.4	3.3	5.7	7.9	0.0	4.8	8.3	8.4
农产品　动物产品	0.4	24.6	11.3	1.5	2.2	0.0	6.0	14.1	0.0	4.6	21.5	3.1	29.8	8.2	5.0	21.5	19.6	0.0	16.2	29.5	14.2
乳制品	3.4	248.9	76.3	1.3	17.2	0.0	6.0	12.1	0.0	5.5	66.0	3.5	27.0	0.0	0.0	3.9	16.8	0.0	15.5	38.1	9.6
水果、蔬菜、植物	1.4	3.3	10.1	1.1	4.7	0.0	6.0	14.6	0.0	5.5	58.6	3.0	16.6	22.3	5.0	9.7	9.6	0.0	22.1	40.7	20.1
咖啡、茶	1.0	10.4	14.1	2.3	3.3	1.3	6.0	14.7	0.0	6.7	53.9	5.7	26.7	19.0	5.9	15.7	7.4	0.0	8.5	45.3	26.8
谷物及其制品	1.1	21.4	34.7	2.4	3.0	0.1	6.0	22.6	0.0	5.3	153.7	5.5	13.1	5.7	2.7	10.2	11.2	0.0	29.5	24.9	17.3
油料、油脂	1.5	4.0	8.0	0.6	7.3	0.0	6.0	10.4	0.0	4.5	40.7	1.9	11.4	3.7	2.4	5.4	7.5	0.0	15.8	32.4	8.4
糖及糖果	1.8	3.8	19.7	1.4	11.7	0.0	6.0	28.7	0.0	6.4	15.7	2.4	43.3	13.5	0.9	18.9	11.1	0.0	15.5	42.6	17.8
饮料及烟草	3.5	3.9	14.5	3.1	18.6	0.0	6.0	22.8	0.0	44.1	32.2	103.0	27.2	34.7	6.1	8.2	29.0	17.6	16.1	44.5	43.0
棉花	0.0	0.0	0.0	0.0	4.8	0.0	6.0	18.0	0.0	4.0	0.0	0.0	0.0	0.0	6.0	2.6	0.0	0.0	0.0	0.0	6.0
其他农产品	0.3	3.0	3.4	0.7	1.0	2.7	6.0	11.2	0.0	4.1	20.4	0.6	6.7	5.2	3.3	3.6	5.3	0.0	3.7	13.9	6.6
非农产品　渔业和渔产品	0.0	0.9	5.7	0.4	0.8	0.0	6.0	10.5	0.0	5.9	16.4	0.7	17.0	18.8	0.3	8.7	9.9	0.0	19.2	11.2	15.6
金属和矿产品	2.7	1.0	1.0	1.8	1.8	0.3	6.0	7.2	0.0	6.4	4.5	7.6	2.8	1.6	1.5	4.6	8.8	0.0	2.7	6.2	8.0
石油	0.0	0.9	0.6	0.5	1.3	0.6	6.0	4.5	0.0	0.2	4.4	0.5	0.1	0.0	0.0	1.0	4.3	0.0	2.1	6.1	11.9
化工产品	1.8	0.8	2.2	0.8	2.8	0.5	6.0	6.5	0.0	5.1	5.7	2.7	2.4	0.8	2.0	3.8	5.7	0.0	2.8	3.3	3.1
木材、纸	3.3	0.9	0.8	1.3	0.5	1.6	6.0	4.3	0.0	4.4	2.2	10.1	4.4	8.9	4.4	6.5	11.4	0.0	0.4	6.9	10.4
纺织品	4.3	2.6	5.4	1.9	7.9	0.8	6.0	9.5	0.0	9.2	9.0	8.8	9.8	1.8	8.4	9.1	9.9	0.0	7.4	8.7	9.6
服装	8.8	16.5	9.0	9.7	12.0	0.0	6.0	16.0	0.0	14.4	12.5	0.2	21.1	19.3	11.0	14.8	11.5	0.0	11.6	29.6	19.8
皮革、鞋靴	4.2	3.8	9.4	3.1	3.8	3.2	6.0	12.8	0.0	8.6	7.5	10.7	6.2	3.0	4.4	6.6	7.5	0.0	5.2	12.6	12.9
非电机产品	2.9	0.4	0.0	3.0	1.2	2.6	6.0	7.8	0.0	4.8	6.0	3.5	2.8	0.2	0.5	2.2	3.2	0.0	3.1	4.3	3.3
电机产品	2.9	1.1	0.1	2.6	1.7	5.1	6.0	8.1	0.0	5.7	6.2	4.3	3.5	0.0	2.1	3.9	6.4	0.0	4.0	8.1	7.9
运输设备	5.0	5.8	0.0	3.2	3.1	2.4	5.4	11.3	0.0	9.8	5.5	11.1	8.5	0.4	1.0	8.8	9.2	0.0	7.4	20.7	17.5
其他制成品	1.3	2.5	1.2	1.7	2.5	2.7	6.0	11.6	0.0	6.7	6.7	4.5	5.2	2.0	3.7	4.8	9.4	0.0	3.2	10.6	9.8

资料来源：WTO Tariff Profiles 2015.

表 2.12 2014 年 APEC 成员最惠国实际关税率分布结构比较（%）

产品		发达成员									发展中成员											
		澳大利亚	加拿大	日本	新西兰	美国	文莱	智利	中国	中国香港	印尼	韩国	马来西亚	墨西哥	巴新	秘鲁	菲律宾	俄罗斯	新加坡	中国台北	泰国	越南
农产品	0%	77.0	59.3	36.6	72.4	30.8	98.5	0	7.5	100.0	8.5	5.6	75.0	18.4	47.4	34.7	0.4	9.2	99.8	25.0	4.4	15.5
	0≤5	22.5	9.1	17.7	27.6	46.4	1.4	0	9.1	0	81.8	18.4	10.5	4.3	1.0	0	49.0	37.6	0	14.2	15.2	16.7
	5≤10	0.1	16.2	16.9	0.0	12.2	0.1	100.0	25.7	0	5.1	22.3	4.5	26.2	0.5	57.7	28.0	8.8	0	13.1	8.7	16.2
	10≤15	0	5.8	7.3	0	5.0	0	0	24.0	0	0.2	1.1	1.7	8.4	13.0	4.4	9.5	31.8	0.0	11.1	0.0	10.6
	15≤25	0.5	1.5	11.3	0	3.1	0.0	0	24.7	0	1.5	13.0	2.0	32.9	26.4	0	3.3	8.7	0	25.3	2.2	17.0
	25≤50	0	1.8	6.2	0	1.5	0	0	6.4	0	1.1	28.5	3.2	3.9	9.9	0	9.6	1.6	0.0	7.9	55.8	23.0
	50≤100	0	1.2	0.7	0	0.3	0	0	2.6	0	0.2	2.0	1.0	4.5	0.7	0	0.4	2.0	0.1	1.3	10.9	0.7
	>100	0	5.0	2.5	0	0.8	0	0	0	0	1.6	9.0	1.9	1.2	0.5	0	0	0.3	0.2	2.1	2.8	0.3
	非从价税	0.9	12.3	11.6	0.1	41.5	1.1	0	0.3	0	3.3	3.2	4.8	4.7	6.0	2.0	0	24.1	0.2	6.6	24.3	0
非农产品	0%	45.9	75.9	55.7	62.5	48.5	79.6	0.3	7.9	100.0	13.4	16.7	64.1	55.2	81.0	56.8	3.9	15.1	100.0	31.1	23.3	38.4
	0≤5	49.5	5.8	26.1	31.3	27.1	17.4	0	20.1	0	54.2	10.8	8.8	7.0	0	0	58.0	35.2	0	39.0	42.7	19.4
	5≤10	4.5	10.7	15.3	5.7	17.0	1.4	99.7	46.4	0	18.2	62.5	7.9	14.8	0	29.9	23.8	22.5	0	18.8	15.5	7.2
	10≤15	0	1.3	2.1	0	4.8	0.3	0	14.5	0	12.5	6.6	2.7	11.8	6.2	13.3	12.8	18.9	0	7.4	0.1	12.9
	15≤25	0	6.3	0.4	0	2.0	1.2	0	9.9	0	0.7	3.3	12.4	11.0	12.1	0	0.9	8.0	0	3.2	6.6	18.0
	25≤50	0	0	0.2	0.0	0.5	0.1	0	1.1	0	0.5	0.0	4.1	0.2	0.5	0	0.6	0.2	0	0.5	11.3	3.6
	50≤100	0	0	0.0	0	0.0	0	0	0	0	0.0	0.0	0.0	0	0	0	0	0	0	0.0	0.4	0.3
	>100	0	0	0.1	0	0	0.0	0	0	0	0.0	0.0	0.1	0.1	0	0	0	0	0	0.0	0.0	0
	非从价税	0	0	2.0	0.5	3.2	0.1	0	0.4	0	0.1	0.1	0.1	0.1	0.5	0	0	7.4	0	0.3	6.8	0

资料来源：WTO Tariff Profiles 2015.

二、APEC 非关税措施削减情况分析

非关税措施减让是 APEC 成员推进茂物目标实施的另一重要领域。根据 2002 年修订的《大阪行动议程》，APEC 在非关税措施领域的合作目标为三个方面。

最大限度地逐步减少非关税措施，以便将它们对贸易的扭曲作用限制在最低程度。APEC 中的 WTO 成员将取消任何与 WTO 协定不一致的措施，不折不扣地执行 WTO 协定，根据 WTO 承诺，确保 APEC 成员各种非关税措施的透明度。

实际上，关于非关税措施的意义和包含的具体措施，目前主要国际组织及 APEC 均无具体的规定。通常认为，比较典型和常用的非关税包括各种进出口的数量限制、进出口许可、进出口附加税、卫生和植物检验检疫措施（SPS 措施）、补贴、自愿出口限制以及技术性贸易壁垒（TBT）等。APEC 各成员根据《大阪行动议程》的要求，以单边行动计划和集体行动计划相结合的方式努力推进各种非关税措施的削减。

（一）APEC 整体非关税措施削减情况

2005 年，APEC 茂物目标中期评估专家组报告根据各成员所提交单边行动计划及其他相关信息对当时 APEC 非关税措施使用情况进行了评估，统计结果参见表 2.13。中期评估专家组报告针对 APEC 非关税措施情况提出以下主要结论：

第一，在 1996—2005 年的 10 年间，越南、中国和俄罗斯三个成员对其贸易制度进行了大幅度改革和自由化，取消了大量非关税措施，特别是降低了国有贸易垄断并扩大了私营部门的贸易权。中国和俄罗斯的政策透明度仍有很大的提升空间。而越南仍存在很多与 WTO 规则不符的非关税措施。

第二，印度尼西亚、马来西亚、菲律宾、墨西哥和秘鲁已经取消了许多非关税措施，但是在部分部门仍然存在进口数量限制。这些成员需要继续努力消除非关税措施以保证符合 WTO 原则。

第三，智利、泰国、韩国和中国台北已经努力削减与 WTO 不符的非关税措

施。这些成员所面临的主要挑战是如何用关税等更加适当的措施取代现存的数量限制以及如何逐步取消补贴成分。

第四，发达成员中，日本、美国、澳大利亚和新西兰已经逐步削减数量限制，但加拿大仍然使用导致贸易扭曲的供应管理政策以及本地成分要求。表2.13显示，新西兰是非关税措施削减成果最为突出的成员。上述成员所面临的主要挑战是如何避免卫生及植物检验检疫措施被滥用为进口限制措施。①

表2.13 2005年APEC中期评估报告中部分成员非关税措施使用情况

成员	1	2	3	4	5	6	7	8	9	10	11
澳大利亚	Y	Y			Y		Y				Y
智利	Y				Y		Y		Y		
中国	Y										
印度尼西亚	Y	Y	Y								
日本	Y							Y			
韩国	Y	Y	Y			Y					
马来西亚	Y				Y						
墨西哥	Y	Y									
新西兰											
秘鲁	Y									Y	
俄罗斯	Y	Y	Y	Y	Y	Y	Y				Y
新加坡	Y	Y			Y	Y	Y	Y	Y	Y	Y
中国台北	Y										
泰国	Y	Y			Y	Y	Y				
美国	Y	Y		Y			Y				Y
越南	Y	Y	Y	Y	Y				Y	Y	Y

注：1. 进口数量限制/禁止；2. 出口数量限制/禁止；3. 进口附加税；4. 出口附加税；5. 无条件进口许可；6. 自动进口许可；7. 无条件出口许可；8. 自愿出口限制；9. 出口补贴；10. 最低进口价格；11. 其他非关税措施。
资料来源：APEC Mid-Term Stocktake (MTST) Project Team Experts. *Bogor Goals Mid-Term Stocktake— Discussion Paper (final version)*. 2005/SOM2/MTST/002rev1. http://www.apec.org.

2010年，APEC按既定时间表对5个发达成员以及8个自愿参与的发展中成员进行了茂物目标评估。此次评估没有采用2005年中期评估的定量分析模式，而

---

① 资料来源：APEC Mid-Term Stocktake (MTST) Project Team Experts. *Bogor Goals Mid-Term Stocktake – Discussion Paper (final version)*. 2005/SOM2/MTST/002rev1. http://www.apec.org.

是以定性分析的形式介绍了参评成员非关税措施削减状况。表 2.14 报告了这 13 个参评成员削减非关税壁垒取得的进展情况。报告结果显示，参评成员正在不断努力采取措施努力削减各种非关税措施，取消与 WTO 规则不符的管理方法，并均已取得一定进展。

表 2.14　2010 年 APEC 茂物目标评估 13 个参评成员非关税措施削减情况

成员	主要措施
澳大利亚	2007 年 9 月对进口风险分析（IRA）程序实施改革，要点包括政策更加透明和及时公布、加强同利益相关方的协商等
加拿大	从 2003 年 1 月起实施对 48 个最不发达国家的市场准入（除了特定的农产品外）；大量减少应急措施的使用；有效减少反倾销措施
日本	2000 年 4 月起开始运作电子贸易开放网络控制系统（JETRAS），加快货物进出口，通过该系统可申请进出口许可证
新西兰	自 1992 年以来取消了所有进口许可保护，并且不再进行出口补贴
美国	从 2005 年 1 月起基本消除了所有纺织品和服装配额；在越南加入 WTO 后，取消对其的配额；2007 年底不再实施保障措施
智利	2003 年消除了三个出口配额计划，免除数量限制、市场准入限制以及国民待遇限制
中国香港	提出消除大米进口配额，取消纺织品和服装的数量出口限制等，并不再实施非关税边界措施
韩国	废除盐的差价关税，消除所有纺织品和服装的数量限制；消除与 WTO 不一致的出口补贴，以及出口数量限制或自愿出口限制
马来西亚	2008 年消除 48 个电器、机械设备和电子产品税目的进口许可证要求；2009 年消除港口起重机的进口许可证要求
墨西哥	2008 年消除一些保健产品和车辆的进口许可要求
秘鲁	消除对动物源肥料的限制；除保留保护文化遗产或安全卫生原因的限制外，免除进口出口许可证、自愿出口限制或出口补贴
新加坡	新加坡精简了不必要的非关税措施、许可证要求和认证程序；2005 年，新加坡废除了长期存在的博彩业禁令，允许赌场经营；2007 年邮政部门实现自由化
中国台北	2002 年加入 WTO 后，中国台北已取消多项非关税措施，目前，中国台北已废除所有的进口限制，进口禁止的数量在 2002 年 9 月至 2009 年 9 月间从 252 个下降到 63 个

资料来源：APEC Policy Support Unit. "Progressing towards the APEC Bogor Goals Perspectives of the APEC Policy Support Unit", November 2010.

2014 年，APEC 政策支持小组就世界范围内非关税措施的使用对 APEC 贸易的影响以及 APEC 成员使用非关税措施的情况进行了专门研究，并发布了相关研究报告。[①]该报告显示，卫生与植物卫生（SPS）措施、标准及其他技术要求以及海关程序是目前 APEC 成员最常使用的三种非关税措施，可以解释 68%的 APEC 内已被证实的非关税措施。[②] APEC 政策支持小组 2010 年关于茂物目标的评估报告了 183 项非关税措施，比 2013 年 5 月的 154 项高出约 16%。[③]APEC成员非关税措施数量明显减少，其中削减最快的是补贴、标准及其他技术要求、SPS 以及海关程序（参见表 2.15）。

表 2.15　APEC 成员使用非关税措施情况

非关税措施	2010 茂物目标评估结果	2013 年数据	2010—2013 年的变化
竞争措施	4	3	−1
政府采购	15	16	1
其他非关税措施	15	13	−2
数量限制及相关措施	8	9	1
登记、备案、海关程序	31	25	−6
SPS 措施	59	53	−6
标准及其他技术要求	35	27	−8
补贴	16	8	−8
合计	183	154	−29

资料来源：APEC Policy Support Unit. *Perceptions in the Use of NTMs within the APEC Region*, June 2014, http://www.apec.org.

在各主要产业中，农业和渔业是受非关税措施影响最大的部门，约占全部非关税措施的 41%；其次为对所有部门均有影响的各种水平措施，约占全部非关税措施的 22%（参见表 2.16）。

---

① APEC PSU. *Perceptions in the Use of NTMs within the APEC Region*. June 2014. http://www.apec.org.
② APEC PSU. *Perceptions in the Use of NTMs within the APEC Region*. June 2014. http://www.apec.org.
③ APEC PSU. *Perceptions in the Use of NTMs within the APEC Region*. June 2014. http://www.apec.org.

表 2.16 APEC 主要非关税措施的产业分布

受到影响的产业	2010 茂物目标评估结果	2013 年最新数据	2010—2013 年的变化
农业和渔业	75	63	-12
飞机	2	1	-1
汽车	7	7	0
化学品	3	2	-1
化妆品	5	1	-4
电子	3	2	-1
水平措施	31	34	3
钢铁及有色金属	2	1	-1
机械	1	1	0
其他产业	7	10	3
医药	14	9	-5
通信服务，包括邮政服务	2	1	-1
建筑服务	1	0	-1
金融服务	4	4	0
运输服务	6	3	-3
造船	2	1	-1
电信设备	2	2	0
纺织品及皮革	11	4	-7
啤酒及酒精	4	7	3
木材、纸和纸浆	1	1	0
合计	183	154	-29

资料来源：APEC Policy Support Unit. *Perceptions in the Use of NTMs within the APEC Region*, June 2014, http://www.apec.org.

表 2.17 显示，在各主要贸易部门中，初级品部门使用 SPS 措施的情况最为普遍；而制成品部门的非关税措施则以登记备案海关程序、标准及其他技术措施为主；此外，对所有部门均可产生影响的各种水平措施也在 APEC 地区广泛存在。

表 2.17 APEC 主要非关税措施部门分布

非关税措施	初级品部门	制成品部门	服务部门	水平措施
登记、备案、海关程序	0	13	1	11
数量限制及相关措施	2	5	1	11
竞争措施	1	1	0	1
标准及其他技术措施	3	16	2	6
政府采购	1	1	0	14
补贴	3	5	0	0
其他非关税措施	1	7	4	1
SPS 措施	53	0	0	0

资料来源：APEC Policy Support Unit. Perceptions in the Use of NTMs within the APEC Region. June 2014. http://www.apec.org.

（二）APEC 各成员非关税措施削减情况

2010 年 APEC 完成对 13 个成员的茂物目标评估后，继续由其政策支持小组（PSU）根据各成员提交的单边行动计划内容对各成员的茂物目标执行情况进行评估并发表评估进展报告。2012 年的进展报告对 18 个成员非关税措施领域的进展进行了评价。[1] 2014 年，PSU 再次对各成员茂物目标执行情况进行了评估。[2] 上述两份报告中关于各成员非关税措施削减情况的评估基本反映了各成员近期在非关税措施合作方面的主要进展。

1. 澳大利亚

2012 年的 PSU 评估报告显示，澳大利亚会在必要时采取措施以保障公共健康和安全。澳大利亚会向世界贸易组织报告可能会对贸易产生重要影响的措施。澳大利亚对检疫及生物安全性政策安排进行改革，并已取得重要成果，包括强化了进口风险分析程序；改善了机场、邮政中心以及海港的风险基础性能分析及检验程序；执行了改进后的进口证书安排；加强了离岸风险削减措施等。有成员对澳大利亚严格的卫生和植物检疫（SPS）要求表示担忧，包括认为其缺少成本收

---

① 参见 APEC. 2012 Bogor Goals Progress Report of Twenty-one APEC Member Economies.http://www.apec. org/About-Us/About-APEC/Achievements-and-Benefits/2012-Bogor-Goals.aspx。其中，加拿大、日本和新西兰缺少非关税措施评估。

② 参见 APEC Policy Support Unit. APEC's Bogor Goals Progress Report. August, 2014. http://www.apec.org。其中，加拿大未提供非关税措施评估。

益分析以及要求其更接近国际惯例等。但澳大利亚认为其 SPS 制度符合国际惯例要求，即 SPS 措施必须以保护本地经济和自然环境的适当的科学的措施为基础。澳大利亚认为其 SPS 制度改革与其 2008 年关于生物安全性和检疫安排独立评估的主题相一致。

2011 年 6 月，澳大利亚宣布对其反倾销制度进行一系列改革，以便针对反倾销调查的所有相关方提高制度的及时性和透明性，同时促进澳大利亚的法律和实践与其他 WTO 成员保持协调一致。首批修订后的法律法规于 2011 年 10 月起生效，新规定对有关政府部门对反倾销调查的审议进行了时间限制，这将有利于尽早解决投诉。截至 2012 年 1 月 31 日，澳大利亚共有 27 项反倾销和反补贴措施，其适用的货物范围相对较小（涉及 9 类产品和 15 个成员）。

2014 年的 PSU 评估报告显示，澳大利亚已于 2013 年 6 月完成了对反倾销和反补贴政策法规体系的改革，其内容主要包括：建立反倾销委员会，负责该国反倾销系统的管理；构建新的上诉程序以及产业利益相关者论坛；根据 WTO 相关协定的要求修改了补贴条款；创立了调查程序以调查规避反倾销措施的行为；明确了对拒不配合反倾销调查的当事人的处理条款。此外，澳大利亚继续对其生物安全系统进行改革。2012 年以来，澳大利亚已制定相关政策以改善生物安全管理，制定了政府间生物安全协定以及国家生物安全环境反应协定等，并通过签署双边卫生及植物检疫协定，缩短特定进口动物的检疫隔离期等方式为贸易提供便利。

2. 文莱

2012 年的 PSU 评估报告显示，出于健康、安全、保护野生动物以及道德原因，文莱保留了部分进口禁止、限制和许可要求。但是，有成员认为，文莱的许可及认证要求变得更加繁重并且限制了贸易。为了保障国内市场的供给，对少数产品保留了出口限制。

2014 年的 PSU 评估报告指出，基于健康、安全、环境、道德及宗教等原因，文莱继续保留部分进口禁止、限制和许可要求。例如，出于宗教原因限制酒类的进口和生产；出于安全原因禁止进口 5 年以上车龄的二手机动车；电信设备、药品、活动物及植物等需要申请进口许可证；对盐、糖和大米等部分食品实施进口限制。

3. 智利

2012年的PSU评估报告显示，智利不实行市场准入限制、数量限制或国民待遇限制，但汽车和轮胎产品存在例外。智利禁止进口二手汽车和二手轮胎（后者是出于健康原因）。对其他二手货物，智利额外征收相当于实际关税50%的附加关税。

2014年的PSU评估报告显示，智利继续保持其对二手汽车的进口限制。此外，智利对小麦、小麦粉及糖的价格实施区间管制。当上述任何产品的国际价格下降至设定的最低价格以下时，将在现行6%的最惠国关税税率的基础上加征附加税。而当国际市场价格超过设定的最高价格时，将会降低最惠国关税税率。

4. 加拿大

PSU在2012年及2014年评估报告中均未提供加拿大的非关税措施削减进展情况评估。2012年加拿大向APEC提交的单边行动计划（IAP）显示，2010年后，加拿大的主要非关税措施没有变化，故本书根据2010年APEC对加拿大单边行动计划的评估情况进行说明。[①]

加拿大对部分农产品实施关税配额管理，实施此项管理的税目约占其全部税目数量的2%。出于保护国内产业、保障安全、履行国际义务及保护环境等原因，加拿大对部分产品实施进口许可证管理。此外，加拿大正在采取措施逐渐减少出口补贴措施。

5. 中国

2012年的PSU评估报告显示，2010年起，出于公共卫生、安全防范以及环境可持续性等方面的原因，中国对废旧机械及电子产品以及臭氧层消耗物质实行进口许可管理。

2014年PSU的评估报告显示，出于公共利益、环境、国际承诺以及动物、

---

① http://www.apec.org/~/media/Files/AboutUs/AchievementsBenefits/2010/bogor_02_Canada_factsheet.pdf

植物和人类健康与安全等方面原因，中国禁止进口部分产品。此外，中国继续对废旧机械及电子产品以及臭氧层消耗物质实行进口许可管理。出于进口监管原因，中国对部分商品实施自动进口许可证管理，但不涉及数量限制。中国已对自动进口许可证管理商品目录进行了多次更新。此外，中国仍然对少部分出口产品实施配额或许可证管理。

6. 中国香港

2012 年及 2014 年的 PSU 评估报告显示，中国香港对本地产业不实行任何包括数量限制或非关税措施在内的保护性政策。中国香港仅保留因维护公共卫生、安全及环境而必需的非关税措施，以及为履行国际协定义务而必需的非关税措施。为了实现促进贸易发展的目标，上述非关税措施需要进行定期评估和调整。例如，自 2011 年 5 月起，全部来自非敏感市场的纺织品进口不再需要进口许可。此外，为了符合《生物多样性公约》下的《卡塔赫纳生物安全议定书》的要求，中国香港限制转基因生物的进口和出口。同时，为了履行联合国《禁止非法贩运麻醉药品和精神药物公约》所规定的国际义务，中国香港对部分受控制的化学药品实行进出口许可管理。2012 年 6 月，中国香港免除了转基因木瓜等部分转基因产品的进口许可管理要求。

7. 印度尼西亚

2012 年的 PSU 评估报告显示，印度尼西亚对废旧生产资料的进口采取额外的灵活措施。自 2012 年 1 月起，可以进口的废旧生产资料的种类由 288 种上升至 306 种。但是，一些近期制度显示这一趋势可能发生改变。例如，2012 年新实施的法规只允许注册的进口商或生产商进口钢铁、食品及饮料产品、传统医药及草药产品、化妆品、服装、鞋类、电子及儿童玩具、轮胎及三聚磷酸钠等特定产品。此外，上述法规还规定，只能在特定目的港开展上述产品的进口贸易。此外，出于文化原因（例如酒精饮料的采购、分销、销售、监管和控制）以及环境和公共卫生方面的考虑（危险材料的采购、分销及控制；以及《消耗臭氧层物质进口规定》），印度尼西亚已经对部分措施进行了调整。

2014年的PSU评估报告显示，印度尼西亚通过实施许可证制度对部分进口产品采取数量限制。近税号总量五分之一的产品受到许可证管理。上述许可管理主要出于健康、安全、环境或国际承诺等合法原因。但同时，出于保护本国产业的目的，印度尼西亚也对部分农产品、纺织品、石油和天然气、二手生产资料以及化工产品等实施进口许可管理。在某些情况下，印度尼西亚还会对特定产品的入境地点提出限制，从而额外增加进口限制条件。

印度尼西亚禁止部分特定产品的出口，其中，部分产品是出于环境原因或国际承诺等合法原因，但仍有部分出口禁止措施缺乏合理依据。此外，印度尼西亚对部分矿产及化工产品等实施出口许可证管理，并对棕榈油、未加工的可可、皮革制品、木制品和矿石产品等征收出口税，以鼓励上述产品在印度尼西亚国内的加工增值。

8. 日本

2014年的PSU评估报告显示，日本对特定鱼类产品以及《蒙特利尔破坏臭氧层物质管制议定书》中所列出的管制物质实行进口配额管理，并认为上述配额符合WTO相关协定。

根据相关国际承诺，日本对部分产品保留出口管制，其目的在于保护自然资源和国家安全。2012年4月起，这一管制略有放松，取消了产经省对鱼粉等产品的出口审批要求。

9. 韩国

2012年的PSU评估报告显示，根据国内立法及国际协定的规定，为保障国家安全、人类健康，为保护环境及动植物，韩国实行技术规范以及卫生和检疫措施。

2014年的PSU评估报告显示，韩国对进口商和出口商不实行限制或许可管理。出于保护人类及动植物生命和健康、保护环境或基本安全利益等合法原因，韩国共存在92项进口和出口的禁止和限制措施，均已向WTO报告并符合相关国际协定。

10. 马来西亚

2012 年的 PSU 评估报告显示，近年来，马来西亚努力削减进口许可要求。2008 年取消了 20 个税目的进口许可要求，2010 年和 2012 年则分别取消了 20 个和 19 个税目的进口许可要求。但是，马来西亚对一些产品仍然实行进口许可管理。

2014 年的 PSU 评估报告显示，仍有 60 个类别的产品需要进口许可、审批或检查。马来西亚认为上述程序是为了满足国际承诺以及国家安全和健康等需要。上述程序也可用于监控目的。25 个产品类别的出口实行许可证管理，39 个产品类别实行出口许可、审批和检查管理。部分产品征收出口税。上述限制及税收主要出于保护国内供给的基本安全需要。

11. 墨西哥

2012 年的 PSU 评估报告显示，墨西哥对其进出口许可制度实施了一些修改。例如，2010 年 9 月，墨西哥建立了汽油、柴油及其混合品的进出口许可制度，但润滑油及添加剂不适用此规定。2011 年 6 月，墨西哥简化了可可粉进口许可分配制度。此外，2011 年 6 月，墨西哥经济部建立了常规武器（包括制造大规模杀伤性武器所需技术及软件）的出口许可制度。但是，2011 年 12 月，取消了对普通民众出口技术和软件的限制。

2014 年的 PSU 评估报告显示，墨西哥对奶酪、咖啡、大麦、燕麦、糖、汽车和玩具等部分农产品和工业品实施关税配额管理。同时，墨西哥对特定产品实施进口禁止和限制措施。墨西哥规定可对二手货物实施进口限制。同时，当出现国际收支失衡，或墨西哥产品在海外遭遇限制等情况时，或基于安全、动植物及人类健康与安全、环境以及在国际组织的承诺等原因，可以实施临时性进口限制。

墨西哥对石油制品、钻石、铁矿石、常规武器等特定产品保留出口许可管理。同时对西红柿实施自动出口许可管理。

12. 新西兰

2014 年的 PSU 评估报告显示，新西兰并未出于商业目的或保护本国产业的目的实施进口限制或禁止措施。近年来，为了维护公共健康和安全，新西兰制定了特定产品入境的相关管理规定，如《2013年影响精神药物法案》《2012年生物安全法改革法案》以及《2012年国家动物识别和跟踪法案》。此外，新西兰通过实施《倾销和反补贴税修订法案》明确了与反倾销税征收相关的措施。

13. 巴布亚新几内亚

2012年及2014年的PSU评估报告显示，巴布亚新几内亚不实行进出口配额或关税配额管理，并且仅保留相对很少的非关税措施。为了鼓励发展下游加工产业，巴布亚新几内亚对未加工的原木出口保留了出口税。

14. 秘鲁

2012年的PSU评估报告显示，秘鲁不实行任何进口数量禁止或限制措施，也不实行进口许可或出口补贴。6910个税目的进口需缴纳16%的营业税以及城市建设税（2%）。部分产品可以免税。秘鲁对包括燃料油、烟草、烈酒、啤酒、葡萄酒和汽车等在内的126个税目征收选择性消费税。此外，秘鲁对旧衣物和鞋类、废旧轮胎、使用5年以上小汽车以及8年以上卡车的进口分别规定有限制措施。

2014年的PSU评估报告显示，94.6%进口税号的产品实施税率为16%的增值税管理。对燃油、烈酒、烟草及车辆等征收消费税。对下列产品的进口继续实施限制：二手客运和货运道路运输车辆、旧引擎及车辆零部件、旧轮胎、用于商业用途的旧衣物和鞋类、二手货物、使用放射源的机械和设备。

15. 菲律宾

2012年的PSU评估报告显示，2012年起菲律宾实施最小准入数量（MAV）许可以及MAV进口证书的自动化申请程序。

2014年的PSU评估报告显示，通过MAV系统，菲律宾对部分特定农产品实施关税配额管理，主要涉及大米、玉米和猪肉等产品。

16. 俄罗斯

2012年的PSU评估报告显示，俄罗斯采取措施简化了药品进口程序。取消了对兽医药物的进口限制。2011年取消了对粮食作物的临时出口禁止措施。但是，截至2012年1月，仍对22种产品实施进口或出口限制。俄罗斯对肉类制品实施进口许可，但独联体国家的肉类除外。

2014 年的 PSU 评估报告显示，2012 年 8 月俄罗斯废止了对酒精的进口许可管理。药物及使用加密技术的产品等仍然需要进口许可证。肉类和奶制品等部分农产品则实施许可和关税配额管理。

17. 新加坡

2012 年及 2014 年的 PSU 评估报告显示，新加坡为了保护公共卫生、公共安全或环境，或者履行相应的国际义务而实施进口禁止及其他进口限制措施。近年来，新加坡没有对进口禁止和进口许可制度进行调整，而出口补贴也已于 1999 年取消。新加坡禁止进口 3 年以上车龄的旧机动车以及非治疗用途的口香糖。部分产品的进口需要经过许可（如大米）。新加坡未保留任何与出口业绩要求相关的补贴方案。

18. 中国台北

2014 年的 PSU 评估报告显示，中国台北仍然禁止或限制部分产品的进口，对 15 类产品实施进口许可管理。中国台北认为，上述措施均符合 WTO 的规定。

19. 泰国

2012 年及 2014 年的 PSU 评估报告显示，泰国禁止进口用于赌博目的的电力和机械类设备。通常，禁止进口部分设备仅出于保护社会公德、国家安全、人类、动物和植物生命、公共卫生以及知识产权的目的。出于公共卫生及社会公德、金融安全、保护本国资源和财富的目的，泰国允许对部分产品实施进出口许可管理，这与 WTO 规则相一致。燃料油进口需要得到对外贸易部的批准。泰国对 23 种农产品实施关税配额管理，泰国认为这一措施符合 WTO 的规定。

20. 美国

2012 年的 PSU 评估报告显示，钢铁进口监控和分析项目将其进口许可系统延长至 2013 年 3 月。水泥贸易许可系统于 2009 年到期。

2014 年的 PSU 评估报告显示，美国仍然对特定糖类及鱼类产品等实施关税配额管理。出于健康及安全原因，或者保护美国经济的目的，现行法律法规允许对部分进口产品实施禁止或限制措施。对 15 类产品实施进口许可证管理，包括动物及动物产品、钢铁、烟草等。

美国不征收出口税。出于安全考虑及国际协定的要求等原因，对部分产品实施出口限制。根据 WTO 农产品协定对部分奶制品实施出口补贴。

21. 越南

2012 年的 PSU 评估报告显示，2010 年 5 月，越南贸易和产业部发布通知，规定了包括肉类、鱼类、贝壳类动物、糖类、可可、谷物、葡萄酒及烈酒等在内的部分农产品的自动进口许可申请制度。近年来，越南已经取消了许多数量限制和其他非关税限制。但是，包括二手货物、鞭炮、右座驾驶机动车、二手备件以及特定种类的肉类在内的有限数量的产品仍然被禁止进口。同时，一些制成品和农产品需要满足进口许可要求。

2014 年 PSU 评估报告显示，出于公共健康、安全、履行国际承诺等原因，越南对部分产品实施进口限制，同时对特定产品实施许可证管理。近年来，越南已对实施进口许可管理的产品清单进行了多次修订。此外，还对蛋类、糖类、盐和部分烟草等产品实施关税配额管理。越南对金属、部分皮革和木制品征收出口税。2013 年 5 月，越南将部分煤炭产品的出口关税税率从 10% 提高至 13%。

第二节　APEC 服务贸易自由化进程分析

在贸易投资自由化进程中，服务业对国民经济发展所具有的重要性日益显现。为了更好地促进区域内服务贸易的发展，APEC 通过实施一系列服务贸易自由化措施，使服务业与制造业更好地融合，并推进了服务业的全球化进程。但与货物贸易自由化的进展相比，服务贸易自由化合作在起步时间、推进速度等方面仍然存在不足，部分 APEC 成员的服务贸易自由化水平仍然存在很大的改进空间。APEC 在近年加大了对服务贸易自由化的推进力度，制定了一系列合作计划和路线图，预期服务贸易自由化将会是未来 APEC 合作的重要优先领域之一。

一、APEC 服务贸易发展概况

APEC 服务进口规模在绝对值上呈现出显著的增长，如表 2.18 及表 2.19 所示，1989 年，APEC 服务进口规模为 3023.4 亿美元，而 2015 年则达到 1.98 万亿美元，为 1989 年的 6.56 倍。但 APEC 服务进口的相对规模并未出现显著增长，在 2005—2010 年甚至出现了下降的趋势，近年来有所恢复。运输和旅游服务仍然是 APEC 服务进口的主要部门。与 1989 年相比，近年来包含金融、计算机等现代服务部门在内的其他服务对 APEC 服务进口的贡献在逐步增加。此外，就 APEC 各服务部门在世界服务进口中所占比重而言，旅游服务所占比重增长最为显著；与货物有关的服务进口在世界所占比重则呈下降趋势；运输服务和其他服务进口在世界服务进口所占比重基本稳定。

表 2.18　APEC 服务贸易进口规模及占世界比重（BPM5，亿美元，%）

年份		1989 年	1990 年	1995 年	2000 年	2005 年	2010 年	2013 年
全部服务	世界（亿美元）	7346.4	8751.9	12409.4	15193.9	24723.6	37392.5	44991.9
	APEC（亿美元）	3023.4	3446.6	5297.9	6519.8	9593.3	14489.3	18203
	APEC 占世界比重（%）	41.15	39.38	42.69	42.91	38.80	38.75	40.46
运输服务	世界（亿美元）	2308.6	2628.4	3736.4	4192.2	6817.8	9733.1	11653.3
	APEC（亿美元）	967.2	1091.1	1658.3	1895.1	2899.4	3940.1	4811.8
	APEC 占世界比重（%）	41.89	41.51	44.38	45.21	42.53	40.48	41.29
旅游服务	世界（亿美元）	2182.5	2635.2	3703	4411.7	6524.6	8579.5	10716
	APEC（亿美元）	951.7	1098.6	1593.2	1919.6	2541.8	3498.8	4937.7
	APEC 占世界比重（%）	43.60	41.69	43.02	43.51	38.96	40.78	46.08

续表

年份		1989年	1990年	1995年	2000年	2005年	2010年	2013年
其他服务	世界（亿美元）	2855.4	3488.3	4928	6587	11366.7	18574.5	22035.9
	APEC（亿美元）	1104.6	1256.9	2046.2	2704.8	4151.7	7050	8453.3
	APEC占世界比重（%）	38.68	36.03	41.52	41.06	36.53	37.96	38.36

资料来源：联合国贸发会议数据库，现价美元及现行汇率，BPM5，http://unctadstat.unctad.org

表2.19　APEC服务贸易进口规模及占世界比重（BPM6，亿美元，%）

年份		2005年	2007年	2009年	2010年	2011年	2012年	2013年	2014年	2015年
全部服务	世界（亿美元）	25861.8	34217.5	34863.0	38171.0	42857.9	44373.0	47011.0	50442.1	47294.6
	APEC（亿美元）	9955.1	12684.9	12912.1	14743.2	16745.8	17920.1	18879.0	20467.3	19820.0
	APEC/世界（%）	38.49	37.07	37.04	38.62	39.07	40.39	40.16	40.58	41.91
货物相关服务	世界（亿美元）	650.7	804.2	715.7	771.1	880.7	924.7	1060.5	1045.3	976.8
	APEC（亿美元）	353.3	470.6	400.6	446.0	489.9	496.6	452.9	456.3	433.4
	APEC/世界（%）	54.30	58.52	55.96	57.84	55.62	53.71	42.71	43.65	44.37
运输服务	世界（亿美元）	6803.5	9048.1	8363.2	9793.1	11127.3	11511.8	11799.9	12080.4	10899.3
	APEC（亿美元）	2880.1	3605.5	3180.4	3917.6	4475.6	4720.4	4780.9	4878.7	4410.8
	APEC/世界（%）	42.33	39.85	38.03	40.00	40.22	41.00	40.52	40.39	40.47
旅游服务	世界（亿美元）	6527.7	8030.7	7926.9	8603.5	9561.5	10131.4	10908.7	12421.6	12164.4
	APEC（亿美元）	2610.3	3009.7	3016.1	3535.3	3981.2	4607.3	5052.1	6169.1	6579.3
	APEC/世界（%）	39.99	37.48	38.05	41.09	41.64	45.47	46.31	49.66	54.09

续表

年份		2005 年	2007 年	2009 年	2010 年	2011 年	2012 年	2013 年	2014 年	2015 年
其他服务	世界（亿美元）	11880.0	16334.5	17857.2	19003.2	21288.3	21805.1	23241.9	24894.8	23254.1
	APEC（亿美元）	4111.4	5599.1	6315.0	6844.4	7799.1	8095.8	8593.1	8963.2	8396.5
	APEC/世界（%）	34.61	34.28	35.36	36.02	36.64	37.13	36.97	36.00	36.11

资料来源：联合国贸发会议数据库，现价美元及现行汇率，BPM6，http://unctadstat.unctad.org。

与服务进口情况相同，APEC 服务出口规模在绝对值上呈现出显著的增长，如表 2.20 及表 2.21 所示，1989 年，APEC 服务出口规模为 2726.3 亿美元，而 2015 年则达到 1.95 万亿美元，为 1989 年的 7.14 倍。但 APEC 服务出口的相对规模并未出现显著增长，在 2005 年后甚至出现了下降的趋势，近年来有所恢复。运输和旅游服务同时是 APEC 服务出口的主要部门。与 1989 年相比，包含金融、计算机等现代服务部门在内的其他服务对 APEC 服务出口的贡献依然引人注目。此外，就 APEC 各服务部门在世界服务出口中所占比重而言，旅游服务及与货物有关服务出口所占比重增长相对较为显著；运输服务出口在世界服务出口所占比重有所下降；其他服务出口在世界服务出口所占比重基本稳定。

表 2.20　APEC 服务贸易出口规模及占世界比重（BPM5，亿美元，%）

年份		1989 年	1990 年	1995 年	2000 年	2005 年	2010 年	2013 年
全部服务	世界（亿美元）	6997.4	8313.5	12222.2	15219.8	25732.2	38962.6	47201.8
	APEC（亿美元）	2726.3	3095.8	5114.7	6429	9661.6	15043	18630.1
	APEC 占世界比重（%）	38.96	37.24	41.85	42.24	37.55	38.61	39.47
运输服务	世界（亿美元）	1925.7	2227.5	3101.2	3463.7	5692.8	8074.7	9059.4
	APEC（亿美元）	785.9	891.9	1282.6	1446.8	2200.2	3204.4	3528.8
	APEC 占世界比重（%）	40.81	40.04	41.36	41.77	38.65	39.68	38.95

年份		1989年	1990年	1995年	2000年	2005年	2010年	2013年
旅游服务	世界（亿美元）	2194.2	2631.6	3978.7	4768.2	7030.1	9515	11836.3
	APEC（亿美元）	850.3	984.6	1599	1993.9	2605.6	3760.2	4970.6
	APEC占世界比重（%）	38.76	37.41	40.19	41.82	37.06	39.52	41.99
其他服务	世界（亿美元）	2876.3	3453	5066.4	6985.6	12986	21299.4	26259.4
	APEC（亿美元）	1088.8	1218	2230.8	2987.3	4855.6	8078.3	10130.5
	APEC占世界比重（%）	37.85	35.27	44.03	42.76	37.39	37.93	38.58

资料来源：联合国贸发会议数据库，现价美元及现行汇率，BPM5，http://unctadstat.unctad.org。

表2.21　APEC服务贸易出口规模及占世界比重（BPM6，亿美元，%）

年份		2005年	2006年	2007年	2008年	2009年	2010年	2011年	2012年	2013年	2014年	2015年
全部服务	世界（亿美元）	26558.6	30051.1	35911.5	40333	36012.5	39134.9	44274	45466.7	48248.3	51392.6	48260.3
	APEC（亿美元）	9452.6	10661.7	12678.1	14266	12910.3	14834.2	16894.8	17706.8	18541.4	19973.5	19461.5
	APEC/世界（%）	35.59	35.48	35.3	35.37	35.85	37.91	38.16	38.94	38.43	38.86	40.33
与货物有关的服务	世界（亿美元）	859.3	907.2	1127.8	1289	1177.6	1387.6	1544.4	1540.8	1639.3	1676.7	1523.6
	APEC（亿美元）	304.7	342.4	424.2	494.7	490.9	582.4	636.7	632.5	640.1	659.8	670
	APEC/世界（%）	35.46	37.74	37.62	38.38	41.68	41.97	41.23	41.05	39.05	39.35	43.98

续表

年份		2005 年	2006 年	2007 年	2008 年	2009 年	2010 年	2011 年	2012 年	2013 年	2014 年	2015 年
运输服务	世界（亿美元）	5812.4	6486.4	7819	9127.5	7143.1	8265.2	9027.9	9168.6	9426.6	9736.7	8761.2
	APEC（亿美元）	2211.6	2441.1	2952.5	3463.6	2581.9	3262.7	3460.7	3625.7	3590.9	3685.8	3381.7
	APEC/世界（%）	38.05	37.63	37.76	37.95	36.15	39.47	38.33	39.54	38.09	37.85	38.6
旅游服务	世界（亿美元）	6880.1	7514.1	8696.6	9620.8	8769.9	9590.1	10739.8	11136.4	11961.8	12940.2	12304.2
	APEC（亿美元）	2551.9	2732.5	3147	3495.7	3235.8	3793.4	4273.2	4613.2	4967.4	5663.3	5721
	APEC/世界（%）	37.09	36.36	36.19	36.34	36.9	39.56	39.79	41.42	41.53	43.77	46.5
其他服务	世界（亿美元）	13006.8	15143.4	18267.9	20295.8	18922	19892	22961.9	23620.9	25220.6	27039	25671.4
	APEC（亿美元）	4384.4	5145.7	6154.3	6812	6601.7	7195.7	8524.2	8835.6	9342.9	9964.6	9688.8
	APEC/世界（%）	33.71	33.98	33.69	33.56	34.89	36.17	37.12	37.41	37.04	36.85	37.74

资料来源：联合国贸发会议数据库，现价美元及现行汇率，BPM6，http://unctadstat.unctad.org。

如表 2.22 所示，总体而言，APEC 服务业增加值占国内生产总值（GDP）比重近年来有所下降，并逐渐开始低于世界平均水平。各成员间服务贸易增加值对 GDP 的贡献程度存在较大差异。澳大利亚、加拿大、中国香港、日本、新加坡和美国近几年的贡献率均高于 70%，超过世界平均水平。而文莱、中国、印度尼西亚、巴布亚新几内亚和越南的比重则低于 50%。多数成员的数据在统计期内出现了显著增长。

表 2.22　APEC 成员服务贸易增加值占 GDP 的比重（%）

成员	1989 年	1990 年	1995 年	2000 年	2005 年	2010 年	2011 年	2012 年	2013 年	2014 年
澳大利亚	63.28	64.05	67.68	69.83	70.02	70.60	68.98	69.27	70.65	70.53
文莱	39.24	37.48	44.57	35.31	27.49	32.47	27.14	28.21	31.03	—
加拿大	—	—	—	—	—	70.79	—	—	—	—
智利	49.55	49.83	55.47	61.94	58.54	56.99	57.70	60.15	61.67	61.52
中国	32.89	32.38	33.66	39.82	41.40	44.20	44.32	45.50	46.92	48.11
中国香港	—	—	—	87.54	91.26	92.83	92.98	92.88	92.74	92.67
印度尼西亚	40.00	41.47	41.06	38.47	40.33	40.67	40.58	40.87	41.56	42.25
日本	60.03	59.82	65.19	67.35	70.65	71.28	72.70	72.76	72.58	—
韩国	53.18	53.60	55.80	57.51	59.36	59.26	59.10	59.47	59.25	59.42
马来西亚	42.11	42.59	45.65	43.08	45.81	49.41	48.72	50.07	51.01	51.17
墨西哥	62.87	63.73	63.16	61.61	61.46	61.53	60.42	60.24	62.24	62.32
新西兰	62.95	64.98	65.26	66.35	69.32	69.15	69.70	—	—	—
巴布亚新几内亚	38.22	36.75	30.86	22.81	—	—	—	—	—	—
秘鲁	—	—	57.97	59.43	55.23	54.38	53.55	55.76	—	—
菲律宾	42.41	43.62	46.31	51.58	53.50	55.12	55.93	56.92	57.61	57.31
俄罗斯	32.97	35.04	55.88	55.62	56.96	61.44	58.20	59.10	60.03	60.01
新加坡	65.73	67.32	66.09	65.07	67.58	72.33	73.56	73.29	74.86	75.02
中国台北	55.01	56.83	63.11	66.91	66.39	64.42	65.27	64.86	64.58	63.24
泰国	48.67	50.28	53.39	54.66	52.17	49.44	50.30	50.97	51.72	52.67
美国	—	—	—	75.61	76.87	78.51	78.08	78.15	78.05	—
越南	34.99	38.59	44.06	43.07	42.57	42.88	42.02	41.70	43.31	43.38
APEC	—	—	—	68.97	69.27	67.33	66.11	63.21	66.07	—
世界	—	—	60.92	66.88	68.37	70.13	69.88	70.23	70.51	—

资料来源：APEC 统计，http://www.apec.org。

二、APEC 促进服务贸易自由化的主要措施分析

APEC 成员充分认识到了服务贸易对拉动经济增长、增加地区就业所具有的重要意义，并将其作为"茂物目标"和《大阪行动议程》的重要组成部分，通过单边行动计划和集体行动计划等方式推进服务贸易自由化。APEC 贸易投资委员

会（CTI）于 1997 年成立了服务工作组（GOS），全面负责服务贸易自由化合作的协调与推进。近年来，APEC 在服务贸易自由化领域的合作得到了重视和加强，并通过采取如下措施和行动在服务合作领域取得了更为积极有效的进展。

（一）制定 APEC 服务行动计划（SAP）及其行动矩阵

APEC 服务行动计划（2009）列出了一系列详细的行动框架，涵盖政策和技术层面合作。该框架进一步促进各成员之间服务贸易的国际化、自由化和便利化。为了落实服务行动计划，APEC 制定了"SAP 行动矩阵"，其目的在于为 APEC 的服务贸易相关工作提供方向和共识。该矩阵确定了与单边行动计划和集体行动计划相关的优先领域以及能力建设需求，致力于为发展开放高效的亚太地区服务市场制定工作规划。

（二）鼓励各成员通过双边或地区自由贸易协定（FTA）推动服务贸易自由化

APEC 各成员在越来越多的领域加入了服务贸易总协定，达成了区域贸易协定（RTA）/自由贸易区的服务承诺，具体进展如表 2.23 和表 2.24 所示。

表 2.23　2008—2014 年 APEC 在 GATS 中的平均承诺情况及区域内 FTA 在服务贸易领域总体进展

项目	2008 年	2009 年	2010 年	2011 年	2012 年	2013 年	2014 年
GATS 中承诺的服务部门数量	77	77	77	77	79	79	79
达成的最优 RTA/FTA 服务承诺（0=无承诺；100=所有部门均有承诺）	51.03	56.93	56.95	56.95	57.30	—	—
含有服务部门承诺的 RTA/FTA 数量-RTA/FTA 数量	56-86	67-98	74-104	82-116	89-126	99-137	105-143

资料来源：PSU. APEC's Bogor Goals Dashboard. October, 2015. http://www.apec.org.

表 2.24　2008—2014 年 APEC 各成员在 GATS 中的承诺情况及其相关 FTA 在服务贸易领域进展

成员	项目	2008 年	2009 年	2010 年	2011 年	2012 年	2013 年	2014 年
澳大利亚	GATS 中承诺的服务部门数量	103	103	103	103	103	103	103
	达成的最优 RTA/FTA 服务承诺（0=无承诺；100=所有部门均有承诺）	81.51	81.51	81.51	81.51	81.51	—	—
	含有服务部门承诺的 RTA/FTA 数量-RTA/FTA 数量	4-5	5-6	6-7	6-7	6-7	7-8	8-9

续表

成员	项目	2008 年	2009 年	2010 年	2011 年	2012 年	2013 年	2014 年
文莱	GATS 中承诺的服务部门数量	22	22	22	22	22	22	22
	达成的最优 RTA/FTA 服务承诺（0=无承诺；100=所有部门均有承诺）	11.73	30.78	30.78	30.78	30.78	—	—
	含有服务部门承诺的 RTA/FTA 数量-RTA/FTA 数量	6-6	6-6	7-8	7-8	7-8	7-8	7-8
加拿大	GATS 中承诺的服务部门数量	105	105	105	105	105	105	105
	达成的最优 RTA/FTA 服务承诺（0=无承诺；100=所有部门均有承诺）	—	58.97	58.97	58.97	58.97	—	—
	含有服务部门承诺的 RTA/FTA 数量-RTA/FTA 数量	2-4	3-6	3-6	4-7	4-8	5-9	6-10
智利	GATS 中承诺的服务部门数量	42	42	42	42	42	42	42
	达成的最优 RTA/FTA 服务承诺（0=无承诺；100=所有部门均有承诺）	67.69	67.69	67.69	67.69	67.69	—	—
	含有服务部门承诺的 RTA/FTA 数量-RTA/FTA 数量	12-19	15-22	17-23	17-24	17-26	18-27	19-28
中国	GATS 中承诺的服务部门数量	93	93	93	93	93	93	93
	达成的最优 RTA/FTA 服务承诺（0=无承诺；100=所有部门均有承诺）	37.97	40.14	40.48	40.48	40.48	—	—
	含有服务部门承诺的 RTA/FTA 数量-RTA/FTA 数量	4-6	5-7	8-8	10-10	10-10	10-10	12-12
中国香港	GATS 中承诺的服务部门数量	68	68	68	68	68	68	68
	达成的最优 RTA/FTA 服务承诺（0=无承诺；100=所有部门均有承诺）	—	—	—	—	—	—	—
	含有服务部门承诺的 RTA/FTA 数量-RTA/FTA 数量	1-1	1-1	1-1	2-2	3-3	3-3	4-4
印度尼西亚	GATS 中承诺的服务部门数量	45	45	45	45	45	45	45
	达成的最优 RTA/FTA 服务承诺（0=无承诺；100=所有部门均有承诺）	24.43	41.58	41.58	41.58	41.58	—	—
	含有服务部门承诺的 RTA/FTA 数量-RTA/FTA 数量	5-5	5-5	6-7	6-7	6-7	6-8	6-8
日本	GATS 中承诺的服务部门数量	112	112	112	112	112	112	112
	达成的最优 RTA/FTA 服务承诺（0=无承诺；100=所有部门均有承诺）	67.77	68.11	68.11	68.11	68.11	—	—
	含有服务部门承诺的 RTA/FTA 数量-RTA/FTA 数量	9-9	11-11	11-11	12-12	13-13	13-13	13-13

成员	项目	2008 年	2009 年	2010 年	2011 年	2012 年	2013 年	2014 年
韩国	GATS 中承诺的服务部门数量	98	98	98	98	98	98	98
	达成的最优 RTA/FTA 服务承诺（0=无承诺；100=所有部门均有承诺）	60.95	60.95	60.95	60.95	66.96	—	—
	含有服务部门承诺的 RTA/FTA 数量-RTA/FTA 数量	4-4	4-4	5-5	7-7	8-8	8-9	9-10
马来西亚	GATS 中承诺的服务部门数量	73	73	73	73	73	73	73
	达成的最优 RTA/FTA 服务承诺（0=无承诺；100=所有部门均有承诺）	43.39	43.39	43.39	43.39	43.39	—	—
	含有服务部门承诺的 RTA/FTA 数量-RTA/FTA 数量	6-6	6-6	8-9	8-10	9-11	10-12	10-12
墨西哥	GATS 中承诺的服务部门数量	77	77	77	77	77	77	77
	达成的最优 RTA/FTA 服务承诺（0=无承诺；100=所有部门均有承诺）	57.82	57.82	57.82	57.82	57.8	—	—
	含有服务部门承诺的 RTA/FTA 数量-RTA/FTA 数量	10-20	10-20	10-20	10-20	11-20	12-21	12-21
新西兰	GATS 中承诺的服务部门数量	90	90	90	90	90	90	90
	达成的最优 RTA/FTA 服务承诺（0=无承诺；100=所有部门均有承诺）	63.01	63.01	63.01	63.01	63.01	—	—
	含有服务部门承诺的 RTA/FTA 数量-RTA/FTA 数量	4-5	4-5	6-7	7-8	7-8	8-9	8-9
巴布亚新几内亚	GATS 中承诺的服务部门数量	27	27	27	27	27	27	27
	达成的最优 RTA/FTA 服务承诺（0=无承诺；100=所有部门均有承诺）	—	—	—	—	—	—	—
	含有服务部门承诺的 RTA/FTA 数量-RTA/FTA 数量	0-3	0-3	0-3	0-3	0-3	0-3	0-3
秘鲁	GATS 中承诺的服务部门数量	49	49	49	49	49	49	49
	达成的最优 RTA/FTA 服务承诺（0=无承诺；100=所有部门均有承诺）	—	84.59	84.59	84.59	84.59	—	—
	含有服务部门承诺的 RTA/FTA 数量-RTA/FTA 数量	1-3	5-7	6-8	7-11	10-14	12-17	12-17

续表

成员	项目	2008年	2009年	2010年	2011年	2012年	2013年	2014年
菲律宾	GATS中承诺的服务部门数量	51	51	51	51	51	51	51
	达成的最优RTA/FTA服务承诺（0=无承诺；100=所有部门均有承诺）	27.68	34.95	34.95	34.95	34.95	—	—
	含有服务部门承诺的 RTA/FTA 数量-RTA/FTA 数量	5-5	5-5	6-7	6-7	6-7	6-7	6-7
俄罗斯	GATS中承诺的服务部门数量	—	—	—	—	122	122	122
	达成的最优RTA/FTA服务承诺（0=无承诺；100=所有部门均有承诺）	—	—	—	—	—	—	—
	含有服务部门承诺的 RTA/FTA 数量-RTA/FTA 数量	0-8	0-8	0-8	0-8	0-8	0-9	0-9
新加坡	GATS中承诺的服务部门数量	67	67	67	67	67	67	67
	达成的最优RTA/FTA服务承诺（0=无承诺；100=所有部门均有承诺）	75.72	75.72	75.72	75.72	75.72	—	—
	含有服务部门承诺的 RTA/FTA 数量-RTA/FTA 数量	14-14	16-16	17-18	17-18	17-18	19-20	20-21
中国台北	GATS中承诺的服务部门数量	119	119	119	119	119	119	119
	达成的最优RTA/FTA服务承诺（0=无承诺；100=所有部门均有承诺）	71.64	71.64	71.64	71.64	71.64	—	—
	含有服务部门承诺的 RTA/FTA 数量-RTA/FTA 数量	4-4	4-4	4-4	5-5	5-5	6-6	7-7
泰国	GATS中承诺的服务部门数量	75	75	75	75	75	75	75
	达成的最优RTA/FTA服务承诺（0=无承诺；100=所有部门均有承诺）	23.26	37.86	37.86	37.86	37.86	—	—
	含有服务部门承诺的 RTA/FTA 数量-RTA/FTA 数量	6-10	6-10	7-12	7-13	7-13	7-13	7-13
美国	GATS中承诺的服务部门数量	110	110	110	110	110	110	110
	达成的最优RTA/FTA服务承诺（0=无承诺；100=所有部门均有承诺）	67.77	67.77	67.77	67.77	68.03	—	—
	含有服务部门承诺的 RTA/FTA 数量-RTA/FTA 数量	8-8	11-11	11-11	11-11	14-14	14-14	14-14

续表

成员	项目	2008 年	2009 年	2010 年	2011 年	2012 年	2013 年	2014 年
越南	GATS 中承诺的服务部门数量	105	105	105	105	105	105	105
	达成的最优 RTA/FTA 服务承诺（0=无承诺；100=所有部门均有承诺）	34.18	38.27	38.27	38.27	38.27	——	——
	含有服务部门承诺的 RTA/FTA 数量-RTA/FTA 数量	4-4	5-5	6-7	6-7	6-7	6-8	6-8

资料来源：PSU. APEC's Bogor Goals Dashboard. October, 2015. http://www.apec.org.

（三）建立和扩充 APEC 服务贸易准入要求数据库（STAR）

服务工作组还建立了 APEC 成员服务贸易准入要求数据库，为企业开拓亚太市场提供全面的市场准入、自然人移动以及商业存在建立要求信息。目前，该数据库的建设已经进入第 4 阶段，涵盖了全部 21 个成员的 8 个服务部门，即分销、教育、金融、信息技术、矿产和能源、专业服务、电信、交通和物流服务。

（四）强化能力建设，推行政策法规的最佳范例

服务贸易在全球经济及供应链中的重要性日益提高，APEC 地区包含服务条款的 FTA 数量也呈上升趋势。有鉴于此，APEC 加强了与服务贸易谈判相关的能力建设，包括进行与服务贸易负面清单的使用及其他 FTA 服务贸易谈判事项相关的讨论与培训等。

此外，为了推进服务贸易政策法规的最佳实施范例经验交流，提高地区服务贸易政策体系的透明度和开放度，APEC 还努力组织各服务部门的政策经验交流与研讨，已就会计、法律、金融、国际教育等领域的最佳政策法规实践召开了研讨会，并计划制定 APEC 服务路线图。

（五）致力于推进各具体领域的贸易自由化合作

APEC 商务人员流动战略：由服务工作组和商务人员流动工作组共同发起和实施。内容包括为商务人员流动、入境和临时居留提供便利的行动计划及相关基本原则。

APEC 法律服务网站：建于 2010 年，包括各成员与外国律师相关法律制度的

翻译和比较信息及相关部门联系方式。

APEC 会计服务倡议：该倡议于 2011 年提出，2012 年执行。该倡议建立了相关网站专门提供和整理相关信息，将 APEC 成员提供会计服务的许可和资质要求变得更加透明。此外，该倡议正在整理各成员对外国会计专业人员的相关法规指南。

环境服务行动计划（ESAP）：2014 年 11 月的 APEC 部长会议联合声明要求各成员采取措施，制定行动计划推进环境服务的自由化、便利化及合作。日本作为该倡议的负责成员起草了 2016—2020 年的环境服务行动计划，各成员已经就实施方式等问题展开讨论，以便确定环境服务贸易的合作范围及可能存在的困难与挑战。

（六）明确未来合作安排和部署

目前，APEC 正在制定和采取措施，争取在服务贸易自由化领域继续做好以下工作：

1. 制定 APEC 服务竞争力路线图（APEC Services Competitiveness Roadmap）

在 APEC 服务合作框架（APEC Services Cooperation Framework）中，领导人决定在 2016 年制定长期的和战略性的 APEC 服务竞争力路线图，内容包括一系列协调行动以及 2025 年要达到的共同目标。服务对于所有 APEC 成员的未来增长至关重要。高效率的服务将有利于提高生产力水平，并在整个经济范畴内强化创新。但是，服务贸易的增长及其相关收益不会自发实现。为了在全球范围内继续保持竞争力，APEC 成员必须采取措施减少服务和投资领域存在的各种制度障碍和政策障碍。该路线图的主要目的是为成员及地区实现既定合作目标制定具体的行动计划。通过提升服务部门的竞争力，该路线图中的行动将加快 APEC 成员的增长并创造更多就业机会。这一路线图是 APEC 2016 年工作的主要成果之一。

2. 建立 APEC 服务虚拟知识中心（APEC Virtual Knowledge Centre on Services）

APEC 服务虚拟知识中心作为 APEC 地区服务贸易的互动交流中心，将为各服务利益相关方提供与 APEC 各服务部门产出、影响服务贸易的现行政策与协定、服务贸易研究、各成员的服务贸易政策最佳范例与实践以及正在开展的合作项目相关的各项信息。

3. 制定制造业相关服务行动计划（MSAP）

2014 年 APEC 领导人会议宣言及其附件强调了与制造业相关的服务作为下一代贸易与投资议题在供应链及价值链中所具有的重要地位，并要求各成员制定相关行动计划以加强有关合作。日本作为项目负责方起草了制造业相关服务行动计划，旨在通过强化地区内制造业相关服务的自由化与便利化，深化经济一体化进程。

三、APEC 服务贸易自由化进展评估

根据 APEC 的安排，目前，由 APEC 政策支持小组（PSU）负责每两年对各成员的茂物目标推进效果进行评估。发布于 2014 年 8 月的评估报告对各成员在服务贸易自由化领域的主要进展及现行部门政策进行了简要评估。评估结果显示，APEC 各成员均已在前期自由化成果的基础上继续深入推进服务市场的开放，并取得了一定成果。[①]

（一）澳大利亚

在电信服务部门，澳大利亚继续致力于建设和推广其国家高速宽带网络（NBN），该网络的用户及服务商数量持续增长。同时，无线网络普及率也在提高，用户和服务商数量不断上升。在教育服务部门，澳大利亚正在努力简化职业教育和培训服务提供者的准入和审批手续，利用相关网站提供合格服务提供者信息，为用户提供便利。在电视和广播节目、广告和音乐的制作服务中，仍然保持了本地成分要求。

（二）文莱

2011 年文莱对《公司法》进行了修订，为外国投资者管理企业提供了便利。

---

① 参见 APEC Policy Support Unit. APEC's Bogor Goals Progress Report. August 2014（http://www.apec.org）。

在修订前，法律要求任何企业的董事会中文莱公民所占比重不得少于半数。修订后的法律规定，当企业存在 2 名以上董事时，其中至少有 2 人需为文莱居民。2012年，文莱成立了建筑师、职业设计师和测量师协会，对上述领域的职业资格认证进行规范和管理。

（三）加拿大

为促进服务贸易市场开放，提高市场准入水平，加拿大积极参加了《服务贸易协定》（TISA）谈判以及《跨太平洋伙伴关系协定》（TPP）谈判。（在双边领域，加拿大已经分别与韩国、日本、欧盟、巴拿马及洪都拉斯等完成自由贸易协定或经济伙伴关系协定谈判，其中均包括了服务贸易自由化相关内容。）

在电信服务领域，2012 年 6 月，《电信法》的修订条款正式生效，对外资企业成为加拿大电信公共运营商的年利润要求做出了调整。在广播和电视服务领域，加拿大对传统的电视公司和广播电台存在本地成分要求。在运输服务领域，加拿大致力于推进亚太地区航空服务的自由化，并做出了多项努力。

（四）智利

近年来，智利正在开展电信服务部门的改革，包括自 2013 年 11 月起取消国内长途电话费等。此外，自 2012 年 1 月起，允许移动电话携号转网。在航空运输部门，智利单边开放了本国航空运输市场，允许外国承运人在本国从事客货运输。此外，智利还与中国和马来西亚就航空运输服务签署了相关协定。

（五）中国

中国继续推进服务贸易部门的自由化，允许外资更多参与不同部门的服务提供。在金融服务部门，2012 年起，中外合资证券公司的外资股权比例得到提高。同年，国务院对期货交易相关法规进行了修订，允许外国投资者参与特定类型的期货交易。在健康服务部门，中国降低了对健康服务中外国投资的限制条件。在电信服务部门，截至 2013 年底，中国已经向外国投资者发放了 32 项经营许可。在法律服务部门，中国已经向 15 个外资法律公司发放了建立代表办公室的许可。在会计服务部门，简化了中国香港和中国澳门企业在内地申请临时审计业务许可的程序要求。此外，截至 2013 年 12 月，中国已经签署了 115 项双边航空服务协定。

（六）中国香港

中国香港继续在服务贸易中实行自由开放制度。大多数服务部门是自由和开放的，外国服务提供者在中国香港享有国民待遇。

（七）印度尼西亚

在银行服务部门，2012 年发布了新的所有权法规，试图使银行中的资本所有权最小化，以提高弹性。在商业银行中，资本所有权的最高比例如下：1）非银行金融机构中银行资本最高为 40%；2）非金融机构最高为 30%；3）个体利益相关者为 20%。外国投资者可持有最高为 99% 的所有权。

在电信服务部门中，外资在数据通信服务中的最高持股比例为 95%，在移动电信服务中为 65%，在固定网络中为 49%。目前，有许多外国企业在印度尼西亚经营，特别是在移动通信服务部门。

近年来，印度尼西亚在分销服务、道路运输服务、能源服务等部门发布了许多新的法规，内容涉及竞争、所有权及外资参与等多项内容，其具体效果及影响仍有待观察。

（八）日本

为了吸引更多高水平的外国专家，日本实施了多项移民优惠政策，包括为上述人员延长居留期限，为居留期间的再入境提供申请便利等。此外，日本还对其邮政服务私有化法案进行了修订。

（九）韩国

通过积极参与 RTA/FTA 谈判，韩国正在努力提高服务部门的自由化水平。为了给专业建筑师的国际交流提供便利，韩国在 2012 年 5 月修订了《注册建筑师法》，修订的主要内容涉及资格考试体系，强化在职培训以及建立建筑师注册制度等。在海运代理服务部门，韩国修订了相关法规以简化注册程序和要求。在电信及空运服务等部门仍然存在对外资股权比例的限制。

（十）马来西亚

马来西亚正在继续采取措施推进服务贸易自由化。自 2009 年起，马来西亚已在 45 个服务子部门宣布允许外商投资，其中包括电信服务、教育服务、分销服务和专业服务部门中的部分子部门。

（十一）墨西哥

近年来，墨西哥对与服务相关的部分法律法规进行了修订，以提高部门的竞争性。在通信服务部门，电信服务的外资持股比例可以达到 100%，广播服务的外资比例可以达到 49%。在能源服务部门，墨西哥对相关法案进行了修订，以促进部门服务的现代化。金融服务的有关法律也进行了修改和调整。

（十二）新西兰

近年来，新西兰对部分服务部门的国内法律法规进行了相关修订，以根据市场的发展进一步明确责任，建立清晰的法规体系，为服务业发展提供良好环境。在教育服务部门，建立了必要的法律框架，引进了新型的合伙制学校制度。在环境部门，建立了相关法规制度，对专属经济区及大陆架自然资源进行可持续性保护和管理。在金融服务部门，就新型金融服务及中小企业等问题做出了规定。

（十三）巴布亚新几内亚

巴布亚新几内亚的服务部门规模相对较小，但该国仍在采取措施促进服务贸易自由化。在电信部门，该国电信运营商已宣布大幅度降低针对互联网服务提供者的批发价格。同时，沃达丰公司作为第二家移动电话运营商已进入该国市场。在金融服务部门，银行已开始开展移动银行服务，为资金转移提供便利。在健康服务部门，允许雇用本国缺乏的海外工作者。

（十四）秘鲁

秘鲁《个人数据保护法》于 2013 年生效，该法律旨在建立相关制度框架以规范个人信息的跨境流动。同年，为促进电子商务发展，《电信服务中的电子货币发行者准入条例》生效。电信服务发展取得进展。2014 年开始计划实施国内长途固定电话携号转网。在国际漫游服务方面，秘鲁已与厄瓜多尔和巴西签订了在边境地区促进国际漫游服务的相关协定。在移动电话方面，秘鲁制定了新的法律允许更多运营商进入市场以加强竞争。在互联网服务方面，秘鲁正在致力于国家光纤骨干网络的建设。

（十五）菲律宾

2013 年，菲律宾对外汇交易相关法规进行了修改，为外汇交易提供便利。非居民对其所持有的比索资产拥有了更多选择，并可更加便利地兑换外币，不必再经过中央银行的预先审批。外国人可在农村银行中拥有最高 60% 的投票股权，并可根据外资持股比例成为农村银行的董事会成员。在航空服务领域，菲律宾主要与东盟成员签署了航空服务协定，提高了该国的客货运能力。

（十六）俄罗斯

加入世界贸易组织后，俄罗斯已经对其国内法规体系进行了改革和调整，以符合其在 WTO 的承诺，市场准入水平得到改善。与其他 WTO 成员相比，俄罗斯在 122 个服务子部门做出了承诺，数量较多。

（十七）新加坡

新加坡保持了公开透明的服务法规体系，尽管仍然存在改进空间。近年来，新加坡也在部分服务部门进行法规的改进。在金融部门，新加坡根据相关国际协定对其风险管理等制度进行了调整。保险部门为了适应国际规则也进行了法规修订。所有的资产管理公司必须依法注册或取得许可，并满足相关资质要求。在法律服务部门，2012 年起，外国律师在新加坡法律机构的持股比例可以达到三分之一，原规定则为 25%。其他涉及外商投资的法律也因此进行了调整。

（十八）中国台北

中国台北正在采取措施放松市场准入限制。中国台北建立了自由经济试验区，意图吸引智能物流及国际卫生保健等领域的公司进行投资。在金融服务部门，2013 年 4 月起，中国台北允许外国证券公司参与本地或国际的银行间外币放款市场。目前，允许证券公司从事离岸证券业务或投资风险资产管理咨询公司。在电信服务部门，已经放松了本地运营商代表外国卫星通信服务运营商提供服务的相关规定。

（十九）泰国

泰国已经允许外资参与证券及其衍生业务。2014 年，泰国为外资银行建立分支机构发放了 5 项新的银行许可。使几乎所有商业部门允许外资建立商业存在。部分服务部门对外资股权比例有所限制。

（二十）美国

PSU 在 2014 年评估报告中并未提供对美国服务贸易自由化情况的评估，故本书采用了 PSU 在 2012 年的评估报告中对美国服务贸易自由化情况的评估结论。[①]根据该报告，在会计服务领域，美国已经与中国香港签订了相互认可协定。此外，自 2011 年 8 月起，美国开始在海外为申请参加其国内注册会计师统一考试的个人提供国际考点。在航空服务领域，自 2009 年至评估之前，美国已签订 12 项开放领空协定，为签约方的双边客货运输提供便利。在广播和电视服务领域，美国已采取措施为相关频带分配提供更加透明的信息。

（二十一）越南

2007 年越南入世后，在服务自由化领域取得显著进展，国内市场竞争显著增强。在电信服务部门，越南逐步放松了对移动电话服务的限制。在邮政快递服务部门，已经成立多家外资企业或外资代理企业。在银行部门，外资独资银行在商业存在领域享有最惠国待遇和国民待遇。外资银行可从事越南盾的存款业务并可发放信用卡。但对外资银行分支机构数量仍有限制。外资也积极参与了越南的保险服务，并建立了多家企业或代表机构。在部分部门仍然存在限制，在广播服务部门，需要满足本地成分要求，电视节目需要由指定的本地机构翻译成越南语。

第三节　APEC 投资自由化进程分析

自茂物目标实施以来，APEC 成员的直接投资流入及流出规模出现显著增长，

---

① 参见 APEC Policy Support Unit. APEC's Bogor Goals Progress Report. August, 2012（http://www.apec.org）。

特别是直接投资流出规模增长更为显著。为实现投资自由化，APEC 做出了积极的努力，并采取了多项有效措施。但与贸易自由化进程相比，APEC 的投资自由化合作在深度和广度上仍有待增强。

一、APEC 成员外国直接投资概况

就外国直接投资（FDI）流入量而言，如表 2.25 所示，与建立时相比，APEC 的 FDI 流入量显著增长，由 1989 年的 1031.41 亿美元增长至 2014 年的 6518.02 亿美元。APEC 在世界 FDI 流入量中所占比重在 2000 年至 2012 年期间有所下滑，2013 年得到恢复。各成员中，中国、中国香港和美国近年来的 FDI 流入规模相对较大，但美国的流入规模在 2014 年有明显萎缩。澳大利亚、加拿大和新加坡也是主要的 FDI 流入目的地。

表 2.25　APEC 成员 FDI 流入（亿美元）

成员	1989 年	1990 年	1995 年	2000 年	2005 年	2010 年	2011 年	2012 年	2013 年	2014 年
澳大利亚	79.36	79.04	116.79	141.91	-282.94	364.43	570.50	558.02	542.39	518.54
文莱	0.10	0.07	5.83	5.50	2.89	4.81	6.91	8.65	7.76	5.68
加拿大	60.10	75.82	92.55	667.95	256.92	284.00	396.69	392.66	705.65	538.64
智利	12.84	6.61	29.56	48.60	70.97	167.89	169.30	250.21	165.77	229.49
中国	33.93	34.87	375.21	407.15	724.06	1147.34	1239.85	1210.80	1239.11	1285.00
中国香港	20.41	32.75	62.13	545.82	340.58	705.41	965.81	701.80	742.94	1032.54
印度尼西亚	6.82	10.92	44.19	-45.50	83.36	137.71	192.41	191.38	188.17	225.80
日本	-10.60	18.06	0.41	83.23	27.76	-12.52	-17.58	17.32	23.04	20.90
韩国	13.90	10.46	24.87	115.09	136.43	94.97	97.73	94.96	127.67	98.99
马来西亚	16.68	26.11	58.15	37.88	40.65	90.60	121.98	92.39	121.15	107.99
墨西哥	31.76	26.33	95.26	183.03	247.34	260.83	233.76	189.51	446.27	227.95
新西兰	4.34	16.85	28.50	13.47	12.05	10.26	40.34	34.24	15.85	33.91
巴布亚新几内亚	2.03	1.55	4.55	0.98	0.34	0.29	-3.10	0.25	0.18	-0.30
秘鲁	0.59	0.41	25.57	8.10	25.79	84.55	76.65	119.18	92.98	76.07
菲律宾	5.68	5.50	14.59	22.40	18.54	12.98	18.52	20.33	37.37	62.01
俄罗斯	—	—	20.66	27.14	155.08	431.68	550.84	505.88	692.19	209.58
新加坡	28.87	55.75	119.43	155.15	180.90	550.76	480.02	566.59	647.93	675.23

成员	1989 年	1990 年	1995 年	2000 年	2005 年	2010 年	2011 年	2012 年	2013 年	2014 年
中国台北	16.04	13.30	15.59	49.28	16.25	24.92	-19.57	32.07	35.98	28.39
泰国	18.37	25.75	20.70	34.10	80.67	91.47	11.95	91.68	140.16	125.66
美国	690.10	484.22	587.72	3140.07	1047.73	1980.49	2298.62	1696.80	2307.68	923.97
越南	0.04	1.80	17.80	12.89	19.54	80.00	75.19	83.68	89.00	92.00
APEC	1031.41	926.22	1760.06	5654.23	3204.91	6512.86	7506.81	6858.39	8369.24	6518.02
世界	1975.99	2048.96	3415.37	13632.15	9274.02	13282.15	15649.35	14031.15	14671.49	12282.83
APEC/世界（%）	52.20	45.20	51.53	41.48	34.56	49.03	47.97	48.88	57.04	53.07

资料来源：APEC 统计，http://www.apec.org。

APEC 的对外直接投资流出规模出现了显著增长。如表 2.26 所示，1989 年，APEC 的 FDI 流出规模为 1048.57 亿美元，占世界总量的 45.41%。2014 年，APEC 的 FDI 流出规模达到 9595.28 亿美元，占世界总量的 70.85%。APEC 的 FDI 流出绝对规模及在世界总规模中所占比重均显著提高。其中，美国仍然是最为重要的 FDI 来源国。其他成员中，中国、中国香港及日本的对外直接投资规模相对较大。特别是中国和中国香港的 FDI 流出增长速度非常引人注目。

表 2.26 APEC 成员 FDI 流出（亿美元）

成员	1989 年	1990 年	1995 年	2000 年	2005 年	2010 年	2011 年	2012 年	2013 年	2014 年
澳大利亚	30.25	1.94	25.33	28.64	-357.83	198.04	16.69	55.83	-30.63	-3.51
文莱	0.00	0.00	0.86	0.30	0.15	0.06	0.10	-4.22	-1.35	0.00
加拿大	52.66	52.37	114.62	446.78	275.38	347.23	521.48	539.38	505.36	526.20
智利	0.07	0.08	7.52	39.87	21.35	105.24	137.38	171.20	76.21	129.99
中国	7.80	8.30	20.00	9.16	122.61	688.11	746.54	878.04	1010.00	1160.00
中国香港	27.40	24.48	250.00	540.79	270.03	862.47	963.41	834.11	807.73	1427.00
印度尼西亚	0.32	-0.11	13.19	0.00	30.65	26.64	77.13	54.22	66.47	70.77
日本	462.51	507.75	226.30	315.57	457.81	562.63	1075.99	1225.49	1357.49	1136.29
韩国	7.30	11.33	38.69	48.42	83.30	282.80	297.05	306.32	283.60	305.58
马来西亚	2.73	1.29	24.88	20.26	30.76	133.99	152.49	171.43	141.07	164.45
墨西哥	1.17	2.23	-2.63	3.63	64.74	150.50	126.36	224.70	131.38	52.01
新西兰	1.35	23.63	17.84	6.10	-13.39	7.16	25.30	-4.56	5.25	-0.04
巴布亚新几内亚	0.00	0.08	-0.33	0.01	0.06	0.00	0.01	0.89	0.00	0.00

成员	1989 年	1990 年	1995 年	2000 年	2005 年	2010 年	2011 年	2012 年	2013 年	2014 年
秘鲁	0.02	0.50	0.08	0.00	0.00	2.66	1.47	0.78	1.37	0.84
菲律宾	0.09	0.22	0.98	1.25	1.89	6.16	3.39	16.92	36.47	69.90
俄罗斯	—	—	6.06	31.77	178.80	526.16	668.51	488.22	865.07	564.38
新加坡	8.82	20.34	72.83	66.50	115.88	333.77	244.90	151.47	288.14	406.60
中国台北	69.51	52.43	29.83	67.01	60.28	115.74	127.66	131.37	142.85	126.97
泰国	0.52	1.54	8.87	-0.20	5.29	44.67	61.06	104.87	121.22	76.92
美国	376.04	309.82	920.74	1426.26	153.69	2777.79	3965.69	3113.47	3283.43	3369.43
越南	0.00	0.00	0.00	0.00	0.65	9.00	9.50	12.00	19.56	11.50
APEC	1048.57	1018.22	1775.64	3052.12	1502.11	7180.82	9222.11	8471.91	9110.68	9595.28
世界	2309.13	2438.87	3566.51	11661.45	7959.10	13661.52	15876.01	12836.53	13058.57	13543.37
APEC/世界（%）	45.41	41.75	49.79	26.17	18.87	52.56	58.09	66.00	69.77	70.85

资料来源：APEC 统计，http://www.apec.org。

二、APEC 投资自由化主要措施及评估

为促进地区投资自由化进程的深化，改善地区投资环境，建立更为透明、公平和可预见的投资政策体系，APEC 成员做出了积极的努力，确定了非约束性投资原则，并制定和采取了多项合作措施。

（一）确立 APEC 非约束性投资原则

为了推进投资自由化进程，改进地区投资环境，APEC 成员于 1994 年提出了非约束性投资原则（APEC Non-Binding Investment Principles，简称 NBIP），并于 2011 年成功对该原则进行了修订。根据该文件，APEC 地区的投资活动应遵守以下基本原则：透明度、解释与执行的一致性、非歧视性、国民待遇、监管保护、投资激励、业绩要求、征收与赔偿、转移和兑换、争端解决、权利的保护与执行、人员的入境与居留、避免双重征税、投资者行为、削减资本输出障碍。[①]

（二）制定投资便利化行动计划

2008 年，APEC 提出的《投资便利化行动计划》（Investment Facilitation Action

---

① APEC CTI. APEC Non-Binding Investment Principles (2011 Update). 2011/AMM/014app04. http://www.apec.org.

Plan，简称 IFAP）旨在进一步提高各成员经济的竞争力，促进可持续发展，并努力实现茂物目标。该行动计划的内容包括与改善 APEC 投资环境相关的各投资政策领域的一系列行动，为各成员改进投资政策及制度提供了有价值的参考。APEC 投资工作组在 2013 年和 2015 年对该行动计划的执行情况进行了评估，并根据评估结果确定了投资便利化合作的三个优先发展领域，即提高电子透明度、降低投资者风险以及简化商业经营法规。APEC 近年来致力于对该行动计划进行升级，并对其执行情况继续进行评估。

（三）提出 APEC 投资战略

2010 年 APEC 贸易投资委员会（CTI）在给部长级会议的报告中，以附件的形式提出了《APEC 投资战略》。该战略旨在提高 APEC 地区的投资流量。该战略的执行主要包括三项内容：改进投资原则与实践、便利化以及投资促进。其具体行动包括投资实践的分析与研究、《投资便利化行动计划》的后续行动、投资的公私对话、能力建设与信息分享，以及与其他国际组织的合作等。[①]

（四）开展投资公私对话

2010 年，APEC 领导人指示投资工作组根据 APEC 投资战略的要求开展投资公私对话。此后，每年的对话均在不同议题下汇集了来自各部门的参与者，并且由他们提出了建设性意见。2011 年投资公私对话的主要议题是基础设施建设与增长，2012 年讨论了公私合作的法规与制度发展，2013 年的主要议题包括企业社会责任等。2014 年，各成员提出了"通过公私对话促进基础设施投资行动议程"，为促进 APEC 地区互联互通确定了相关行动安排。2015 年的投资公私对话主要围绕包容性增长议题展开，其中包括为中小企业发展提供更加公平的投资环境，鼓励中小企业参与地区经济一体化进程等。此外，为了更加有效地开展投资公私对话，APEC 各成员正在着手编制"APEC 地区公私合作（PPP）制度框架指南"。

（五）开展与投资自由化相关的合作项目

APEC 开展了多项与投资自由化相关的合作项目，以促进地区投资环境的改

---

① APEC CTI. 2010 CTI Annual Report to Ministers, Appendix 7. APEC Strategy for Investment. http://publications.apec.org.

善。2012 年至 2015 年，各成员开展了"改善 APEC 及东盟成员投资环境项目"，旨在通过加强制度能力建设，在领导人所确定的优先合作领域增加投资。根据该项目，APEC 在 2014 年成立了地区投资分析组（RIAG），作为评估专家运用定量指标对相关成员的投资政策进行了比较分析。该项目同时还包括相关能力建设培训。此外，APEC 还开展了合作项目，对地区内可持续投资的最佳实践进行了案例分析，并与各成员分享了相关经验。

三、APEC 成员投资自由化政策评估

总体而言，APEC 在投资自由化领域的合作进展相对弱于贸易自由化领域，合作深度仍然需要进一步增强。如表 2.27 及表 2.28 所示，经过多年合作努力，APEC 成员的外资股权普及率及投资政策对 FDI 的激励程度在 2008 年达到了较好水平，尽管成员间仍然存在巨大差异，但平均水平均超过 5 分。但 2008 年全球金融危机的爆发及其后续影响导致 APEC 成员的投资自由化相关指标评分出现了明显的下降趋势。因此，加强投资自由化合作仍然是目前 APEC 面临的重要议题。

表 2.27　APEC 成员投资优惠政策对 FDI 影响评分

成员	2008 年	2009 年	2010 年	2011 年	2012 年	2013 年	2014 年
澳大利亚	5.3	5.1	4.9	4.9	5.0	4.9	4.6
文莱	5.0	4.8	4.7	4.6	4.8	4.7	—
加拿大	5.5	5.1	5.0	4.8	4.7	4.7	4.6
智利	5.8	5.7	5.6	5.6	5.5	5.5	5.3
中国	5.4	5.6	5.4	5.3	5.0	4.8	5.0
中国香港	6.6	6.5	6.2	6.0	6.0	6.1	6.2
印度尼西亚	5.5	5.3	5.0	4.6	4.6	4.6	4.6
日本	4.8	4.5	4.4	4.5	4.6	4.8	4.6
韩国	5.4	4.9	4.3	4.5	4.7	4.4	4.2
马来西亚	5.4	5.3	5.2	5.5	5.5	5.4	5.5
墨西哥	5.3	5.1	4.8	4.9	5.0	4.8	4.6
新西兰	5.3	5.0	4.9	4.8	4.9	4.6	4.6
秘鲁	5.6	5.6	5.4	5.4	5.3	5.1	4.7
菲律宾	4.6	4.5	4.3	4.4	4.6	4.4	4.5

续表

成员	2008 年	2009 年	2010 年	2011 年	2012 年	2013 年	2014 年
俄罗斯	3.5	3.6	3.6	3.6	3.5	3.6	3.7
新加坡	6.6	6.7	6.5	6.4	6.3	6.3	6.3
中国台北	5.3	5.4	5.4	5.3	5.5	5.4	5.3
泰国	5.3	5.3	5.1	5.0	5.3	5.2	5.1
美国	5.4	4.9	4.6	4.7	4.7	4.7	4.7
越南	5.5	5.5	5.3	4.5	4.4	4.7	4.7
APEC	5.4	5.2	5.0	5.0	5.0	4.9	4.9

资料来源：PSU. APEC's Bogor Goals Dashboard. October, 2015. http://www.apec.org.

注：评分范围为 1—7 分，1 分表示非常低，7 分表示最高。巴布亚新几内亚数据暂缺。

表 2.28　APEC 成员外资所有权普及率评分

成员	2008 年	2009 年	2010 年	2011 年	2012 年	2013 年	2014 年
澳大利亚	5.7	5.6	5.6	5.8	5.8	5.8	5.7
文莱	3.9	4.2	4.5	4.5	4.6	4.4	—
加拿大	5.7	5.7	5.8	5.7	5.7	5.6	5.5
智利	6.1	6.1	6.0	5.9	5.7	5.6	5.5
中国	4.4	4.4	4.4	4.4	4.3	4.4	4.5
中国香港	6.7	6.6	6.2	5.9	6.0	6.1	6.1
印度尼西亚	5.8	5.8	4.9	4.6	4.6	4.6	4.6
日本	4.5	4.4	4.5	4.5	4.4	5.0	5.3
韩国	5.4	5.1	4.3	4.2	4.4	4.2	4.2
马来西亚	5.2	5.0	4.9	5.1	5.0	5.1	5.3
墨西哥	5.8	5.7	5.6	5.5	5.5	5.3	5.1
新西兰	5.8	5.9	6.0	6.0	6.0	5.8	5.7
秘鲁	5.9	5.8	5.6	5.4	5.3	5.2	5.0
菲律宾	4.6	4.3	4.4	4.7	4.8	4.8	4.9
俄罗斯	3.5	3.7	3.6	3.5	3.4	3.4	3.4
新加坡	6.5	6.4	6.3	6.2	6.1	6.1	6.1
中国台北	5.3	5.3	5.3	5.4	5.4	5.2	5.2
泰国	4.8	4.8	4.8	4.7	4.8	4.7	4.5
美国	5.5	5.3	5.1	5.1	5.0	5.0	5.1
越南	4.4	4.2	4.1	3.9	4.0	4.2	4.1
APEC	5.3	5.2	5.1	5.0	5.0	5.0	5.0

资料来源：PSU. APEC's Bogor Goals Dashboard. October, 2015. http://www.apec.org.

注：评分范围为 1—7 分，1 分表示非常低，7 分表示最高。巴布亚新几内亚数据暂缺。

尽管相关评估指标的数值并不理想，但不可否认，APEC 各成员在投资制度、投资政策及相关法规体系方面不同程度地做出了调整和变革，使之向着更加自由、公平、透明和可预见的目标发展。根据 2014 年 PSU 所提交的茂物目标评估报告，各主要成员在投资自由化领域的主要进展如下。[①]

（一）澳大利亚

澳大利亚继续推进其外商投资制度的自由化。自 2013 年 3 月起，新西兰投资者需向政府备案并进行预审批的项目投资规模标准有所上调，与美国投资者享有同等待遇。此外，澳大利亚还在其他相关领域放松了外国投资需向政府报告的要求。

（二）文莱

根据投资业务的性质确定是否允许外资拥有完全、多数或少数股权。合伙制和合资企业性质的外商直接投资需要进行审批，独资经营不对外国投资者开放。对资本汇回、投资利润或收入汇出没有限制。文莱近年来积极采取措施为商业活动提供便利，包括为申请经营执照提供单一窗口服务，降低时间成本。同时，文莱也在与多个成员就避免双重征税开展谈判。文莱为鼓励投资进行了税收改革，降低了相关税率。

（三）加拿大

根据《加拿大投资法》，必须在每年 1 月 1 日确定 WTO 成员投资者或被 WTO 成员（非加拿大）控制的加拿大企业在加拿大进行收购时需要政府审批的资本规模界限。这一审批界限需根据 GDP 的增长幅度进行调整。

（四）智利

智利与中国就投资问题签署了双边自由贸易协定的补充协定。为了吸引能源投资，智利通过了法律，要求到 2025 年，新的能源合同的 20% 应为非传统可再生能源。智利还建立了新可再生能源项目的新型竞价机制，保证投资者在 10 年内享有稳定价格保障。

---

① 参见 APEC Policy Support Unit. APEC's Bogor Goals Progress Report. August, 2014（http://www.apec.org）。

（五）中国

中国在 2013 年启动上海自由贸易试验区建设，制定负面清单，对外商投资项目试行国民待遇。2013 年中国修订了《中西部地区外商投资优势产业目录》，增加了鼓励类外商投资产业类别。中国发布了《政府核准的投资项目目录》，通过简化审批步骤为中国对外直接投资减轻了行政管理负担。

（六）中国香港

中国香港拥有世界上最为开放和透明的投资制度。对与外国投资有关的外汇交易、资本汇回等没有限制。根据国际惯例，对广播部门的投资者制定有居住要求。

（七）印度尼西亚

通过取消注册步骤，印度尼西亚简化了其投资申请手续。现在投资者仅需申请委托和营业执照。外国直接投资必须高于 100 亿印尼盾或等值美元；作为实收资本的认购资本必须至少达到 25 亿印尼盾或等值美元；每一股东必须至少持有 1000 万印尼盾的认购股份。印度尼西亚发布负面清单确定完全或部分禁止外商投资的部门。政府会对清单进行修订。

（八）日本

作为日本复兴战略的一部分，2013 年起，日本致力于签署更多投资协定并努力提高外国直接投资存量。此外，日本还通过建设国家战略特区等措施吸引资金和技术流入。

（九）韩国

为吸引外资，鼓励更多国际企业将其总部及研发中心设立在韩国，韩国采取措施削减公司税、所得税、财产税、关税、增值税以及消费税等。同时，韩国努力为外国投资者提供更加透明的和可预见的政策环境。韩国努力与更多合作伙伴签署双边投资协定。

（十）马来西亚

允许外商在越来越多的部门进行投资。在渔业、能源、电信、空运和海运等部门对外商投资仍然存在限制。马来西亚同时在努力推进签署投资保护协定和避免双重征税协定。

（十一）墨西哥

墨西哥对电信部门进行了改革，允许外商设立独资企业，包括提供卫星服务。电视和广播服务允许外资持股比例达到 49%。能源部门的改革允许私人资本以多种形式投资石油产业。在金融部门，墨西哥的改革取消了对外资的各种限制。墨西哥同时在积极开展双边投资协定谈判，并签署了多项避免双重征税协定。

（十二）新西兰

新西兰的外商投资制度相对较为开放。仅在下列情况下对外国投资进行审核：1）收购超过 25%或以上的营业资产，其价格超过 1 亿新西兰元；2）捕鱼配额投资；3）敏感土地的投资。新西兰致力于开展避免双重征税协定谈判，以鼓励投资活动。

（十三）巴布亚新几内亚

巴布亚新几内亚的外国投资制度非常开放，并已建立了全面的吸引外资政策框架。在多数情况下，允许外国独资。在农业、林业、渔业、矿业和手工活动等少数部门对外资有限制。

（十四）秘鲁

秘鲁的投资政策自 2011 年起没有发生变化。未设置筛选机制和业绩要求。在广播、空运和水运服务等部门对外资有限制。此外，对距离秘鲁国境 50 千米以内的自然资源的外国投资所有权有限制。秘鲁同时致力于通过签署避免双重征税协定和包含投资条款的 FTA 促进投资自由化。

（十五）菲律宾

2013 年菲律宾批准了投资优先发展计划。该计划所涉及的优先投资部门包括：农业及渔业、创意产业、造船、大型住房、钢铁、能源、基础设施、研究与开发、绿色项目、汽车、医疗服务、防灾减灾和恢复项目等。外国投资负面清单列明了禁止和限制外资进入的部门，并根据部门性质分为 A 清单和 B 清单。

（十六）俄罗斯

俄罗斯正在采取措施消除过度行政管理障碍，并将其作为吸引外资战略的组成部分。根据这一战略及相关路线图，俄罗斯在 2012 年至 2013 年主要致力于削减以下领域的投资障碍：建筑、海关管理、电网接入、财产登记、公司注册、加强竞争、出口援助、中小企业参与政府采购，以及商业环境规章等。俄罗斯对部分部门或活动的外商投资有限制，需要进行预先审批。这些部门通常被认为在国防和安全等领域具有战略意义。其中包括电视和无线电广播、固定电话通信、航空设备和印刷等。

（十七）新加坡

新加坡继续维持其投资友好制度。根据世界银行发布的《营商环境报告》，新加坡长期保持世界营商环境最为友好国家地位。仅有少数部门（如广播服务）对外国投资有限制。同时，新加坡已签署多项投资保护协定和含有投资承诺的自由贸易协定。

（十八）中国台北

中国台北在 2013 年 6 月修订了海外华人和外国人投资负面清单，取消了对化工产品制造、水果和鲜花生产、货物陆运、金融中介、法律和会计服务、建筑及工程服务等部门的投资禁止或限制。在广播电视服务、公共公证服务部门禁止外国投资，在大米生产、电力供给、机场地勤服务、有线电视服务等部门限制外国投资。

（十九）泰国

泰国在多数商业领域允许外国投资。但在与安全、艺术、文化和传统、自然资源和环境相关的部分部门对外国投资有所限制。泰国已经签署了多项投资促进和保护协定。泰国成立了泰国人海外投资促进局，鼓励对外投资。同时取消了每个泰国自然人在某一外国企业投资不能超过 1 亿美元的限制。

（二十）美国

美国的投资制度允许资本和利润的自由流动。不设置最低投资限额。在航空运输服务、矿产、能源、无线通信和银行等部门设有外资股权比例限制。

（二十一）越南

越南《公司法》对限制和禁止投资的部门做出了规定。外国投资者需申请投资执照，可作为商业登记执照使用。超过 3000 亿越南盾的外国投资项目以及限制类部门项目需进行投资评估。土地不允许私有，但允许最高 70 年的土地初始租赁使用年限，到期时可延期租赁。

第三章　APEC 贸易便利化进程分析

APEC 贸易便利化问题始终是亚洲太平洋经济合作组织（APEC）进程中的重要问题，涉及领域比较广泛，从《大阪行动议程》分析，包括 11 个具体领域，但从实际进程分析，具体内容比《大阪行动议程》规定的内容更加丰富。在 APEC 贸易投资自由化进程达到一定程度之后，APEC 推动贸易投资自由化进程更显重要。

第一节　APEC 贸易便利化合作的总体进展及成就

APEC 茂物目标的实现离不开贸易便利化合作的支撑，它是实现该目标的重要基础之一，在促进本地区经济的持续发展和人民共同富裕目标上起到重要作用，而且目前便利化合作进程在某些方面已经发生了实质性的变化，在海关程序、标准一致化、商务人员流动以及推广电子商务等诸多领域取得了丰硕的合作成果。对贸易便利化合作的总体进展情况及其效果进行回顾与评估，不仅是制定未来贸易便利化长远愿景的前提基础，也是设计具有可操作性的贸易便利化行动计划和路线图的必然要求。

一、APEC 贸易便利化合作的启动

长期以来，世界各国和各区域的国际贸易合作不断推进，新的自由贸易区快速建立，但传统的区域贸易合作多以削减关税和消除非关税壁垒为重点。经过世

界贸易组织（WTO）多轮谈判，全球大部分国家的关税水平与非关税壁垒显著降低，进一步削减的空间有限，对国际贸易的阻碍作用也明显下降。然而，阻碍国际贸易顺利开展和深化的因素依然存在，例如标准不一致、配套设施不完善、通商手续烦琐等。这些因素处理起来比较棘手，但若能解决，将大大降低各成员之间开展国际贸易的交易成本，有效提高贸易效率。所以，作为推进未来贸易合作的新方向，着力于降低贸易成本和交易费用的贸易便利化合作逐渐被学者以及各成员政府所重视。

当前，非便利化的贸易环境在很大程度上制约了 APEC 地区的贸易与经济增长。有关研究显示，亚太地区平均每一单常规交易会涉及 27 个至 30 个不同的部门或当事人，其中包括行政许可部门、相关执法机构、中介代理人、销售商、委托银行、运输及运输代理部门等。在便利化较差的环境里，一单交易需处理的文件高达 40 份。完成某些特定交易甚至需要提供数百个相关数据，其中 60%以上的数据需要取得或输入超过 1 次，各成员贸易商的贸易成本和交易费用也因此成倍增加。

由此可见，亚太地区的贸易增长已不仅仅依赖于本地区内的贸易自由化合作，全面、深入、切实的贸易便利化合作对促进区域贸易增长和经济可持续发展同样具有重要意义。正是这一共识催生了 APEC 贸易便利化合作议题的启动，也使其成为实现 APEC 长远目标的三大支柱之一。

确切地讲，最早出现"贸易便利化"（Trade Facilitation）一词的 APEC 官方文件是 1993 年"名人小组"（Eminent Persons Group，EPG）向领导人会议提交的报告。在该报告中，名人小组建议 APEC 应在四大领域进行合作并采取有效行动，即区域和全球贸易自由化、贸易便利化、技术合作以及 APEC 的制度化。然而，该报告没有就贸易便利化合作提出一个明确定义，只是表示"贸易和投资便利化旨在减少一些领域中的贸易与投资障碍，如标准和认证要求、原产地规则、行政管理做法、海关程序等领域"。

由此可以看出，在 APEC 成立之初，各成员已经认识到便利化措施对促进贸易和投资流动的重要性，但就贸易便利化合作如何开展、在哪些领域优先开展尚未达成共识。此时，贸易便利化合作作为一个单独议题还不十分成熟。

1994 年，贸易便利化合作进一步得到 APEC 的重视，《APEC 经济领导人共同决心宣言》（即《茂物宣言》）明确指出，为了进一步扫清贸易与投资往来的不利因素，必须将贸易投资便利化作为国际贸易合作的重点——"我们之所以强调贸易便利化的重要性，是因为仅仅努力去实现贸易自由化还不足以带来贸易的扩大。贸易便利化对于进一步实现我们的目标，即在全球范围内实现完全的自由化也具有一定的作用。"贸易便利化合作被列入《茂物宣言》，足见其重要性已经得到了 APEC 各成员的共同认可。

1995 年是 APEC 贸易便利化合作正式开启的标志性年份。因为一个重要的引领性文件《执行茂物宣言的大阪行动议程》（亦称为《大阪行动议程》）是在这一年的 APEC 领导人非正式会议中正式通过的，其首次确定了 APEC 合作进程的三大支柱，即贸易投资自由化、贸易投资便利化，以及经济技术合作。《大阪行动议程》特别强调，"鉴于自由化和便利化在实现亚太地区自由、开放的贸易投资目标中不可分割的性质，两者应同等对待"，即贸易自由化合作和贸易便利化合作具有同等重要的地位。同时，该协议还明确了贸易投资便利化的 11 个优先合作领域，即标准一致化、海关程序、知识产权、竞争政策、政府采购、放松管制、原产地规则、争端解决、商务人员流动、乌拉圭回合结果执行、信息收集与分析等（参见表 3.1）。

此后，各成员每年都要在上述领域提交更新的单边行动计划（IAP），APEC 各工作组也要在这些领域组织实施集体行动计划（CAP），以推动便利化合作不断取得实质性进展。贸易便利化合作地位的提升以及具体合作领域的确定，标志着便利化合作已开始向更加务实和更具可操作性的方向发展。

表 3.1　APEC 贸易便利化合作领域及主要目标

合作领域	主要目标及任务
标准一致化	与国际通行标准保持一致；执行 WTO 协议附属的技术性贸易壁垒协议；各成员执行的卫生检验检疫措施与国际接轨
海关程序	海关术语一致化，信息共享，简化海关程序，协调海关估价制度
知识产权	确保对知识产权充分、有效的立法、管理和执行
竞争政策	提高与竞争相关的政策、法规、法律的透明度；增强市场机制，减少政府对竞争的干预；保护消费者利益
政府采购	增加各成员对政府采购问题的交流与共同理解；实现亚太地区政府采购市场的自由化
放松管制	消除由于规章制度引起的贸易和投资的扭曲
原产地规则	确保原产地规则一致性，确保原产地规则利用公正、透明、中立
争端解决	与 WTO 和其他国际协议相一致；确保在不发生对抗和矛盾升级的情况下解决分歧
商务人员流动	便利和扩大与贸易、投资有关的商务人员流动
乌拉圭回合结果执行	充分/忠实执行在乌拉圭回合中的承诺；自愿加速、深化和扩大所作承诺
信息收集与分析	建立与贸易投资自由化便利化相关的数据库并及时更新；接受国际统计标准；扩大 IMF 数据的使用

资料来源：作者根据《大阪行动议程》整理。

二、APEC 贸易便利化合作的基本框架

从《茂物宣言》确定开展本地区的便利化合作至今，APEC 贸易便利化进程已经走过了二十多个年头。在这一过程中，APEC 各成员创造性地确立了完整的贸易便利化合作框架，制定了合作的基本原则与实现方式，明确了组织协调机构以及重点合作领域，并为各领域设定了具体目标和行动措施清单。贸易便利化合作基本构架的确立，不仅为亚太地区的便利化措施顺利实施奠定了坚实基础，也为全球范围内的便利化合作提供了宝贵经验。

（一）APEC 贸易便利化合作的内涵

迄今为止，APEC 尚未对贸易便利化的内涵给出明确解释。其中一方面的原

因是贸易便利化合作涉及领域较多，既包括简化海关程序、放松国内管制等各成员内部的"边界内措施"改革，又包括标准一致化、促进商务人员流动、加强信息交流与共享等成员之间的合作，难以使用简单概括的语句为其做出精确定义。另一方面，随着国际贸易的创新与发展、科学技术的进步以及贸易方式的转变，人们对贸易便利化合作的理解也不断深化。因此，对 APEC 贸易便利化合作内涵的认识必将是一个逐渐演变、不断深化的过程。

在推进便利化合作进程的初期，贸易便利化合作仅限于货物跨境通关程序等有限范围内，采取的措施也仅限于改善港口后勤设施以及提高贸易文书效率等方面。近年来，随着亚太地区贸易自由化进程的迅速推进，贸易便利化被赋予了更广泛的内涵，涵盖了国际贸易中诸多方面，如海关等政府部门的工作职能与效率，国际标准的统一化、基础设施之间的互联互通，乃至各成员内部成员制改革等。同时，网络信息技术的应用、信息交流与共享、能力建设等议题也被逐渐包括在贸易便利化合作之中。简而言之，一切由 APEC 成员共同参与筹划和实施的，旨在削减和消除政策、技术和服务等领域的限制，为 APEC 经济贸易往来创造便利运作环境的合作，都可以纳入贸易便利化合作范畴。而未来，伴随本地区贸易规模的扩大和贸易方式的创新，贸易便利化合作的内涵还将产生新的变化。

（二）APEC 贸易便利化合作的基本原则

APEC 贸易便利化合作不仅涉及领域广泛，而且参与成员众多，这就使得发展水平不同的成员在便利化领域的起步水平也存在较大差异。为此，APEC 成员特别申明了推进本地区便利化合作的九项基本原则：全面性原则，与 WTO 一致性原则，可比性原则，非歧视性原则，透明度原则，维持现状原则，同步开展、不断推进和允许时间表存在差异原则，灵活性原则，通过合作方式推进原则。这九项基本原则不仅是保证 APEC 贸易便利化合作顺利展开的必要前提，也是 APEC 方式在该合作领域的具体体现。

通过对上述基本原则的深入研究可以发现，全面性、可比性以及透明度原则是保证 APEC 能够在贸易便利化领域取得实质性进展的关键因素。全面性原则强调 APEC 的贸易便利化合作将充分涵盖所有的便利化领域，使 APEC 成员能够在最大限度上享受便利化合作带来的福利效果和利益。可比性原则强调 APEC 贸易便利化将采取实质性的合作步骤与行动措施，并通过量化手段评估、测度实际进展。透明度原则不仅可以保证普通公众和其他成员能够从便利化合作中最大限度获益，同时也是督促各成员不断取得实际进展的重要方式。

开创性的 APEC 方式在贸易便利化合作中的应用主要表现在维持现状原则，灵活性原则，同步开展、不断推进和允许时间表存在差异原则，以及通过合作方式推进原则上。这些原则的制定和实施符合 APEC 便利化进程参与成员众多、初始发展水平差异大的实际情况。贸易便利化进程与贸易自由化进程不同，其顺利开展不仅需要各成员积极地就各方面问题进行协调和磋商，而且要求各方就成员的经济与法律体制开展必要的改革。对于基础设施建设水平较低的发展中成员而言，这并非易事。对此，过分迁就发展中成员，降低对其便利化程度的要求可能会大大减缓合作的整体推进；而强制执行统一的高标准便利化措施，则会遭到欠发达成员的消极抵触，甚至使整个合作进程陷入被动。因此，必须采取灵活的行动方针，通过协作方式加强发达成员与发展中成员之间的联系，使发展中成员充分享受到贸易便利化带来的收益，进而对提高自身便利化水平，产生足够动力。但是，充分考虑各成员自主性与灵活性，并不意味着忽视低效率和免费搭车问题，强化同步性和制度性也是必要的。

在贸易便利化基本原则中，尤其值得重视的是一致性原则和非歧视性原则。APEC 是全球范围内开展贸易便利化合作最早的区域合作组织，其合作框架也最为成熟。这为多哈回合的 WTO 便利化合作进程提供了宝贵经验，也成为 APEC 推动 WTO 发展的贡献之一。毫无疑问，世界范围内的贸易便利化合作是大势所趋。因此，APEC 必须坚持非歧视性原则，将贸易便利化合作对象逐步扩展到其他国际组织或成员。

APEC 贸易便利化合作除了遵循以上九项总体原则外，还在各个重点合作领域建立了具体的指导原则。例如，在政府采购领域，已经制定并实施了非约束性的《政府采购指导原则》。在知识产权领域，APEC 成员已经一致同意建立与《WTO与贸易有关的知识产权协议》相一致的保护法律和行政体系。

（三）APEC 贸易便利化合作的基本方式

APEC 贸易便利化合作的主要方式是通过各成员根据《大阪行动议程》以及《贸易便利化行动计划和措施清单》逐年更新和实施单边行动计划，并与 APEC全体成员参与的集体行动计划有机结合的形式开展的。APEC 贸易便利化合作中知识产权保护、竞争机制等议题，广泛涉及成员内体制变动和政策改革，因而会对各成员产生不同程度的影响。在这种情况下，要想实质性地推进便利化合作的进程，单边行动计划就成为必要途径和主要方式。而在海关程序、标准一致化、知识产权保护等需要各方协同合作的领域，单边行动难以奏效，而只有通过集体行动计划来促进便利化合作。

与此同时，APEC 还积极地运用"探路者"方式推动贸易便利化合作的进展。在 2002 年第一次和第二次高官会中，"探路者"方式的内涵和实施原则得到了新的诠释和完善。APEC 贸易投资委员会（CTI）在 2002 年举行的第一次会议中，强调了"探路者"方式的重要性，并提议将该方式全面应用于本区域贸易便利化合作的各个领域中。商务人员流动非正式专家组中的 APEC 商务旅行卡计划、标准一致化分委会（Standard Consensus Committee，SCSC）中的相互认可协定（Mutual Recognition Agreement，MRAs）等项目均可以被视为"探路者"方式的有益尝试。

根据《大阪行动议程》和《APEC 贸易便利化行动计划》的规定，CTI 全面负责相关的组织协调工作。作为 APEC 贸易便利化合作实施过程中的关键协调者，CTI 不仅要负责监督和协调各成员切实实施 APEC 领导人会议的各项决议，还要定期对合作的整体进展进行汇总和上报。为此，CTI 专门根据《APEC 贸易便利化行动计划》的时限和《贸易便利化行动计划和措施清单》的内容框架，开发了一套完整的报告机制，以保证贸易便利化合作开展期间评估工作的顺利开展。

三、APEC 贸易便利化合作的发展进程及已取得的成就

迄今，APEC 已经根据茂物目标的要求实施了三个阶段的实施方案以推进贸易便利化合作：2001—2006 年，执行了《贸易便利化行动计划第一阶段》（TFAP I），总体目标是使区域内贸易成本降低 5%；2007—2010 年，执行了《贸易便利化行动计划第二阶段》（TFAP II），目标是使区域贸易交易成本在第一阶段的基础上再降低 5%；2010—2015 年，《APEC 供应链连接性框架行动计划》（SCFAP）项目正式开展，目标是降低供应链中货物和服务流动在时间、不确定性以及成本上的效率损失，从而完成在 2015 年前整个亚太供应链总效率水平上升 10%的目标。

（一）TFAP I 的主要内容和成就

1. TFAP I 的时间和内容框架

APEC 制定并通过的《贸易便利化行动计划第一阶段》是以《上海共识》为基础，确定了 2001—2006 年便利化合作的具体实施步骤（见图 3.1）。

根据 APEC 工作计划，贸易投资委员会于 2001 年详细制订了贸易便利化的整体实施步骤和时间表，具体的行动安排和政策措施则由各工作小组负责拟定，经各成员政府及 APEC 领导人会议通过后实行。此后，各成员积极按照拟定的计划推进贸易便利化的进程，以期最大程度地降低本成员参与区域内贸易往来的成本。在 2003 年第一次高官会上，各成员对自身的贸易便利化政策实施状况进行了总结，尽管在实行各项措施和取得实际收益方面存在诸多挑战，但 APEC 成员还是期待在现状评估的基础上不断改进实施方案，以实现政策效果的最大化。

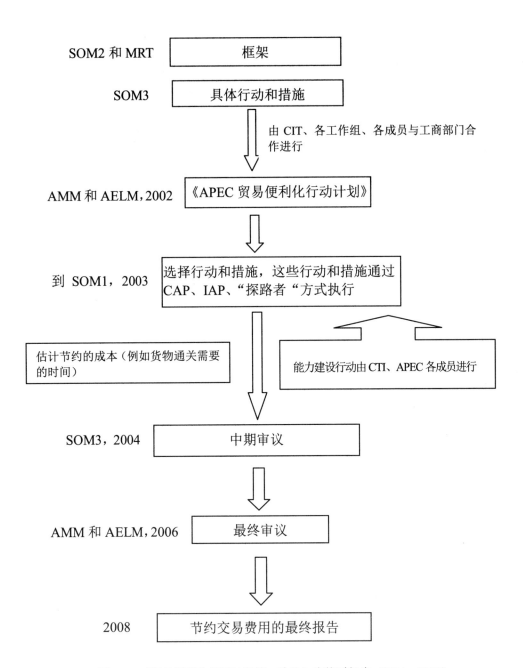

图 3.1　《贸易便利化行动计划第一阶段》实施时间表（2001—2006）

注：SOM 指高官会议，MRT 指贸易部长会议，AMM 指年度部长会议，CIT 指国际贸易理事会，AELM 指领导人非正式会议，CTI 指贸易投资委员会。

2. TFAP I 的实施路线图

从提出《贸易便利化行动计划》（TFAP）到其实现 2006 年的既定目标，APEC 各成员只有五年的时间。而且，贸易便利化涉及的领域繁多，方案复杂，各成员的实际情况相去甚远。有鉴于此，为推动 TFAP I 的进一步有效实施，CTI 特别制定了新的"贸易便利化——实现 2006 年目标的路线图"，并在 2005 年的贸易部长会议上得到通过。该路线图的目标和时间框架体现了 TFAP I 的既定方案，其特殊作用旨在确保 TFAP I 目标能够如期实现。为此，该路线图提出了更具体的行动计划及时间表，如表 3.2 所示。

表 3.2　TFAP 路线图行动计划时间表及实施结果

时间表		行动计划	实施结果
2005 年	SOM 2	•同意有具体行动和目标时间的路线图，以期到 2006 年实现 APEC 贸易便利化的目标	获得高官会批准
		•同意邀请独立的专家就如何实施 TFAP 的最终评估提出建议	委托标准及符合性次级委员会和海关手续分委会（SCCP）负责提交海关程序和标准一致化领域的便利化合作最终评估报告
		•同意有助于各成员监督和更好地实施 TFAP 的方法和工具（对贸易便利化主要领域采取的行动进行定性评估）	委托加拿大亚太基金会提交贸易便利化合作定性评估报告
		•为委托独立专家、开展公共部门与私营部门的对话以及完成 TFAP 定性评估寻求 BMC 的资金支持	要求 CTI 负责 2006 年贸易便利化公私对话会议的筹备和组织
		•各成员和 CTI 重点制订贸易便利化计划	各成员已通过 2006 年 IAP 报告
	SOM 3	•邀请专家提出他们关于 TFAP 评估的意见和想法，包括对 APEC 地区削减交易成本进展的评价方法	邀请贸易便利化领域专家参与第三次高官会
		•由各成员提交贸易便利化的报告模板	部分成员已提交
		•关注与 TFAP 有关的建设项目的进展	由 CTI 在年度报告中向部长会议报告贸易便利化阶段性进展

时间表		行动计划	实施结果
2005 年	AMM/AELM	•评估实施 TFAP 路线图的进展 •向 AMM/AELM 汇报进行 TFAP 最终评估的方法 •就各成员在贸易便利化报告模板中提出的落实 TFAP 的进展向领导人进行汇报	2005 年领导人宣言和部长声明,对贸易便利化合作的进展表示满意,并指示继续向降低区域内交易成本 5%的目标努力
2006 年	SOM 1	•各成员汇报并分析其实施 TFAP 行动与措施的全面情况 •专家提出其准备进行 TFAP 最终评定的情况 •各成员审议其在海关程序方面采取行动的进展	多数成员已按照标准模板的格式进行了汇报 SCCP 和 SCSC 汇报了最终评定报告的开展进程 各成员汇报了其最新进展
	SOM 2	•就贸易便利化在公共部门和私营部门之间开展有益的对话 •各成员审议其在商务人员流动方面采取行动的进展	由 CTI 主持召开了贸易便利化公私对话会议 各成员汇报了其最新进展
	SOM 3	•专家提交报告草案,该报告是 CTI 完成的 TFAP 最终审议结果的一部分 •各成员审议其在标准一致化以及其他经由该成员同意的领域所采取行动的进展	SCCP 和 SCSC 提交了海关程序和标准一致化领域的最终评估报告 各成员汇报了其最新进展
	AMM/AELM	•向 AMM/AELM 提交最终评估结果	2006 年领导人宣言和部长声明,一致确认已经实现了削减本地区交易成本 5%的第一阶段目标,要求在 2010 年之前使得区域内相关交易成本再削减 5%

资料来源:Committee on Trade and Investment. "Trade Facilitation Action Plan Roadmap to 2006". May, 2005.

注:相关行动计划的实施结果由作者根据实际进展情况整理汇总。

　　根据 TFAP I 路线图和时间表的安排,2005 年至 2006 年,APEC 推动贸易便利化的进程分为七个阶段。

　　第一阶段:在 2005 年第二次高官会期间,通过 TFAP 路线图。各成员同时开始考虑如何进行 TFAP I 的最终评估审议。在 2004 年已完成的中期审议基础上,各成员可以邀请独立专家就最终评估问题提出建议和方法。第一阶段的工作应尽早展开，以便于政府、CTI 和工商界在设计评估方案的初始阶段共同参与。同时，各成员还应当探讨有助于其监督和更好实施 TFAP 的工具或方法。尽管 CTI 已设计了相应模板用于报告 TFAP 的进展情况，但各成员还应进一步开发其他工具，便于对其采取的相关政策措施及其成效进行评定。为此，APEC 各成员同意在 2006 年的 CTI 会议期间完成此项工作。考虑到各成员发展水平的差距，路线图还特别强调根据需要实施有关能力建设项目，使所有成员都能够顺利完成 TFAP。

第二阶段：在 2005 年第三次高官会期间，开始实施 TFAP 路线图。到 2005 年第三次高官会时，APEC 邀请有关专家提交其关于评估 TFAP 最终结果的设想，特别是针对评估方法进行了总结，包括 APEC 工商咨询理事会（ABAC）以及 CTI 在内的工商界也应积极参与。同时，各成员依据贸易便利化报告模板的格式提交了其实施 TFAP 的进展，并且着重于 2004 年以后的改善情况。考虑到 2006 年的时限要求，各成员应加速推进贸易便利化的进程，并积极参与相关的能力建设项目。

第三阶段：在 2005 年双部长会议和领导人非正式会议期间，评估 TFAP I 路线图的实施情况。各成员应对其在路线图中提出的贸易便利化措施的实施进展进行评估，并向亚太经合组织部长级会议和领导人会议上报已经完成的报告模板。

第四阶段：在 2006 年第一次高官会期间，对 TFAP I 路线图进行效果评估。在与 TFAP 相一致的前提下，各成员应上报并分析其贸易便利化计划的完成进展。有关专家应提供进行 TFAP 最终评估的准备情况。同时，各成员应在 2006 年 CTI 三次会议期间对其在海关程序、商务人员流动、标准一致化以及其他领域采取的行动进行定性评估。

第五阶段：在 2006 年第二次高官会上准备进行最终评估，同时进行公共部门和私营部门有关贸易便利化的对话，充分交流各方意见，为最终评估 APEC 贸易便利化合作的效果做准备。

第六阶段：在 2006 年第三次高官会期间，进行 TFAP 的最终评估审议。

第七阶段：在 2006 年双部长会议和领导人非正式会议期间，提交最终评估审议结果。

为督促各成员实现 2006 年的目标，CTI 对实施 TFAP 进展报告的模板进行了修改。更新后的报告模板包括贸易便利化的重点工作和各个领域贸易便利化措施的重点改善情况两个部分。除了需要做出整体说明以外，各成员还应当提交落实便利化措施的具体案例，并提出今后将进一步采取的行动计划。

3. TFAP I 的实施效果评估

2006 年 5 月，在越南胡志明市召开的"贸易便利化合作公私对话会议"上，APEC 21 个成员，APEC 贸易投资委员会、APEC 海关程序分委员会等 APEC 下属论坛，ABAC 以及世界银行等国际组织的代表，对 APEC 贸易便利化合作第一阶段的成果进行了回顾和总结。加拿大亚太基金会受 APEC 秘书处的委托，对 2001 年至 2006 年的 APEC 贸易便利化合作成果提交了评估报告。这份报告是根据各成员提交的贸易便利化单边行动计划进行评估的，重点考察各成员根据《贸易便利化行动计划和措施清单》所做的贸易政策改进情况。报告的原始材料来源于各成员上交的 2004 年和 2006 年单边行动计划。

该评估报告采取了定量评估的方式，即考察在《贸易便利化行动计划和措施清单》中列明的行动项目，将各成员已完成的行动项目、正在执行过程中的行动项目以及尚未付诸实施的行动项目数量与其选择实施的行动项目总量进行比较，从而对贸易便利化成果进行评估（评估结果参见表 3.3）。

总体来看，TFAP I 实施的成效已经在众多 APEC 成员之间显现出来（见表 3.3）。在 2006 年开展的 1444 个项目中已完成的行动项目比例达到 62%，若加上 2006 年正在实施的项目，比例上升至 86%。分析各个领域层面的数据可知，海关领域层面做出的项目贡献最大，在 2006 年可进行的 877 个项目中，海关层面完成了 609 个项目，完成比例高达 69%。完成的项目涉及海关程序信息的现代化和信息化、信息公开透明度、海关的调节机制（比如涉及编码制度使用等方面的内容）、改革实施的海关法规、能力规划建造体制、风险控制等领域在各经济体内的开展情况。

表 3.3　APEC 成员贸易便利化行动计划执行情况表（单位：个）

项目	选择项目		项目基数（100%）		已完成项目		执行过程中项目		尚未实施项目	
	2004 年	2006 年	2004 年	2006 年	2004 年	2006 年	2004 年	2006 年	2004 年	2006 年
海关程序	806	861	858	877	576（67%）	609（69%）	152（17%）	147（17%）	130（16%）	121（14%）
标准一致化	254	304	289	299	124（43%）	156（52%）	103（36%）	102（34%）	62（21%）	41（14%）
人员流动	79	92	83	94	49（59%）	56（60%）	23（28%）	27（29%）	11（13%）	11（12%）
其他（含电子商务）	161	174	177	174	60（34%）	81（47%）	79（45%）	63（36%）	38（21%）	30（17%）
总体	1300	1431	1407	1444	809（58%）	902（62%）	357（25%）	339（24%）	241（17%）	203（14%）

资料来源：1. APEC's Trade Facilitation Action Plan—A Mid-term Assessment, Prepared by Yuen Pau Woo, Published for APEC by the Asia Pacific Foundation of Canada, 18 October, 2004; 2. Review of APEC Trade Facilitation Action Plan 2001-2006, Asia Pacific Foundation of Canada, Public-Private Dialogue on Trade Facilitation, Ho Chi Ming City, Viet Nam, 23-24 May, 2006.

注：根据各成员提交的贸易便利化单边行动计划，本表格中的各成员选择项目数量应等于各成员已完成项目数、执行过程中项目数和尚未实施项目数的总和。但由于存在项目申报时差、项目申报遗漏以及统计误差，各成员选择项目数低于后三者的总和。因此，为统计所有项目进展情况，在研究过程中特别计算后三者的总和为项目基数，并以此来计算不同阶段的项目在项目总数中所占的比例。

电子商务领域的合作进展较为迟缓，仅有 47% 的项目和行动措施得以实施完成。其主要原因在于当时各成员相关法律和制度建设的基础较弱，而电子商务领域合作必须在成员内部各机构之间紧密合作，同时还要注意保护信息的私密性。这些因素都导致各成员的法律和技术条件无法迅速适应无纸贸易和电子商务体系建设的要求。

但必须指出的是，这种评价方法仍存在某些不足。项目执行数量的统计无法显示特定行动项目执行的效果和效率，而且也无法表明各成员之间在贸易便利化合作中的努力程度及实施效果。因此，对 TFAP I 合作成果的系统评价还需要结合其他评估方式。

一份基于 CIF[①]和 FOB[②]贸易流量实证研究的内部报告显示，APEC 成员已经顺利完成了《上海共识》设定的削减本地区交易成本 5% 的目标——"考虑到数据的缺失，APEC 在 2001 年至 2007 年之间已经将本地区的平均交易成本削减了 7%"，"未来持续的便利化合作努力将有助于进一步削减各成员的交易成本"。

（二）TFAP II 的实施及其成就分析

APEC 在 2006 年越南领导人会议上对贸易便利化行动计划第一阶段的实施效果进行了评估，评估结果表明该计划实现了《上海共识》所确定的目标。在此基础上，APEC 领导人决定继续推进 APEC 贸易便利化行动计划第二阶段（APEC's Second Trade Facilitation Action Plan，TFAP II）的实施，其核心目标是使 APEC 的贸易与交易成本进一步降低 5%。因此，APEC 贸易便利化行动计划第二阶段成为确保本地区各成员按时实现茂物目标的重要后续行动之一，同时也成为区域内贸易便利化合作在短期内取得重要突破的着力点。

1. TFAP II 的总体时间框架与行动计划表

2006 年，一份重要的纲领性文件《关于执行〈釜山路线图〉的河内行动计划》在越南举办的 APEC 领导人非正式会议上正式审核通过，为持续推进 APEC 贸易便利化行动计划第二阶段制定了总体时间框架。该时间框架涵盖了现有的贸易便利化合作行动、未来行动规划和具体执行时间表。《河内行动计划》还特别明确指出了与 TFAP II 相关的能力建设的发展方向。总体时间框架的确定为 APEC 实现 2010 年之前降低本区域的贸易成本 5% 的目标确立了行动计划表。

---

① 术语 CIF 的中译名为"成本加保险费加运费"或"到岸价格"，其原文为"Cost, Insurance and Freight"，即指定目的港按此术语成交。

② FOB（Free On Board）也称"船上交货价"或"离岸价格"，是国际贸易中常用的术语之一。

表 3.4 TFAP II 时间框架与行动计划表

现有行动	未来行动	时间表	能力建设
•实施服务贸易和投资领域的"自愿自由化和便利化及经济技术合作选择菜单" •对政府采购原则进行回顾和考察	•加强具体行动和措施	2007 年 SOM I	•与私人部门和经合组织、联合国贸发会议、世界银行等相关组织共同开展能力建设项目
	•CTI 修订和更新《贸易便利化行动和措施清单（第一阶段）》	2007 年 SOM II	
	•CTI 各下属工作组至少提出一项新的集体行动计划或"探路者"倡议，并交由 CTI 评估及 SOM 批准	2007 年 SOM II	
	•CTI 加强与其他 APEC 论坛的咨询与沟通，将其他适当的商业便利化措施融入 TFAP II 中	2007 年 SOM II	
	•CTI/SOM 完成 TFAP II 草案，并交由贸易部长会议审议通过	2007 年 SOM III/AMM	
	•CTI 与 APEC 各成员通过单边行动计划、集体行动计划以及"探路者"方式实施具体 TFAP II 行动和措施，同时考虑能力建设的需要	2008 年 SOM I	
	•CTI 各下属工作组向 CTI 汇报推进 TFAP II 集体行动计划和"探路者"行动的具体措施以及汇报方式	2008 年 SOM I	
	•实施 TFAP II，并进行年度汇报	2007－2010 年	
	•CTI/SOM 为最终的 TFAP II 评估做准备	2009 年	
	•对 TFAP II 的实施情况进行最终评估	2010 年	
•实施"汽车对话会海关最佳范例"	•考虑开展探路者倡议，以便利最佳范例的实施	2006－2007 年	•为实施"探路者"计划开展必要的培训

资料来源：1. Hanoi Action Plan to Implement the Busan Roadmap towards the Bogor Goals, Hanoi Viet Nam, 18-19 November, 2006; 2. APEC's Second Trade Facilitation Action Plan(FTAP II), APEC#207-SE-05.2, APEC Secretariat, Singapore, 2007.

领导人要求，TFAP II 不是 TFAP I 的简单复制或延续，而应该扩展为更具实效性、更为广泛的便利化行动议程。TFAP II 更加强调"集体行动计划"和"探路者"方式的应用，且更为重视"边界后改革"议题。TFAP II 执行的新行动计划包括"单一窗口倡议""数据私密性保护计划""食品安全协议""私人部门发展倡议"

"商业融合倡议"以及"安全的贸易与投资倡议"等。

2. TFAP II 的合作进展与成就

2011 年，对实施一段时间的 TFAP II 阶段项目的整体绩效进行了审查估值，结果表明该阶段工作的开展十分顺利，在成员共同努力下，交易成本再降低 5% 的核心目标也得到了实现。政策支持小组提供的数据显示，贸易交易成本方面实现巨大突破，实际削减金额高达 587 亿美元。到 2011 年为止，最惠国税率数值从 2008 年的 6.6% 下降到 5.7% 的水平。此外，出口周转时间也实现了有效削减，成功从 2008 年的 14.5 天降低到 2012 年的 12.9 天，同期的进口周转时限也从 15.6 天降至 14.1 天，TFAP II 进程实现了实质性的突破。 APEC 货物贸易总交易成本的变化如表 3.5 所示。

表 3.5 APEC 货物贸易总交易成本（单位：百万美元）

成本类型和构成		2006 年	2010 年	变动百分比
进口	费用支出	70	72	3.0%
	时间成本	532	498	-6.3%
出口	费用支出	61	66	6.9%
	时间成本	524	492	-6.0%
贸易总成本	费用支出	131	138	4.8%
	时间成本	1055	990	-6.2%

数据来源：APEC 政策支持小组（PSU，2011）。

（三）《APEC 供应链连接性框架行动计划》进展及其成就

供应链连接性行动计划（Supply-Chine Connectivity Action Plan, SCFAP）是 2010 年由 APEC 贸易投资委员会（Committee of Trade and Investment, CTI）决议通过的行动计划，其目的是把经济工作重心重新转移到跨境交易的供应链效率方面，并将贸易成本、贸易时间及确定性的效率提升 10% 作为 2015 年整个亚太地区供应链计划的最终目标。

从政策支持小组（PSU）公布的 SCFAP 中期发展报告分析，SCFAP 的进展一直到 2012 年末为止都十分顺利，根据外部指标、内部指标和自我评估调查指标可看到，APEC 在该方面的总体目标及行动进程中取得了突破性的成果。

从 CTI 报告内容看，APEC 政策支持小组设定的行动方案中共含有 103 个基础行动项目，其中已经实施的行动项目为 79 项，其比例为 77%。根据完成进展报告，大部分行动项目都已经在限定时间内达成预定目标，然而仍旧存在小部分未有任何进展的行动项目。对于那些比预期时限要晚的行动项目，将给它们冠以红色评级。然而，想对 SCFAP 这类动态文件建立一种适合的评价体系是十分困难的。由于各个阻塞点拥有各自的特点，从而导致它们中的一些基础行动含有各自的时间表。从报告中可以知晓，SCFAP 总行动方案中的绝大部分都已经在 2012年达到各自的指标要求，但一些行动被延后至 2013 年，更少数行动的时间被推迟至 2015 年。

如表 3.6 所示，阻塞点的完成度各有不同。其中完成度最高的是阻塞点 3 和阻塞点 6，分别达到了 88% 和 93%；而阻塞点 2、阻塞点 4 和阻塞点 8 的完成度较低。全部阻塞点具体行动施展进程如表 3.6 所示。

从 2010 年至 2012 年，SCFAP 方案历经三年，在这期间所有基本行动目标的 77% 已经达到。可知 SCFAP 在完成度和施展方面达到了预期并且取得了满意的绩效。这从另一方面也表明，为达到 2015 年新的目标，即供应链效率再提升 10% 的预期，对于 SCFAP 来说还有很长的路途去跋涉，还有很大的空间去拓展，因而各成员应该在已有的 SCFAP 方案下实施更多新的基础行动计划。

表 3.6 针对 8 个阻塞点的基础行动的实施进展

阻塞点	实施情况		
	已实施的基础行动	基础行动总数目	实施比例
阻塞点 1	9	12	75%
阻塞点 2	6	10	60%
阻塞点 3	7	8	88%
阻塞点 4	5	9	56%
阻塞点 5	17	22	77%

阻塞点	实施情况		
	已实施的基础行动	基础行动总数目	实施比例
阻塞点 6	25	27	93%
阻塞点 7	7	9	78%
阻塞点 8	3	6	50%
合计	79	103	77%

资料来源：APEC 政策支持小组（PSU，2013）。

注：阻塞点 1，透明度；阻塞点 2，基础设施；阻塞点 3，物流能力；阻塞点 4，通关能力；阻塞点 5，文件要求；阻塞点 6，运输链接；阻塞点 7，标准与法规；阻塞点 8，过境安排。

此外，我们从另外一个指标考核中也能看出 APEC 各成员在贸易便利化合作的进展非常显著。具体参见表 3.7。

APEC 政策支持小组（PSU）于 2014 年 10 月发表了《2014 年 APEC 供应链互联互通框架行动计划外部指标更新报告》，将世界银行发布的物流绩效指数（Logistics Performance Index，LPI）、世界经济论坛发布的贸易促进指数（Enabling Trade Index，ETI）和世界银行与国际金融公司共同发布的营商便利度（Doing Business，DB）细化指标进行综合利用，并进一步考察了近年来 APEC 供应链互联互通建设取得的成效及主要阻塞点改善情况，指标改进比率高于 75% 说明进展良好，改进比率介于 40%—75% 意味着取得了一定进展，改进比率低于 40% 说明在该领域的 APEC 合作效果并不显著，需要采取进一步的改进措施。这为我们分析 SCFAP 的最新进展提供了便利。

表 3.7　APEC 成员贸易促进指数（ETI）的比较

成员	2008 年		2010 年		2012 年		2014 年	
	世界排名	得分	世界排名	得分	世界排名	得分	世界排名	得分
澳大利亚	17	5.22	15	5.13	17	5.08	23	4.9
加拿大	5	5.62	8	5.29	9	5.22	14	5
智利	27	4.88	18	5.06	14	5.12	8	5.1

续表

成员	2008 年		2010 年		2012 年		2014 年	
	世界排名	得分	世界排名	得分	世界排名	得分	世界排名	得分
中国	48	4.25	48	4.32	56	4.22	54	4.3
中国香港	1	6.04	2	5.7	2	5.67	2	5.5
印度尼西亚	47	4.27	68	3.97	58	4.19	58	4.2
日本	13	5.43	25	4.8	18	5.08	13	5.1
韩国	24	4.95	27	4.72	34	4.65	30	4.7
马来西亚	29	4.75	30	4.71	24	4.9	25	4.8
墨西哥	65	3.83	64	4.04	65	4.08	61	4.1
新西兰	10	5.52	6	5.33	5	5.34	4	5.2
秘鲁	69	3.76	63	4.04	53	4.31	51	4.3
菲律宾	82	3.57	92	3.72	72	3.96	64	4.1
俄罗斯	103	3.25	114	3.37	112	3.41	105	3.5
新加坡	2	5.7	1	6.06	1	6.14	1	5.9
中国台北	21	5.15	28	4.72	29	4.81	24	4.9
泰国	52	4.18	60	4.13	57	4.21	57	4.2
美国	14	5.42	19	5.03	23	4.9	15	5
越南	91	3.42	71	3.96	68	4.02	72	4

资料来源：World Economic Forum. Global Enabling Trade Report 2008, 2010, 2012 and 2014.

注：文莱和巴布亚新几内亚未列入统计。

第二节　APEC 贸易便利化合作的基本特征

通过对 APEC 贸易便利化合作总体进展的综合评估可以看出，APEC 已经在该领域合作上取得了阶段性成果，正在逐步落实茂物目标的宏伟愿景。总体而言，当前 APEC 贸易便利化合作具有如下基本特征。

一、高度共识和积极参与是贸易便利化合作成果显著的基础

自茂物目标确立之初，贸易便利化作为"APEC 三个轮子"之一，其重要意义和支柱地位就得到了 APEC 全体成员的共同认可。《大阪行动议程》特别明确了贸易便利化合作的领域和主要目标，TFAP I、TFAP II 和 SCFAP 等行动计划和路线图相继规划和落实，都表明便利化合作已经成为 APEC 实现本地区经济繁荣和人民生活水平提高的基本途径之一。伴随区域经济一体化合作的深入开展，APEC 也逐步将工作重心转移到实际行动和措施上。

在世界经济前景难言乐观的现状下，各成员为了自身利益的考虑，为了尽可能地降低谈判成本，都不愿意提前承诺贸易自由化的开放政策，而是要等待 WTO 多哈谈判达成统一协议。而确保经济高速增长和创造更多就业的压力也促使各成员或多或少地采取贸易保护措施，这也为 APEC 贸易投资自由化的推进提出了挑战。在此背景下，要想推进全球贸易发展就需要另辟蹊径。而 APEC 贸易便利化合作具有领域广、形式活、争议小以及成效大等优势，既迎合了各成员通过扩大对外贸易提振经济的诉求，也有助于其顺利进行政治成员制的改革，因而成为 APEC 合作取得新进展的突破口。可以说，正是基于 APEC 成员对贸易便利化合作的高度重视和积极参与，该领域合作才能取得如此丰硕的成果。

但我们也应该看到，由于 APEC 成员众多，既有发达成员，也有处于高速发展期的发展中成员，各成员在文化、经济发展、政治体制等方面存在显著差异，加之贸易便利化合作中的部分领域涉及很多既得利益集团，其得到普遍认可需要一个过程。在所有 APEC 成员中，经济相对发达、人均 GDP 和收入水平较高、对外贸易与投资能力较强的 APEC 工业化成员，对自由贸易的认可度较高，因而也比较支持贸易便利化的发展。而智利、秘鲁、墨西哥、马来西亚、中国台北等成员由于自身开放程度有限，担心贸易便利化会给内部产业带来冲击，加之自身贸易便利化基础设施建设的薄弱，参与贸易便利化合作的成本较高，所以积极性相对较弱。这不仅限制了这些成员同其他成员开展贸易和引进投资，也阻碍了区域内贸易便利化合作的整体进展。

二、灵活性原则是确保贸易便利化合作持续推进的重要保障

始终坚持灵活性原则、采取多种方式推进合作不仅是"APEC 方式"在贸易便利化合作领域中的体现，也是确保贸易便利化合作持续推进和顺利开展的保障。

一方面，APEC 根据各成员开展便利化合作的基础条件，将削减区域内商业交易成本作为核心问题，在《大阪行动议程》的 11 个贸易便利化领域中首先选择了海关程序、标准一致化、商务人员流动和电子商务四个领域优先展开讨论与合作，制定了详细行动计划（TFAP I、TFAP II）和具体措施，鼓励各成员率先取得实质性的合作进展。随之，又根据地区经济转型和贸易发展的需要，逐渐增加了营商便利化、知识产权保护、供应链整合、原产地规则协调等新的合作领域。这种灵活确定合作领域的优先顺序，避免同时推进和无序发展的方式，保证了贸易便利化合作能够尽快取得合作成果，也为其持续推进带来了示范效应。

另一方面，由于贸易便利化进程与贸易自由化进程不同，其顺利开展不仅需要各成员积极地就各方面问题进行协调和磋商，而且要求各方就本成员内部的经济与法律体制开展必要改革，APEC 允许各成员根据自身的实际情况采取单边行动计划、集体行动方针以及"探路者"方式等多种参与形式。例如，在标准一致化、规制改革、竞争机制、知识产权、政府采购等领域，强制快速推进贸易便利化政策可能会对各成员内部的经济乃至政治体制稳定带来不利影响。因此，多数 APEC 成员主要是通过实行各自的单边行动计划来达到预期水平，从而实现承诺的茂物目标。但是在便利化效果显著的方面，如海关程序的简便化、电子商务的推广、营商机制的便捷化等，各成员的推进更多是依靠现有的技术发展，所以多数成员广泛地参与了集体行动计划，从而能够从区域贸易便利化进程中获得最大的利益成效。而在物流网整合、原产地亲商计划（Making Rules of Origin More Business Friendly）、商务人员流动等领域，各成员较多采用"探路者"方式进行改革和开展合作，即某些基础条件相似的成员提前就特定合作领域达成一致，并付诸实践，待其他成员条件成熟的时候，再通过借鉴先行者的经验开展自身贸易便利化合作。

灵活的参与方式不仅能够满足发达成员先人一步开展贸易便利化的渴求，也可以有效避免强制推进带来的矛盾和不利影响，"探路者"方式中先行者对后行者产生的示范效应也将大大减少发展中成员的探索成本。

三、注重贸易便利化合作量化评估体系的建设

目前，对于便利化合作的实施效果进行准确、完整的量化评估仍旧难以实现。但 APEC 在推进便利化合作进程中，仍倾注了大量精力构建一套系统、完整、准确的量化评估体系，持续对便利化合作的整体进展进行评估。高质量的量化评估不仅有助于确认贸易便利化合作的成果和存在的问题，也为指导后续行动的开展奠定了基础。

综合考察 APEC 已经完成和正在执行的贸易便利化合作量化评估行动可以发现，APEC 在贸易便利化合作量化评估体系建设方面已经积累了宝贵经验。

首先，设立了从事量化贸易便利化的评估机构，且该机构具有较强的科研实力。目前，APEC 中的贸易便利化合作量化评估行动由一个 APEC 任命的特殊的咨询小组负责。其主要职责是将小组的工作汇报评估结果交予 CTI，并同时提交适用的修改后的关键绩效指标（KPI）、未来行动的改进方案以及关于国际机构合作计划方面的相关策略建议。

其次，制定了适当灵敏的量化工具系统，并随时根据量化评估开展的实际情况进行修正。由于经验不足以及各成员基础条件差异明显，很难对各成员所采取的相关措施和行动对区域内整体交易成本的降低所产生的贡献进行评估。部分关键绩效指标也有可能随着经济转型和贸易模式转变而失去有效性。因此，量化评估系统和关键绩效指标需要根据各成员的反馈不断更新。例如，APEC 就根据TFAP II 中期量化评估结果，扩展了交易成本的定义，使之涵盖"港口、集装箱码头装卸和内陆运输"。后续研究发现，高达六成的交易成本是发生在国际物流供应链的上下游，这也佐证了对上述定义进行拓展的意义。

再次，高质量的量化评估不仅依赖于评估框架和评估指标，还依赖于建立完

善的数据搜集系统和数据处理系统。APEC 正在努力基于国际机构数据（例如世界银行的"营商指数数据库"），构建自己的贸易便利化数据指标体系和数据汇集系统。CTI 设置了专门研究小组，分析新指标在搜集和研究中的可操作性。APEC 还建立了定期报告机制，由学者、企业界人士和政府官员组成的评估小组，按照一定的报告格式，每年定期对 APEC 各成员的相关行动及其成果进行评估，并上报部长级会议。APEC 也决定邀请独立专家对 SCFAP 规划的预期收益（即能否实现区域内交易成本降低 10%）进行全面评估和预测。

最后，APEC 也尝试借助多种评估模型和评估手段辅助验证便利化合作的实施效果。例如，CTI 曾借助引力模型对区域内贸易流进行模拟分析，并以此反映 TFAP II 的实施效果；挑选适当样本，对商品服务贸易的实际交易成本削减的具体情况进行跟踪，并与模型拟合结果进行比对；对各成员实施 TFAP II 和 SCFAP 政策期间的具体措施及其效果进行定期评估等。

四、APEC 始终倡导贸易便利化合作与能力建设相结合

能力建设的重要性不仅在于其在贸易便利化合作中的基础性地位，还在于其在很大程度上影响着各成员，尤其是发展中成员参与便利化合作的热情。无论是 TFAP 两个阶段的行动计划，还是 SCFAP 合作都充分体现了这一特点。在 APEC 相关指导性文件中，外部技术支持得到了很大的重视，因为它有利于各成员选择和制定相适应的便利化政策，以及评估这些措施的成果。因此，能力建设被提到 APEC 贸易便利化的工作日程。较成功的措施是在各成员之间定期开展交流活动，通过领先成员的示范作用引导后参与的成员调整自己的政策。在 2009 年 CTI 制定的"IFAP 未来重点工作"中，APEC 也主张根据 2008 年贸易部长（MRT）会议所提出的行动清单开展能力建设活动。

积极加强与国际组织的全面合作也是贸易便利化合作能力建设的重要组成部分。目前，除了在贸易便利化合作评估领域广泛开展与国际组织的合作之外，APEC 还积极地同经济合作与发展组织（OECD）、世界海关组织（WCO）、国际

标准化组织（ISO）等国际组织就贸易便利化能力建设开展合作，通过借鉴这些国际组织的成功经验指导 APEC 贸易便利化合作中的能力建设工作。

第三节　APEC 贸易便利化合作具体领域进展分析

2007 年，经由 CTI 与 APEC 各成员协商讨论，APEC 部长级会议特别批准了《贸易便利化行动计划和措施清单》，明确了 TFAP II 合作的四个优先领域和其他次要合作领域，同时确定了在这些领域下开展合作的具体目标和行动措施。APEC 成员可以根据本成员特点选择适宜的方式参与具体的贸易便利化合作。

一、海关程序

海关程序领域是 TFAP II 合作的首要优先领域，也是合作行动和措施最为丰富的领域。海关程序领域的便利化目标为：大幅度提高 APEC 成员的海关应急处理能力，简化海关程序，提高透明度和可操作性，逐步改善本地区企业贸易和货物流动的通关环境。为实现上述目标，TFAP II 设定的主要行动和措施包括：通关时间评估（Time Release Survey，TRS）；根据国际海关组织（WCO）拟定的整体框架实施 APEC 海关程序框架；根据《京都公约》（The Kyoto Convention）提高海关程序的协调性；海关程序无纸化和自动化；根据《协调关税制度》（The HS Convention）调整相关关税结构；努力构建健康有序的贸易程序等。

表 3.8　海关程序领域便利化行动计划表（TFAP II）

活动主旨或主体	现有行动	未来行动	时间表	能力建设
海关程序简化和一致化	•实施 2007 年版的"协调制度"（HS） •完成《SCCP 海关蓝图》并出版 •实施一系列与汽车产品有关的海关估价、快速清关和定期备案方面的最佳范例	•与海关手续分委会（SCCP）和电子商务指导小组（ECSG）合作，在适当的情况下，努力推广英文海关表格的使用 •开展数据协调方面的工作	2007—2009 年	•开展风险管理、公共伦理和责任感方面的培训 •开展"单一窗口"方面的培训，共享最佳范例 •开展数据协调方面的培训 •针对"单一窗口"和数据协调所需的基础设施提供技术援助
加强公共部门和私营部门的伙伴关系	•召开 APEC 海关与商界对话会 •对 SCCP 成员所采取的加强海关和工商界伙伴关系的各项计划进行总结和评估 •对海关和工商界伙伴关系最佳范例的纲要进行更新	•召开每年一度的 APEC 海关与商界对话会 •实施"APEC 贸易安全框架"	2007—2010 年	

资料来源：Ha Noi Action Plan to Implement the Busan Roadmap towards the Bogor Goals, Ha Noi Viet Nam, 18-19/11/2006.

（一）海关程序领域的具体进展

在过去十几年中，APEC 下设的海关程序分委会（SCCP）在提高 APEC 成员政府的海关管理现代化程度方面做出了很大的成绩。海关程序便利化主要包括大幅度提高应急能力、透明度及海关程序的可操作性，并改善 APEC 企业贸易和投资环境。

在贸易的相关规章、制度性文件方面，所有 APEC 成员均已经提供了海关和其他与贸易有关的信息文件的纸质格式和电子格式。在恰当的、透明的和可预测的与贸易有关的程序方面，大多数成员已实施了"公私伙伴合作计划"，并定期举办与私人部门利益相关的咨询讨论会。大多数成员已经设置了商品和货物代码的程序。在协调关税结构、调整关税框架方面，至少有 18 个成员已经接受了《协调关税制度》。所有 APEC 成员都对各自的关税体系与国际标准措施进行了协调。加拿大和日本已经实施了"海关实验室"（customs laboratories）计划，中国、印度尼西亚、韩国、俄罗斯和泰国也制定了相关计划，其他成员正在考虑制定类似的计划。美国最近实施的"自动商业环境信息体系"已经涵盖了《协调关税制度》的部分规则。

在《京都公约》[①]规范和简化贸易程序方面，至少有 15 个 APEC 成员已就相关条款达成一致。多数成员已经报告缩短了文件传输和货物检测的时间。虽然一些成员还没有正式加入《京都公约》（包括：中国香港、墨西哥、秘鲁、菲律宾、巴布亚新几内亚和俄罗斯），但已经采取和执行了该公约的某些基本原则。例如，秘鲁已经在消费品进口领域和仓储领域实施了便利化措施。巴布亚新几内亚在 2002 年加入了《京都公约》，但尚未进一步报告此后的进展。

在与贸易有关程序的无纸化和自动化方面，所有成员已经至少实施了电子化和无纸化体系其中之一。这些程序包括关税支付、海关或贸易相关的文件传输、清关的电子程序、"单一窗口"项目和出口货物的电子仓储等。许多成员正在建设完整的电子边境监管程序。在采取统一标准和数据便利方面，多数成员已经建立了贸易和通商相关的信息交换与传输机制。然而，关于已使用的电子格式，以及这些数据是否能够在不同领域使用还没有新的报告。

在采取 WTO 估价协议的原则方面，大多数成员已经承诺各自的海关程序与 WTO 规定保持了一致性。然而，只有很少成员详细汇报了其实施 WTO 估价协议所采取的原则以及确保该协议实施的具体措施。在申诉条款透明化方面，大多数

---

① 即《关于简化和协调海关业务制度的国际公约》（International Convention on the Simplification and Harmonization of Customs Procedures），海关合作理事会 1973 年 5 月 18 日在日本京都召开的第 41/42 届年会上通过，1974 年 9 月 25 日生效。

成员已经对海关程序或争端解决机制设立了申诉条款。在风险管理方面，发达成员和发展中成员在构建风险管理系统的进程中处于不同的阶段。但所有成员都已经采取了风险管理方法或技术，或正在开发这些技术。某些成员已经将风险控制技术完美应用于海关运作领域之中。

在快件物品清关指南方面，大多数成员已经采取了与世界海关组织（WCO）相一致的法律或法规，或者已经建立了快件物品的特别清关通道及快速通关措施。少数发展中成员仍要求快件物品通过普通清关渠道通关，而且尚未考虑建立单独的通关窗口。在临时进口条款方面，自从 2001 年达成《上海共识》以来，大多数成员已经批准加入了《关于货物暂准进口的 ATA[①]单证册海关公约》或者已经引入了一些新的暂准进口官方文件。但 APEC 致力于建立一个电子官方文件的合作系统项目，实施进展缓慢。

2010 年，APEC 在规范和简化海关程序方面又迈进了一步，启动并实施了"特许经济运营商（Authorized Economic Operator，AEO）项目行动计划"。2009 年，APEC 领导人会议批准了"APEC 贸易复苏计划指导原则"，并重申了实施 AEO 项目的重要意义。随后，为了夯实各成员参与贸易便利化合作的基础，APEC 积极推进与 WCO 的合作，并拟定了 AEO 项目的具体实施方针，以期在保证贸易安全的前提下不断推进贸易便利化合作。2009 年，APEC 贸易投资委员会下设的海关程序分委员会依照关键绩效指标，对 2006 年以来 TFAP II 海关程序领域的实施效果进行了评估。从评估结果来看，在 TFAP II 期间，海关程序方面的时间估计减少了 8.1%。此外，APEC 成员登录货品贸易的电子录入比例大幅提高，有不少成员已经实现 100%电子化。

2014 年，APEC 第二十二次领导人非正式会议通过了《亚太经合组织海关监管互认、执法互助、信息互换战略框架》协议，指示官员们在此框架下进一步简化和协调亚太经合组织海关手续，便利区域贸易发展并鼓励亚太经合组织成员海关部门继续加强合作协调，实现监管互认、执法互助和信息互换的愿景，

---

① ATA：暂准进口。

推动全方位互联互通，为亚太地区贸易可持续发展和区域经济一体化做出更大贡献。

（二）主要发达成员在海关程序领域的最新进展

APEC 发达成员因其贸易便利化初始水平较高，信息技术基础设施建设较为完备，在海关程序领域的 TFAP II 合作中进展较快。

美国根据 TFAP II 要求，在 2012 年提交的 IAP 中强调已经加强了海关程序相关信息的公开性与透明度。同时已经在《京都公约》的实施、与 WTO 评估体系保持一致、系统风险控制技术的应用等领域采取了具体行动。

依据 TFAP II 的行动计划表，加拿大正在通过使用高级电子信息传输方式，实现边境管理现代化与强制性跨境安全管理的协调一致。目前正在实施的行动计划反映出加拿大高度关注提高海关程序透明度、量化评估以及促进效率等方面的工作，同时加拿大也加强了对假冒产品和有组织犯罪的监察。

日本致力于提升海关程序的效率，已经通过网络提供进口货物通关自动化系统（NACCS）的入口，实现了海关程序无纸化。NACCS 系统已经涵盖食品卫生和动植物检验检疫程序，以及进出口许可程序。日本已经实施了"单一窗口系统"，使得进出口商可以简化所有进出口程序。2010 年 9 月 13 日，SCCP 在日本东京举行了一年一度的 APEC 海关与商界对话会（ACBD），其目的是促进海关与亚太地区商界之间的合作与理解，加速整体贸易进程。该对话主要集中于通过海关与商界的合作，保障和便利全球贸易，并通过对信息通信现代技术的利用达到贸易便利化的目的。

目前，澳大利亚参与的由 SCCP 主持的相关项目已经从 14 个增加至 16 个，大部分都已经实现了 TFAP II 的预期目标。澳大利亚已将其海关程序进行系统扩展和升级，以全面实现无纸贸易。澳大利亚海关还与世界海关组织进行合作，开发第三代世界海关组织数据模型，这项工作计划已经在 2008 年 7 月完成。

新西兰根据 TFAP II 的要求，对海关行政机构进行了优化组合，使其从传统的进口关税征收机构逐步转变为支持贸易自由化并妥善平衡贸易安全与贸易便利的现代化边境管理机构。新西兰正在实施的"前线计划"（the Frontline Program）致力于使海关机构能够为新西兰商业组织，尤其是中小企业提供更为便利的服务，并增强公众对海关程序的理解。

（三）主要发展中成员在海关程序领域的最新进展

根据 TFAP II 的要求，韩国继续采取措施简化海关程序，特别是注重利用电子技术加快通关速度，节约货物通关成本，降低突发事件风险。韩国海关（KCS）已开始实施"一站式"服务系统，包括 12 个主要政府机构，可处理 93% 的进口货物检查。目前，虽然并非所有的政府相关机构都已加入"单一窗口系统"，但其已成为趋势。

根据中国提交的贸易便利化单边行动计划，海关程序领域是中国参与 TFAP II 的核心领域。为了规范并简化贸易通关程序，中国政府已经采取了一系列行之有效的措施。在 SCCP 拟定的与海关程序有关的涵盖 60 项内容的选择清单中，中国已经采取了其中的 45 项措施。中国正在积极参与"单一窗口体系"的 TFAP II 集体行动计划，并以提高通关速度和简化通关手续为主要目标。

由于中国香港是一个自由港，对进出口商品不征收任何关税，因此其海关程序非常简便、透明。近年来，中国香港在海关应用了多种高科技设备和电子方式，使清关程序更加方便快捷。此外，中国香港始终严格遵守《京都公约》的相关原则，全面实施最新版的海关编码[①]体系。

中国台北采用了 UN/EDIFACT 模式，分别实行航空和海运货物的互联网应用服务提供商（ASP）申报服务系统，使海运货物的平均通关时间降至 1.5 小时，空运货物降为 11 分钟。中国台北不是世界海关组织（WCO）的正式成员，但已执行了修订后的《京都公约》的很多规定，并实施了风险管理和通关后审计体系，建立了海关清关电子网络。

---

① 海关编码即 HS 编码，为编码协调制度的简称。其全称为《商品名称及编码协调制度的国际公约》（International Convention for Harmonized Commodity Description and Coding System）简称协调制度（Harmonized System，缩写为 HS）。

二、标准一致化

标准一致化领域的 TFAP II 合作主要通过 APEC 成员发展自身的技术基础设施建设，然后通过提高与国际标准的协调度最终实现相互认可的推进方式。1994 年，APEC 制定并实施了《关于标准一致化的框架宣言》。其后《大阪行动议程》和《贸易便利化行动计划与措施改进清单》又特别强调了透明度、与国际标准接轨、一致性评估的相互认可及促进技术基础设施建设等四个标准一致化合作的基本原则。

TFAP II 在标准一致化领域采取的主要方针有：努力统一标准，使区域内各成员所采取的标准与国际标准相一致；在规定的或选择的部门实现技术标准的相互认可；技术基础设施的发展；增强对 APEC 各成员进行考察的公开度及其在产业部门的应用等。标准一致化分委会（SCSC）是执行该领域 TFAP II 合作的具体部门。

表 3.9　标准一致化领域便利化行动计划表（TFAP II）

活动主旨或主体	现有行动	未来行动	时间表	能力建设
标准兼容和相互认可	•自愿开展国际电工委员会（IEC）电气设备标准的兼容工作 •实施"全球化学品分类及标签制度"（GHS） •组织环境产品标准实际应用方面的网络课程学习	•明确可以开展标准兼容的潜在领域 •在适当情况下，在有关的 APEC 论坛组织中促进各部门管理者之间的交流和协作 •召开 APEC 各成员标准制定机构负责人之间的会议，并力争达成一致性的目标，使会议的成效最大化 •在 SCSC 开展的行动中促进与商界的交流与协作 •继续明确相互认可协定（MRAs）及其他现行机制的有效性，以便于接受一致化评定的结果	2007 年	•开展标准、度量衡和监管措施兼容方面的能力建设项目

活动主旨或主体	现有行动	未来行动	时间表	能力建设
各部门的标准化和法规	•"APEC 食品体系"和食品安全合作活动 •落实环境和化学品监管方面的各种倡议，如欧盟的化学品注册、评估和审批（REACH）法规、《关于在电子电气设备中禁止使用某些有害物质指令》（RoHS）和国际化学品管理战略方针（SAICM）。在医药领域，APEC的代表参加了医药标准化国际大会的全球合作小组（GCG） •实施 SCSC/便利化工作组的工作计划 •在生命科学法规方面加强国际最佳范例和标准的实施和应用	•在 APEC 成员中继续促进食品安全合作行动的实施 •继续推进标准协调和部门相互认可方面的工作，包括电子电气产品和食品部门的相互认可协议 •鼓励 SCSC 的成员更加积极地参与国际标准化活动，包括 ISO/技术委员会（TC）223 和国际电子委员会（IEC）/TC 111 等 •促进 APEC 地区工作计划中的标准教育 •继续在与产品相关的环境法规方面分享信息和提起关注，并为 APEC 采取进一步的行动提供建议 •实施"生命科学创新论坛（LSIF）战略计划"关于法规协调和/或药品与医疗设备生产程序方面的建议	2007—2009 年	•开展食品安全和危害分析和关键控制点（HACCP）合作项目 •与区域专家团体（SRBs）合作实施工作计划 •开展与"APEC 战略性标准教育计划"有关的项目 •举办医药产品许可证、临床试验规范、产品设计与质量方面的研讨会，并考虑举办更多关于全球医疗器械协调大会（GHTF）的研讨会

资料来源：Ha Noi Action Plan to Implement the Busan Roadmap towards the Bogor Goals, Ha Noi Viet Nam, 18-19/11/2006.

（一）APEC 整体在标准一致化领域的合作进展

APEC 目前将重点放在关注度较高的行业，首先在这些行业推进标准一致化，鼓励部门管理者之间展开对话，对那些限制贸易发展的障碍达成共识，并共同采取行动消除这些障碍。

目前，APEC 各成员均做出承诺，表示愿意尽力通过改革使内部标准向国际统一标准看齐。通过参与国际标准化集体行动计划，所有 APEC 成员均已成为"全球多边认可协议"（global Multilateral agreement , global MRA）的缔约成员。

在对标准一致化进行评估和认可方面，多数成员已经参与实施了鉴定和认证项目。多数成员已经加入了一系列的国际多边认可协议。

在技术发展和基础设施建设方面，部分成员提供了较为详细的报告。该项目有力地支持了各成员内技术基础设施建设的发展，尤其对发展中成员给予了必要的支持。例如，日本在 IAP 中列明了向 APEC 发展中成员提供支持和援助的具体计划。

从提高 APEC 标准一致化评估的透明度来看，大多数成员认为自身的标准一致化评估体系足够透明，广泛的信息可以通过电子资源或公共咨询机构等渠道获得。

在标准一致化领域，发达成员已基本完成了自身技术基础设施的发展以及与国际标准协调一致的工作，正在向最终实现本地区标准相互承认的目标前进。而发展中成员则仍着重于前两个阶段的工作。部分发展中成员对于《大阪行动议程》所确定的优先产品（即机电设备、汽车配件以及其他机械）标准一致化努力情况进行了报告。也有一些成员对在提高与国际化协调程度方面已取得的进步及仍需努力的情况在报告中用百分比的形式进行了表述，这一做法值得其他成员效仿。

2009 年开始启动针对 APEC 成员如何辅助其商业部门获取技术规则信息并规避"技术性贸易壁垒"（Technical Barriers to Trade, TBT）[①]的模式及其实践的相关研究；同年，"标准一致化分委会"（Sub-Committee on Standards Conformance, SCSC）主持召开了"在标准一致化基础上鼓励开展商业活动研讨会"，旨在鼓励和支持商业部门运作；为了避免出现新的不必要的技术贸易壁垒，2010 年 11 月 APEC 贸易部长会议制定了"规制合作程序"（Regulatory Cooperation Process,

---

① "技术性贸易壁垒"又称"技术性贸易措施"或"技术壁垒"，以国家或地区的技术法规、协议、标准和认证体系（合格评定程序）等形式出现，涉及的内容广泛，涵盖科学技术、卫生、检疫、安全、环保、产品质量和认证等诸多技术性指标体系，运用于国际贸易当中，呈现出灵活多变、名目繁多的规定。

RCP），并鼓励各成员参与该程序的制定过程国际标准在各成员内部的推广。同时，APEC 标准一致化评估在 SCSC 的倡导下继续推进。2010 年，按照国际电工委员会（International Electrotechnical Commission, IEC）国际标准参与校准的 APEC 成员个数已达到 16 个，校准程度也得到了大幅提升，从 2006 年的 55%—100% 上升到 2010 年的 91%—100%。

（二）主要发达成员在标准一致化领域的最新进展

根据 TFAP II 的要求，美国一方面通过国家标准委员会和国家标准协会等组织，积极参与国际标准化组织（ISO）、国际电工委员会（IEC）以及其他标准化组织合作。另一方面，在 APEC 范围内，美国作为太平洋地区标准大会常务委员会的主席国，帮助 APEC 成员开展在声音控制、标准和适和性基础设施等方面的能力建设项目。

加拿大实施 TFAP II 的具体行动包括：推进所有部门在条件许可及合适的时间立即实施国际标准。在 2007—2010 年间，65% 新批准的国家标准采用或基于 ISO 或基于 IEC 的国际标准。同时，加拿大积极在规定和自愿的部门就标准一致化评估与其他 APEC 成员达成双边和多边认可协议。加拿大还参与了 SRB 行动计划。

在执行 TFAP II 要求方面，日本工业标准与国际标准非常一致。特别是在 APEC 标准和一致性分委员会同意的四个优先领域（电子和家电产品、食品标识、橡胶产品和机械设备）、电子和电器设备的额外优先领域、一致性评估和管理系统的标准和指南，以及信息技术设备的安全方面，日本已经完成了现有标准与国际标准的接轨工作。同时，日本也积极评估日本农业标准（JAS）以保证在恰当的时候与国际标准保持一致。

由于经济对对外贸易的依存度较高，新西兰在诸多产业领域都实施了对国际标准及评估程序的单边认可政策，其目的是保证新西兰出口商品易于打入国际市场，并具有较强的综合竞争力，同时能有效避免贸易争端和降低交易成本。部分被保留下来的强制性标准主要基于安全因素的考虑，同时尽量降低对本行业发展及对外贸易的负面影响。

澳大利亚根据 TFAP II 的要求，正积极参加各种国际标准活动以及双边或多边的标准认可协定。同时，澳大利亚理解 APEC 成员希望通过加强技术基础提升国际竞争力的愿望，所以积极通过一些技术机构向发展中成员提供技术援助，具体包括标准衡量、实验室认证、认证培训、标准开发等方面。

（三）主要发展中成员在标准一致化领域的最新进展

标准一致化是韩国参与 TFAP II 合作的重要内容。2006 年底，韩国采用了 22058 项（工业）标准，比前一年增加了 807 项。约有 60% 的韩国国内标准与国际标准 ISO/IEC 相一致，另有 30% 的标准参照 ISO 和 IEC 之外的其他国际标准而建立。韩国已与加拿大（1997）、美国（2005）和越南（2006）建立了电信设备检测结果相互认证协定。

根据 TFAP II 要求，中国正在积极鼓励将国际标准确定为国家标准，同时推动本国标准发展为国际标准，两项工作协调发展。2006 年之后，中国已经调整了 1909 项国家标准，包括 955 项采用了国际标准的项目，采用率近 50%。为了发展成国际标准的输出国，中国在 2007 年向 ISO/IEC 上交了 11 项国际标准提议，同时中国通过开展培训等进行标准一致化领域的人才培养。为了加快标准的使用和更新速度，国家标准化管理委员会还应用了 IT 平台。

中国香港并没有设立专门的标准化管理机构，也极少采用本地标准，而是通过广泛采用国际通行标准，以达到保护公众健康和环境的目标。在 TFAP II 框架下，中国香港积极参加了 SCSC 的各项活动，并与 5 个 APEC 成员签订了标准一致化相互认可协议。

在参与 TFAP II 合作中，中国台北十分注重内部标准与国际标准的一致性。迄今，中国台北 71% 的内部标准已与国际标准相协调，剩余的标准也在不断改进中。中国台北的内部标准设立程序清晰透明，每 5 年进行一次审查，标准信息可公开获得。中国台北也在努力通过签署相互认证协定来促进产品的国际化。

三、商务人员流动

促进商务人员在各成员之间的流动是 APEC 贸易投资便利化目标的一个重要组成部分。

商务人员流动领域的 TFAP II 合作主要目的在于促进 APEC 各成员的签证管理制度更加透明，信息交流更加畅通，以及签证审批手续更加简化。扩展 APEC 各成员免签证入境计划的实施范围和有效期。与之相关的能力建设与技术合作培训是实现该目标的主要途径。

程序性规定和技术性要求是 TFAP II 商务人员流动领域的主要行动和措施，具体包括：商务人员流动签证程序的便利化与标准化；提高通信技术和交通技术的应用。商务人员流动工作组（BMG）是负责该领域 TFAP II 合作的主要部门。

表 3.10　TFAP II 商务人员流动领域便利化行动计划表

活动主旨或主体	现有行动	未来行动	时间表	能力建设
减少工商界的经营成本	•改进商务人员短期入境安排，并确保相关公共信息的公开度 •实施 APEC 商务旅行卡（ABTC）计划	•鼓励 APEC 推广 ABTC 计划 •继续更新商务人员流动专家组（BMG）的网站，以确保向工商界人士提供关于 ABTC 计划，跨境人员流动要求和 BMG 提出的其他建议 •遵守跨境商务人才流动协议，确保相关流程的公正与公开 •对服务标准及其实施情况进行定期考察	2007－2008 年	•为 APEC 商务旅行卡的推广使用提供技术援助和培训

活动主旨或主体	现有行动	未来行动	时间表	能力建设
采用先进技术	•实施 API 探路者倡议 •采用符合国际标准的无纸化旅行文件（电子护照）	•通过定期的信息交流，包括融资方式等,切实维护航前旅客资讯（API）/航前旅客审查（APP）系统 •在网络上提供关于生物测定电子护照的技术性和非技术性事宜以及最佳范例的参考文献	2007－2010 年	•提出应增强对 API 系统的关注 •针对无纸化旅行文件及相关边境管理体制进行经验教训和最佳范例的对话

资料来源: Ha Noi Action Plan to Implement the Busan Roadmap towards the Bogor Goals, Ha Noi Viet Nam, 18-19/11/2006.

（一）APEC 整体在商务人员流动领域的最新进展

目前，APEC 将在该领域取得既有成果的基础上，继续寻求简化商务人员短期入境和临时居留的程序，尤其是要进一步推广 APEC 商务旅行卡（ABTC）的使用，包括延长免签证时限和扩大批准的成员使用范围。考虑到促进贸易安全的需要，APEC 成员将继续在旅行证件的安全性方面加强技术合作，例如推广应用生物测定电子护照、航前旅客资讯（API）系统，以及针对护照丢失、被盗和无效护照的区域移民警报系统（RMAS）。

总体来看，自商务人员流动便利化合作开展以来，APEC 各成员的签证管理制度更加透明，信息交流更加畅通，签证的审批手续大大简化。各成员免签证入境计划实施的范围、有效期都有所扩展。能力建设与技术合作培训也经历了从无到有、从少到多的过程。

在加强程序标准化和流畅化以促进人员流动方面，大多数成员已经实施或正在实施以多种方式促进公司内部的人员流动,放宽签证或资格要求,并加入 APEC 商务旅行卡计划。大多数成员已经实施了公司内部人员流动特别处理办法。然而，各成员之间的免签政策以及签证程序的时耗差异仍然较大。自 1997 年 5 月商务旅行卡（ABTC）计划实施以来，已有 18 个成员加入。该计划从 1998 年确定到现在，已经发展成为多边合作的一个典范。截止到 2010 年底，总共有逾 8.8 万张 APEC 商务旅行卡被激活，比 2009 年增长了 11.4%。自 2010 年 5 月俄罗斯加入之后，APEC 21 个成员已全部加入该计划当中。其目标是争取到 2020 年底，逾 12 万张 APEC 商务旅行卡被激活，比 2010 年增长 35.6%。2011 年 3 月至 6 月期间，ABTC 持有者的申请签证时间相比 2010 年同期减少了 43.3%，91%的 ABTC 持有者对 ABTC 计划表示满意。另外。同期申请签证费用减少了 27.8%，边境通关时间节省了 62,413 小时，约合 190 万美元的货币价值。除此之外，商务流动工作小组（Business Mobility Working Group，BMG）的活动议题也随着形势的变化而进行了适时调整，如议题中涉及的签证移民法规措施、反恐安全计划等议题。该计划的实施大大节省了商务人员申请护照的成本和时间，为 APEC 区域国际贸易活动带来切实便利。

在促进信息和通信技术的使用方面，所有成员都已承诺将最新的与入境相关的信息公布在网上或印在 APEC 商务人员旅行手册上。部分成员提供了网上签证申请。"航前旅客审查"（Advance Passenger Processing，APP）或"航前旅客资讯"（Advance Passenger Information，API）计划已经在澳大利亚、巴布亚新几内亚、韩国、新加坡、新西兰等成员中实施，其他一些成员也在考虑该倡议的可行性。

从各成员实施便利化措施的分类测评中可以看出，发达成员利用技术上的优势向发展中成员提供了大量的技术支持和人员培训服务，大大方便了 APEC 内部人员的流动。旅行档案安全也受到各成员重视。各成员的短期入境签证的有效期有所不同，如俄罗斯有可一次入境且有效期为 3 个月，可两次入境且有效期为 3 个月，以及可多次入境且有效期为 1 年（但一次连续停留时间不能超过 180 天）三种；日本有有效期为 5 年，一次入境最多可逗留 90 天的多次入境签证；马来西亚的多次入境签证的有效期为 3−12 个月。美国受"9·11"事件影响，加强了对商务人员流动的管理，暂停了"无签证过境计划"和"国际过境计划"，不再推行国际航空旅客的免签证过境政策。而自由成员在商务人员流动方面的进展最为迅速，如中国香港、新西兰在出入境方面的限制非常少。

（二）主要发达成员在商务人员流动领域的最新进展

根据 TFAP Ⅱ 的要求，美国在最新提交的 IAP 中承诺调整现有的签证制度，实施 APEC 领导人对商务人员流动的透明度标准倡议，针对短期商务人员入境开展经济技术合作和培训，并举办行政部门与产业界人士的对话交流等。

加拿大已在商务人员流动领域执行自由和透明的签证政策，并积极改进在移民政策方面的措施。目前，加拿大已经承诺认可 APEC 商务旅行卡计划，并作为贸易便利化措施（而不是放弃签证制度的措施）加以实施。

日本积极实施商务人员流动领域的 TFAP Ⅱ 合作项目，已全面实行了前述的商旅卡计划，对来自 APEC 成员的临时商务访问人员的多次入境签证给予相对较长的有效期。最新的便利化 IAP 显示，日本对从事医疗服务的持有日本医疗许可证的外国医生和护士放松了入境限制。尤其是与日本有双边经济伙伴关系协定的部分东盟国家，已允许医疗保健师有条件地进入日本。

依据 TFAP Ⅱ 要求，新西兰制定了积极的"临时工作项目"（the temporary work programs）以吸引商务人员到新西兰短期工作。新西兰鼓励本国企业充分利用全球人才，为相关的劳务人员提供及时的劳动力市场供求信息，满足国内职位需求的外国商务人员入境将不再接受进一步的劳动力市场测试。目前，新西兰关于公司内部人员跨境流动申请的平均审批时间仅为 10 天。此外，截至 2007 年 2 月已获新西兰审批的商务旅行卡持有者总数达 1482 人。新西兰政府会定期与商务旅行卡持有者就该项计划的价值和实施细节进行沟通。

（三）发展中成员在商务人员流动领域的最新进展

为切实履行 TFAP Ⅱ 的具体目标，截至 2010 年底韩国已经发放了共 8484 张商务旅行卡，占 APEC 已发放商务旅行卡总数的 15.9%，为 APEC 其他成员的商务人员入境提供了方便快捷的服务。这既是韩国的单边行动计划，也是韩国参与 TFAP Ⅱ 集体行动合作的具体体现。

根据 TFAP Ⅱ 的要求，中国已在 IAP 中公布了多项有利于 APEC 商务人员流动的措施，以应对投资与贸易飞速增长造成的入境人数迅猛增长的状况。中国也积极响应商旅卡计划，在旅行卡申请方面采取了一系列便利化措施。目前，旅游、商务签证当日即可完成，短期工作签证可在 1—5 个工作日内得到批准。同时，中国还可为特定商务人员提供口岸签证便利。

中国香港在商务人员流动方面开放程度非常高。目前，世界上约有 170 个国家或地区的人员可以免签证赴中国香港进行短期访问，APEC 成员中只有越南和俄罗斯两个国家的人员需要签证。为了满足 TFAP II 的要求，中国香港开始实施"访港常客证"（Frequent Visitor Card）制度，为过去 12 个月内经香港国际机场入境 3 次及以上的入境申请者提供便利。中国香港也是最早加入该计划的 APEC 成员之一，从 2001 年开始永久实施该计划。

中国台北对商务旅行者和外国工作者特别是专业或白领工作者的签证政策很自由，相关法律和申请程序简便且在网上公开。旅行签证需要 1—3 天，工作签证需要 10—17 天，低于 APEC30 天的最佳范例标准。中国台北已参加了 APEC 商务旅行卡计划。旅行卡持有者可以多次入境，要求是每次停留不超过 90 天。从 2005 年 3 月起，中国台北的旅行文件全部可机器识别，并正在研究将生物技术用于护照和机场入境检验。

四、电子商务

电子商务可以拓展商业机会、降低成本、提高效率，并为中小企业更多地参与全球贸易提供便利，从而加快了经济和贸易全球化的步伐。

电子商务领域是 TFAP II 合作的重要优先领域之一，其目标是鼓励 APEC 成员通过改善与电子商务有关的基础设施来提高管理水平和效率，特别是利用高速的大容量数据处理计算机和先进的通信技术，建立起更有效的、简洁的电子商务监管体系，为本地区电子商务发展提供便利。同时，通过电子商务便利化所获得的收益反过来又增加了政府对进一步改善电子商务环境进行新投资的信心和能力，从而形成良性循环。

在电子商务领域，TFAP II 采取的主要行动和措施包括：削减电子商务壁垒，APEC 成员通过推广最佳范例的方式，切实削减居民、各类企业及政府机构面临的电子商务壁垒和不适当的管理措施；确保电子支付的便捷和通畅，加快电子商务在各个领域的普及。该领域的 TFAP II 合作主要由电子商务指导小组（ECSG）负责。

表 3.11 电子商务领域便利化行动计划表（TFAP II）

活动主旨或主体	现有行动	未来行动	时间表	能力建设
加强电子商务的监管环境	·实施《APEC 电子商务行动蓝图》	·通过与全球信赖联盟（GTA）和东盟信赖联盟（ATA）的合作加强信托服务	2007－2008 年	·开展电子商务方面的培训 ·加强大众和工商界对电子商务的认识
开展电子商务的最佳范例	·在 APEC 成员中实施政府采购投标的数字化 ·通过电子商务投诉受理中心提供与网上交易有关的问题调解服务	·与潜在的伙伴合作加强电子商务和电子贸易服务	2008 年	·为改善技术性基础设施（互联网、宽带等）提供技术援助 ·开展信息安全方面的培训，增强信息安全意识

资料来源: Ha Noi Action Plan to Implement the Busan Roadmap towards the Bogor Goals, Ha Noi Viet Nam, 18-19/11/2006.

（一）APEC 在电子商务领域的具体规划

目前，APEC 已经制订了具体的行动计划，以期提高区域内电子商务的普及度，使各成员为大力发展电子商务做好充足准备。到 2020 年，APEC 地区将全面实现贸易电子化，各种与贸易有关的信息都能够通过电子手段进行传输。

事实表明，许多成员已经有能力通过改善与跨境贸易有关的基础设施来提高管理水平和效率，特别是政府现在可以利用高速的大容量数据处理计算机和先进的通信技术，建立起更有效的、简洁的贸易管理程序，为国际贸易提供便利。

对于削减电子商务壁垒，部分成员仅简单列明了目前实施电子商务的壁垒。

其他成员则列明"政府部门的协同工作能力建设"是当前的优先议题。部分发达成员还特别在 IAP 中列明将采取具体措施构建安全的银行体系和电子支付体系。在推广电子商务的应用方面，大多数成员已经拥有一个电子政府程序体系。某些成员政府正在支持商务人士和个人提高计算机应用水平，并倡导使用电子商务。

根据 APEC 电子商务指导小组提供的资料，有 15 个成员已经在无纸化贸易方面采取了一系列具体措施，以满足 APEC 关于减少或消除纸质文件的要求。对于完全取消海关和其他跨境贸易的行政文书以及国际海运、空运和陆运的其他相关文件，发达成员在 2005 年之前完成这一目标，发展中成员在 2010 年之前基本完成这一目标。总体来说，未来电子商务领域的贸易便利化合作应对采取信息技术更为重视，以便简化货物跨境交易的程序，包括货物抵运前的信息和数据的电子提交及处理程序。

（二）APEC 在电子商务领域的最新进展

2007 年，CTI 与 ECSG 共同合作完成了"APEC 电子商务行动中期评估报告"，对 APEC 成员在电子商务领域执行 TFAP II 的最新进展进行了总结与回顾。

2007 年，ECSG 根据 TFAP II 的要求开展的具体行动包括：

ECSG 举办了"APEC 数字经济论坛"和"2007 年妇女企业家精神国际培训研讨会"，并以此作为实施《APEC 妇女融入电子商务倡议》的具体行动；

在支持发展中成员海关机构推进无纸贸易的能力建设行动方面，于 2006 年和 2007 年在中国举办了两届"APEC 电子贸易和供应链管理培训"，并于 2007 年 8 月在北京举办了"APEC 无纸贸易能力建设和知识产权保护峰会"；

在提高各成员对电子商务私密性保护方面，ECSG 批准了"APEC 数据私密性探路者倡议"，并于 2007 年 9 月经由成员部长级会议批准正式实施。

分别在加拿大和澳大利亚召开"APEC 私密性框架国际合作的技术支持研讨会"及其两次附属会议；

共 9 个 ECSG 成员完成并提交了"实施跨境私密性保护规则四步措施的问卷"；

跨境私密性保护规则研究小组定期开展月度电话会议，执行并推进 ECSG 数据私密性保护小组的工作。

2007 年，由其他 APEC 论坛实施的电子商务领域具体行动包括：

APEC 电信工作组（TEL）与 OECD 共同开展"APEC TEL——OECD 恶意软件分析报告"，并提交"针对恶意软件及其威胁的行动计划建议"；

开发"APEC TEL——OECD 可信度指数标准化调查表"；

举办"APEC TEL——OECD 恶意软件专题研讨会"；

在马尼拉举办了"APEC TEL——东南亚国家联盟（ASEAN）网络安全专题研讨会"；

TEL 批准实施"针对网络犯罪的技术援助与政策指导原则"，并于 2007 年 4 月举办"关键信息基础设施保护与网络安全研讨会"；

开发"电子政务 GCIO 培训模式与培训网络"，作为 2007 年 TEL 在电子政务应用领域的合作内容之一；

TEL 将《IP 语音通信安全指导方针》翻译成多国语言，便于工商界尤其是中小企业界人士了解该方针；

TEL 实施了"信息安全认证推广计划"，作为执行"信息安全认证评估指导原则"的具体行动之一，帮助工商界尤其是中小企业界人士选择安全的雇员和供应商；

通过《促进反腐国际合作的高层宣言》，强调应用新技术增强反腐能力的必要性；

CTI 在推广涉及电子商务的区域贸易协定（RTA）/自由贸易协定（FTA）最佳范例条款领域取得了显著进展。

2010 年 7 月建立了跨境隐私执行安排方案（Cross-border Privacy Enforcement Arrangement, CPEA），旨在为 APEC 地区隐私执行机构信息共享和跨境数据隐私保护提供援助。同期，APEC 制定了跨境隐私规范系统（Cross-Border Privacy Rules, CBPR）应用框架的指导方针并制订行动计划，以增进 APEC 跨境流动过程中对个人隐私信息的保护。截至 2010 年，已有 16 个 APEC 成员支持数据隐私探路者计划，旨在推进探路者项目实现的相关文件数也达到 8 个。此外，11 个 APEC 成员表示他们会积极考虑根据 APEC 倡导的隐私框架对国内数据隐私进行立法或相应修改。

五、知识产权

知识产权保护（简称 IPR）是技术及其应用跨国境顺利交流的前提。所有 APEC 成员对此已达成共识。《大阪行动议程》在知识产权领域的贸易便利化合作目标是：各成员严格遵守所制定的知识产权相关协议，使本区域在知识产权保护领域形成一个透明度高、自律性强的良好氛围。

所有 APEC 成员已经按照《贸易便利化行动计划和措施清单》的标准格式在 IAP 中报告了对知识产权保护措施的执行情况。大部分成员已经建立了知识产权保护的立法机构和执行机构。发达成员大部分已经实施了知识产权保护协议。部分发展中成员详细报告了《与贸易有关的知识产权协议》（TRIPS）相关的立法情况，而对执行机制，例如为保证 IPA 的授权及遭受侵犯时提供有效保护的方法等则语焉不详。只有少数发展中成员明确表示将在近期或未来参与知识产权领域的能力建设项目和技术合作项目。

自 2009 年以来，APEC 各成员在知识产权专家组的引导和监督下，积极推进区域内知识产权保护工作的进程，主要成果包括以下 7 个方面：加强商标和专利的获取与保护；加强对著作权和版权的保护；重视推进相配套的能力建设项目，以研讨会的形式促进各成员政要、专家之间的学术讨论与经验交流，充分发挥一些领先成员的带头作用；推进"电子文档系统"和"知识产权保护服务中心"等行动的开展；同 APEC 其他论坛之间加强合作，邀请各成员知识产权保护监管机构的代表参加 APEC 知识产权专家组全体会议，就全面落实知识产权保护条款所带来的挑战进行协调处理；就知识产权公共教育和推广等问题召开研讨会，以此来适应中小企业对于知识产权管理方面的迫切要求；由 APEC 知识产权专家组实施的 APEC 基金"电子学习项目",其目的是增加对知识产权信息的了解和使用。

在知识产权保护方面,APEC 各成员仍将开展专利验证以及人力资源开发方面的合作,通过构建一个全球性的知识产权基础设施框架来鼓励创新。IPEG 将继续推行 APEC 专利获取程序合作倡议(The APEC Cooperation Initiative on Patent Acquisition Procedures)。与此同时,APEC 成员也将继续开展"APEC 反仿冒和盗版倡议"等相关能力建设行动,在寻找遏制盗取卫星和光缆信号的新方法、阻止仿冒和盗版产品泛滥等方面,加强知识产权监管机构和利益相关者之间的信息共享。

2011 年,APEC 部长们批准通过了未经授权进行盗录问题的有效解决方案,其做法是帮助受影响的成员做好宣传工作,加强私营部门的能力建设,此外必要时可采取相应的法律手段来解决发生在影院的未经授权的盗录现象。

六、竞争政策

在竞争政策领域的贸易便利化合作方面,所有 APEC 成员都采取了实质性的措施向《大阪行动议程》设定的目标推进。

《贸易便利化合作的行动计划和措施清单》就政策法规建设方面做了明确的要求,即各成员要引进并坚持有效、充足、透明的竞争政策和/或法律以及相关的实施政策。所有 APEC 成员都已经就竞争政策制定了专门的法律或法律框架,而且所制定的竞争性法律与反垄断行为的规定基本相同。近年来,部分发达成员和比较开放的发展中成员还特别制定了针对电力和电信行业的反垄断行为的法规。在竞争管理机构方面,大部分 APEC 成员已经设立了专门的独立竞争管理机构负责行政管理和政策宣传,确保竞争政策和法律的执行,例如,美国已经建立了完善的竞争管理机构。只有少部分发展中成员(菲律宾和越南)将竞争政策法律分散在各部门分治。所有成员都积极参与了关于竞争政策的各项国际合作项目。

由于初始的便利化水平存在差异,发达成员和发展中成员的竞争政策便利化的全面性和先进性呈阶梯状分布。发达成员在政策法律的建设方面明显领先于发展中成员,而部分发展中成员的竞争性法律还处于制定并完善的过程中,而且政策法律对经济行为覆盖的深度和广度也不如发达成员。APEC 发达成员尤其重视并加强了对并购的限制，而发展中成员尚未制定任何措施来制裁可能造成垄断的并购。发达成员对于国家垄断性行业（如电力、电信、金融服务、能源等行业）的反垄断管制力度也普遍高于发展中成员。

七、政府采购

由于经济的全球化不断深化，APEC 成员的公共市场日益开放，国际化也必将成为政府采购制度的趋势。目前，全体成员都规定了政府采购制度遵循的一般原则，并强调了自身政府采购制度与"APEC 政府采购非约束性原则"的一致性。

在权利及责任处理方面，大多数成员都设立了专门的监督和投诉处理机构，确保政府采购过程的公正性、合法性。在政府采购法规建设方面，多数成员都制定了有关的基本法律以及实施细则。部分发展中成员的政府采购立法进展也很迅速，通过法制建设保护本国利益，维护本国政府采购市场的正常运作和健康发展。

从 APEC 成员的分类测评来看，以美国、加拿大、新西兰等国为代表的 APEC 发达成员在实施政府采购便利化措施方面最为积极，包括通过采用电子方式进行政府采购，提高采购透明度，实现公开而有效的竞争；对所有商品服务和供应商采取非歧视原则，推动整个亚太地区政府采购市场的自由化；为发展有关政府采购工作的其他多边论坛做出贡献。发展中成员的政府采购制度建设也依据"APEC 政府采购非约束性原则"不断取得进展。但为了维护国家经济利益，发展中成员基本都规定一般的政府采购合同优先购买本国产品，而且在电子采购方式（包括互联网和电子采购系统，直接影响到透明度和公开高效的竞争）、非歧视原则方面的建设明显落后于发达成员，在区域合作中也处于被援助地位。新加坡、中国香港等成员的便利化发展程度较高，其政府采购制度基本遵守"APEC 政府采购非约束性原则"，其特点突出地表现在广泛深入地利用电子方式实施政府采购。

就政府采购的推进方式而言，APEC 成员通过政府采购专家组 （Government procurement expert group，GPEG）的协调展开了多方面的合作，加强信息交换与共享、开发电子政府采购系统（E-Procurement Systems）、实施政府采购最佳范例、共享已实施的多边和双边贸易协定中所涉及的政府采购条款等。政府采购专家组目前正在积极研究如何进一步提高各成员合作行动的活力以及参与的积极性。GPEG 将进行"开发电子政府采购系统的指导原则与框架"研究，逐步制定一个与 APEC 目标及各成员实际利益契合度更高的中长期议程，以便各成员在开发和完善电子政府采购系统时可以相互借鉴经验。

八、营商便利化领域（Ease of Doing Business）

2019 年，APEC 第十七次领导人非正式会议就改善营商环境的远景目标达成共识，要求在 2015 年之前让本地区的商业运营在廉价和便捷程度上提高至少 25%，同时，APEC 也要求把 2011 年之前使本地区交易成本降低 5%作为中期目标。在这样的前提下，APEC 将 "营商便利化倡议"（EODB）作为实现上述远景目标和中期目标的一项重要合作议程。目前，"营商便利化倡议"相关的能力建设项目已经基本执行完毕。

2015 年，APEC 第二十三次领导人非正式会议宣言中指出："我们欢迎落实营商便利化倡议取得的进展，确认实现《营商便利化行动计划（2016—2018）》提出的崭新宏伟目标，即到 2018 年在创业、获得建筑许可、跨境贸易、获取信贷、履行合同这五个现有优先领域内，将营商便利化程度提高10%。我们欢迎制订具体实施计划，引导我们实现这一目标。"

九、原产地规则领域

2009 年 2 月，原产地规则这一议题被确定为 2009 年 APEC 贸易投资便利化合作的优先合作议题，APEC 高官会议同时指示 CTI 及其下设工作组开发让原产地规则更适宜商业部门应用的具体行动。

2009 年 5 月 21 日，关于原产地规则（ROO）的贸易政策对话会议在新加坡召开，其主要目的是进一步加强对"原产地规则亲商倡议"（Making Rules of Origin

More Business Friendly）具体行动的协调、整合与简化，从而让私人工商部门更好地利用 APEC 区域内的诸多 FTA。目前，根据"原产地规则亲商倡议"，CTI 集中实施了"APEC 原产地自我认证探路者倡议""APEC 简化原产地规则通关文件与通关程序的重要领域""APEC 关税和原产地规则透明度倡议"等具体行动。

（一）"APEC 原产地自我认证探路者倡议"的实施情况

由于相关 APEC 领导人提出了建设高质量的 FTA/RTA 的指示，所以 CTI 将"APEC 原产地自我认证探路者倡议（The APEC Pathfinder Initiative for Self-Certification of Origin）"作为实现该指示的行动策略进行实施。预期实施该倡议可以有效降低由于纷繁冗杂的 FTA 原产地规则而导致的原产地证明签发机构的行政负担与成本。

1. 具体内容

"APEC 原产地自我认证探路者倡议"的具体合作内容包括：在一系列共同的运作原则指导下，参与该探路者倡议的 APEC 成员将与 FTA 缔约伙伴共同建立原产地自我认证的机制并分配相关能力建设的机制项目，从而最大程度地调动各成员的积极性，确保该倡议行动能够如期进行。

2. 参与的成员

目前，已经有 9 个 APEC 成员加入该倡议中。这些成员包括美国、澳大利亚、日本、加拿大、新西兰、韩国、马来西亚、新加坡和文莱。这也使得该探路者倡议得以顺利启动。

3. 共同运作原则

在该合作倡议中，APEC 成员同意在互惠的基础上进行原产地自我认证。同时，他们基于各自的法律、法规和行政规定的框架达成了如下指导共同运作的原则：

各成员的内部经济环境，以及与各自已经建立的 FTA 缔约伙伴之间的关系是该倡议实施的基础；基于诚信原则，进口监管机构对贸易商关于某项商品原产地归属的声明将予以接受和承认；原产地归属的声明能够以企业信笺、发票或其他缔约伙伴认可的形式提交；基于风险评估和/或情报需要而有选择执行的原产地核对与验证将改为在商品进口之后的阶段进行。但是，如果必要的话，海关也可以在进口过程中进行验证；执行全面有效的立法工作，以杜绝虚假声明，包括针对进口商的足够严厉的惩罚机制，并确保应收关税的重新征收；在进口商和进口监管机构之间执行电子申报程序，以减少纸质单据的使用；原产地归属声明至少应包括对货物的完整描述、生产者及进口商的名称、基于统一编码制度的六位商品税号等信息。

4. 时间框架

启动该探路者倡议的重要时点包括：2009 年 10 月，CTI 提议实施"APEC 原产地自我认证探路者倡议"；2009 年 11 月"APEC 原产地自我认证探路者倡议"通过了部长会议和领导人会议的批准，同时，APEC 高官们开始着力开发能力建设项目以支持该倡议的实施；2010 年 2 月 CTI 在当年的第一次全体会议上确定能力建设项目；2010 年 6 月在 MRT 会议上，贸易部长批准相关的能力建设项目。

实施该探路者倡议的最低标准为：有超过 25% 的成员参与则启动临时探路者倡议，超过 50% 成员参与则启动全面的探路者行动。由于该倡议参与成员数量已经达到最低要求，所以"APEC 原产地自我认证探路者倡议"已经正式启动。

5. 进展的评估指标

"APEC 原产地自我认证探路者倡议"将根据参与到该倡议的成员数量以及允许实施原产地自我认证的自贸区协定数量等量化指标来测度倡议的实施进展。

6. 沟通战略

"APEC 原产地自我认证探路者倡议"实施的沟通战略包括：建议由 ABAC 确定该探路者倡议的目标和主要内容；让参与成员通过相关网站的宣传等方式，扩大公众对该倡议的了解；由 APEC 相关论坛及其下设工作组定期汇报该倡议进展情况。

7. 其他措施

吸引其他 APEC 成员参与的战略主要包括：项目实施经验分享；支持原产地自我认证体系的相关组织机构和法律建设；信任风险管理和制度建设的最佳范例；

原产地归属声明的审核和验证技术；吸引利益攸关者的参与和合作。

（二）"APEC 简化原产地规则通关文件与通关程序的重要领域"的实施情况

根据 CTI 的指示，将"APEC 简化原产地规则通关文件与通关程序的重要领域"（APEC Elements for Simplifying Customs Documents and Procedures Relating to Rules of Origin）计划的实行进展提交给海关程序分委员会（SCCP）和 CTI 下设的市场准入工作组（MAG）共同负责。

新加坡在 2009 年 10 月期间，将其简化后的涉及原产地规则的通关文件和通关程序等五个具体方面的提议交给了市场准入工作组。这五个关键领域不仅适用于官方原产地认证体系，也适用于原产地自我认证体系。在这些领域的合作已经能够使私人商业部门更好地利用已达成的 FTA/RTA，这样不仅可以大幅度削减商业运作成本，同时还可以获得贸易上的额外收益。这些具体措施包括：延长原产地证书的有效期；对于低值货物的相关工作负担和成本较高但享受的税率优惠根本不足以抵消其成本的商品，免除低值货物原产地证明；对能获得税率优惠的商品贸易，仅需提供必要的信息等。

APEC 成员目前已经达成了共识，即在货物的原产地归属较为明确的情况下，原产地文件不会由于小差错而失效。同时，如果同一张单据上涉及多种货物，而只是其中某种货物存在问题，不应延误或影响其他货物正常享受优惠关税待遇并通关。

（三）"APEC 关税和原产地规则透明度倡议"的实施情况

此外，CTI 还审核通过了"APEC 关税和原产地规则透明度倡议"（the APEC Transparency Initiative on Tariffs and ROOs），该倡议可以有效解决 APEC 的成员在获取原产地规则和关税方面相关信息时的信息透明度问题。贸易部长会议已批准了该倡议，并指示由市场准入工作组（MAG）负责具体推进。目前的主要工作包括：提供用英文准确表达的最新的原产地规则和关税相关信息；将相关信息上传到各成员网站的显著位置供公众查阅；建立有关 APEC 关税和原产地规则网站（an APEC webpage on Tariffs and ROOs，WebTR）等。

十、供应链整合领域

为了针对贸易物流议题进行相关的讨论，APEC 经济委员会和贸易投资委员会 2009 年 2 月 18 日在新加坡举行了一次面对面政策会议，会议的目的是"促进 APEC 跨境贸易物质基础条件的整合"。APEC 经济委员会和贸易投资委员会决定通过调查分析、确认瓶颈、解决瓶颈等三个阶段实施"供应链整合倡议"（the Supply Chain Connectivity Initiative）。

（一）调查分析阶段

在这一阶段，实施该倡议的主要行动为：在 APEC 范围内、其他组织以及区域或多边层面，确认各成员在物流供应链整合领域已经完成的行动。

目前，对各成员在区域和多边层面供应链整合行动方面的情况，APEC 贸易投资委员会已经完成了调查研究，其中有价值的信息主要集中在服务部门、海关程序、运输基础设施、贸易安全、透明度和规制改革、能力建设、信息通信技术、利益攸关者参与以及与其他区域或多边机构的合作等方面。通过调查发现，在促进目标实现这一方面，不同工作组在不同领域执行的行动在效果上存在较大差异。

（二）确认瓶颈阶段

在这一阶段，实施该倡议的主要行动是：确认跨境贸易供应链整合的主要瓶颈。

2009 年 5 月 16—17 日，"APEC 供应链整合专题讨论会" 在新加坡召开。此次会议是由新加坡和澳大利亚共同主办。会议对阻碍本地区商务人员、货物和服务顺畅流动的主要的 8 个瓶颈达成了一致意见。同时，会议还涉及 30 个可供 APEC 参考的有效行动方案与倡议。此外，"供应链整合框架"（Supply-Chain Connectivity Framework, SC Framework）议案也已通过 CTI 相关部门的审核批准。根据这一框架，在未来 APEC 供应链整合行动的瓶颈涉及以下 8 个方面：缺乏对物流产业监管法规的全面公开，在物流产业政策制定机构之间缺乏了解与合作；低效或不足的运输基础设施；区域物流服务次级提供商的能力不足；各成员边检机构之间缺乏协调与沟通；烦琐的通关文件和包括特惠贸易在内的其他通关程序；

多式联运能力欠缺，陆运、空运和多式联运整合能力低；各成员在服务、货物和商务旅行者跨境等方面的标准和法规存在着巨大的差异；地区性的跨境通关协议的缺乏等。

（三）解决瓶颈阶段

在此阶段，实施"供应链整合倡议"的主要行动为：确认解决跨境贸易供应链整合主要瓶颈的优先次序，开发具体的行动并逐一解决问题。

为了解决 8 个重点瓶颈，CTI 决定在贸易便利化主席之友小组（FOTC）之下设立 8 个小组分别来负责相应瓶颈问题，每个小组包括 3—10 个成员不等。

在供应链整合领域，CTI 还实施了如下行动：

CTI 批准了"物流产业营商便利化透明度倡议"（Transparency for Ease of Doing Logistics Business initiative）。该倡议鼓励各成员公开其物流产业方面的政策信息，便于公众获取，加深对影响物流产业发展的复杂规制环境的了解。该倡议包括两个阶段：在第一阶段中，各成员通过完成调查表格，以确定其物流产业相关政策的制定者和联系人；第二阶段的行动主要任务是搜集物流产业的特定政策信息并创建相关网站提供给公众。

CTI 指示政策支持小组（PSU）开展"APEC 区域内促进多式联运整合的经济影响"研究。该研究旨在加深各成员对目前存在的具体瓶颈的理解，并通过消除瓶颈来促进空中、陆上和海上的货物和服务贸易，通过分享此类经验来提高贸易收益以及整体经济竞争力。

第四节　APEC 贸易便利化合作的挑战和机遇

为了实现茂物目标，APEC 贸易便利化合作的总体推进和具体领域已经取得了可喜成果，但仍存在合作领域狭窄、各成员推进差距较大等问题。这些问题之所以出现，不仅由于各成员基础设施等硬件条件不足，还由于制度环境等软件条件的制约。

一、部分 APEC 成员推进便利化合作的基础设施条件尚待完善

毋庸置疑，贸易便利化合作的广泛开展是建立在良好的、现代化的基建设施条件上的。但是，许多 APEC 发展中成员，尤其是经济较落后的成员，在运输检疫、港口通关等方面严重滞后于发达成员，这种滞后不仅体现在现有发展水平上，也体现在后期投资和建设方面。这种基础设施建设上的不足在很大程度上制约了货物的交换、资本的流动以及人才的合理配置，影响了 APEC 贸易便利化合作的整体进展。

例如，对 21 个成员进行的贸易便利化评估（CTI，2009）调查表明，繁杂的海关程序和规章制度同关税壁垒一样，也是开展跨国贸易的最大阻碍之一。因此，简化海关程序、优化监管制度的重要性不言而喻。但要想在发展中成员之间建立起相应的技术支持、改革并协调相互的通关政策和手续、构建良好的对话和纠纷解决机制，所需要的时间和资金成本都是很高的。

除此之外，贸易便利化领域的合作还要求区域内各成员对内部政策法规进行必要的修订与协调，这不仅需要耗费相当的时间和资金，更少不了一批高水平的行政和法律专业人员的参与。尽管 APEC 已经认识到推进能力建设的必要性，但各成员（尤其是发展中成员）在人力资源储备、政府部门协调机制等方面仍然存在严重不足，这也大大影响了贸易便利化合作项目实施的实际成效。

二、各成员法规政策错综复杂且标准不一

贸易便利化合作的目的是通过降低区域内的交易成本建立起一个方便、快捷、高效的贸易和投资体制。这不仅需要各成员在协商的基础上对各自既得利益做出让步，也要求各成员在法律法规和成员制方面进行必要的协调和改革。但是，APEC 成员众多，各成员的政治经济制度也存在较大差异，协调的过程必然会面临诸多障碍。想在这些成员之间建立起一个简单、有序、高效、统一的贸易投资

机制，其难度和所需的时间可想而知。

三、全球价值链复杂化导致便利化合作的成本与收益难以量化评估

众所周知，贸易便利化合作的开展能够有效降低工商企业的管理经营成本和贸易投资交易成本，但对这种成本或是收益进行量化分析，难度却非常大。由于 APEC 成员在全球生产和价值增值链条中的地位与融入方式复杂，且各成员在海关程序和法律法规等方面的合作与协调难度较大，评估其实施便利化合作所产生的具体效果就更加困难了。造成这种情况主要是因为目前学术界和管理者之间尚未就评估便利化合作实际效果的关键衡量指标体系（KPIs）达成一致。

此外，即使能够确定一个有效的 KPIs 指标体系，在数据的获取和分析方面也存在很大困难，因而也很难进行量化分析。在缺乏效果预期的支撑下推进贸易便利化合作，势必会增加各成员参与合作的难度。

四、APEC 贸易便利化合作的前景和机遇

2013 年 APEC 领导人同意在互联互通的基础上，进一步推动亚太地区全球价值链发展与合作。这一指示强调了各成员就此开展工作并采取战略行动为全球价值链发展与合作创造有利条件的重要性。为直接落实领导人指示，各成员同意制定"推动全球价值链发展合作战略蓝图"。所以当前，积极融入全球价值链和区域生产网络已经成为亚太各成员参与全球分工的主渠道。因此，拥有快捷、可靠的进出口物流网络和通关过境手续变得愈发重要，贸易便利化合作的重要性也得到了越来越多的关注。2013 年 12 月 3 日至 7 日在印度尼西亚巴厘岛举行的 WTO 第九次部长级会议上特别通过了《贸易便利化协定》，为全球开展贸易便利化合作奠定了坚实基础。

由于 APEC 成员为了各自相关利益，不愿其他成员出现搭便车现象，从而导致各成员之间乃至整个亚太地区的贸易投资自由化推进缓慢，各成员都不愿实行最优化的贸易自由方案，除非 WTO 多哈回合的最终协议确定通过。但是为了防

止全球经济衰退产生二次冲击，相当一部分成员效仿实行贸易保护主义策略，这使得新格局下的 APEC 自由化贸易投资更加困难。因而，为了解决该不利情况，APEC 各成员对推进贸易投资便利化相对比较积极。由于贸易投资便利化具备操作灵活、合作领域广泛、合作效果鲜明、分歧易处理等特征，既符合各成员扩大贸易规模的意愿，也能为各自经济发展起到推进作用，还能逐步改善各成员内部经济结构，故不断受到追捧，成为 APEC 项目进程建设的突出方向和理念。

APEC 贸易便利化领域在各成员之间的合作能够有效解决全球经济疲软而产生的危机，从而带动亚太地区自由化投资贸易增长的实施，重新激发本地区的经济发展生机，促进各成员相互之间更为密切的自由化贸易协作，从而削减"贸易非效率"和"投资门槛"等市场准入壁垒，对最终实现宏伟的茂物目标具有重要意义。

第四章　APEC 经济技术发展趋势及中国对策研究

目前，亚太地区是全球经济增长最具有活力的区域之一。作为该地区最重要的经济合作组织，亚太经济合作组织（APEC）在亚太区域经济发展以及全球经济协调中发挥着重要作用。与其他国际区域经济一体化组织不同，APEC 更多地强调开放性、灵活性以及非强制性，并且在推动地区贸易投资自由化和便利化的同时，也积极开展经济技术合作，并逐渐使二者共同成为其运作的主要支柱。在 APEC 成员差异性仍然显著存在的背景下，客观评估经济技术合作的发展现状，认清其发展趋势，并结合 APEC 成员的需要探索经济技术合作的新机制，对于积极参与 APEC 经济技术合作的中国而言显得尤为重要和紧迫。

第一节　APEC 经济技术合作的发展现状

自 1989 年成立以来，APEC 在开展经济技术合作方面经历了一个逐步推进的过程。概括起来，可以将其分为三个阶段。第一阶段是从 1989 年至 1994 年的起步阶段，主要成果是建立了经济技术合作的基本内容框架，但实质性的合作开展不多。第二阶段是从 1995 年至 1996 年的框架建设阶段，标志性成果是发表了《执行茂物宣言的大阪行动议程》（简称《大阪行动议程》）和《APEC 加强经济合作和发展框架宣言》（简称《马尼拉宣言》），基本确立了经济技术合作在 APEC 中的支柱地位。第三阶段是从 1997 年至今的机制建设和具体实施阶段，该阶段主要是根据 APEC 成员需要以及领导人宣言开展具体的经济技术合作项目。经过三个阶段的发展，APEC 经济技术合作基本上形成了以开展项目合作为重点、多工作组协调合作、跨领域合作不断推进的发展局面。

一、开展合作项目已经成为 APEC 经济技术合作的重点

目前，APEC 经济技术合作主要依托合作项目开展。按照项目开展方式，经济技术合作项目可以分为信息收集、信息分享和培训三类。其中，信息收集类项目主要包括调查和研究等，信息分享类项目主要包括研讨会、成功例推广、数据库以及网站建设等，而培训类项目则主要是举办培训班等。根据《APEC 经济技术合作报告》的统计，截至 2013 年 8 月，APEC 经济技术合作项目总数已累计达到 2229 个[①]。如图 4.1 所示，1992—2013 年间，APEC 经济技术合作项目数的趋势线向右上方微斜，说明其发展呈现出稳中有升的增长态势。在 2001—2013 年间，APEC 共开展经济技术合作项目 1346 个，年均项目数约 103 个，总体发展稳中有升。

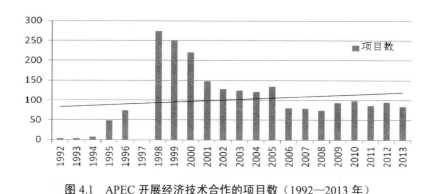

图 4.1　APEC 开展经济技术合作的项目数（1992—2013 年）

资料来源：SeniorOfficials'Report on Economic and Technical Cooperation（1992—2013）. http://www.apec.org.

---

① APEC 没有提供 1997 年经济技术合作的项目数。另外，APEC 高官会于 2010 年出台了一个"指导经济技术合作的新框架"（New Framework to Guide ECOTECH activities）。根据该框架，经济技术合作项目的优先领域在 2015—2019 年会重新划分，由此导致项目统计口径发生变化。为了保证统计口径的一致性，我们仅统计 1992—2013 年间 APEC 开展的经济技术合作项目。

为了确保将稀缺资金用于最急需的合作项目之上，APEC 确立了经济技术合作的若干优先合作领域。2010 年，APEC 经济技术执行委员会（SCE）将优先领域进行调整，将"区域经济一体化、迎接社会领域全球化（包容性增长）、通过可持续增长确保生活质量、结构改革、人类安全"列为新的中期优先领域。新列的这 5 个中期优先领域不仅在之前优先领域的基础上有所延续，而且有新的拓展。在 2008—2013 年所开展的合作项目中（如下表 4.1 所示），隶属于 5 大优先资助领域的项目共 413 个，占项目总数的 77.92%。各优先合作领域按照项目数由多到少依次为：通过可持续增长确保生活质量的领域，共 161 项，占项目总数的 30.38%；人类安全领域共 119 项，占项目总数的 22.45%；迎接社会领域全球化共 65 项，占项目总数的 12.26%；区域经济一体化领域共 49 项，占项目总数的 9.25%；结构改革领域共 19 项，占比仅为 3.58%。由此可见，APEC 在筛选经济技术合作项目时分清了主次，确保了优先领域的"优先发展"。

表 4.1　按 APEC 经济技术合作优先领域分类项目数（2008—2013 年）

类别		2008 年	2009 年	2010 年	2011 年	2012 年	2013 年	2008—2013 年合计	
								数量	比例（%）
优先领域	通过可持续增长确保生活质量	17	32	20	24	32	36	161	30.38
	人类安全	16	18	31	17	21	16	119	22.45
	迎接社会领域全球化	2	3	14	20	9	17	65	12.26
	区域经济一体化	5	7	13	2	9	13	49	9.25
	结构改革	3	4	8	0	2	2	19	3.58
	其他	31	29	12	23	22	0	117	22.08
	项目数	74	93	98	86	95	84	530	100

资料来源：SeniorOfficials'Report on Economic and Technical Cooperation（2008—2013）. http://www.apec.org.

二、以经济技术合作执行委员会和各论坛的协调为主线开展合作

目前，APEC 已经建立了众多的论坛，既涉及制定政策的决策层，也覆盖执

行政策的工作层。APEC 的组织架构可以被分解为三个层次：最上面的一层负责制订政策，包括领导人会议、部长级会议、专业部长级会议和亚太工商咨询理事会（ABAC）；组织架构的中间层负责对 APEC 的工作进行协调，包括高官会议（SOM）、APEC 秘书处、APEC 贸易投资委员会（CTI）、APEC 预算管理委员会（BMC）、APEC 经济委员会（EC）和经济技术合作执行委员会（SCE）等；最下面的一层由负责 APEC 政策和行动落实的论坛构成，目的是实现 APEC 目标，具体到经济技术合作项目的开展，主要通过经济技术合作执行委员会和各论坛的协调来进行。经济技术合作执行委员会的前身是"高官会经济技术合作分委会"（SOM Sub-Committee on Economic and Technical Cooperation）和"高官会经济技术合作委员会"（SOM Committee on Economic and Technical Cooperation, ESC）。2005 年 APEC 釜山会议决定将 ESC 升格为"经济技术合作执行委员会"（SOM Steering Committee on ECOTECH，SCE）。随后，APEC 先后对 SCE 的职责范围进行修订，使其更能适应委员会工作框架。在 SCE 的管理和协调之下，APEC 各论坛承担了 APEC 经济技术合作项目的具体实施工作。参与经济技术合作的论坛主要包括：反腐败和增加透明度工作组（ACTWG）、农业技术合作工作组（ATCWG）、反恐任务小组（CTTF）、突发事件应对工作组（EPWG）、非法采伐和相关贸易专家组（EGILAT）、能源工作组（EWG）、人力资源开发工作组（HRDWG）、健康工作组（HWG）、矿业任务小组（MTF）、海洋和渔业工作组（OFWG）、科技与创新政策伙伴关系机制（PPSTI，于 2012 年 8 月由产业科技工作组 ISTWG 升级而成）、妇女与经济政策伙伴工作组（PPWE）、中小企业工作组（SMEWG）、通信信息工作组（TELWG）、运输工作组（TPTWG）、旅游工作组（TWG）等。表 4.2 列举了近年来 APEC 各论坛开展经济技术合作项目的情况。其中，能源工作组、运输工作组、中小企业工作组承担的经济技术合作项目比较多。事实上，功能各异的工作组开展的经济技术合作项目的侧重点也并不相同。以上三个工作组开展的合作项目比较多，从一个侧面也反映出近年来 APEC 成员在经济技术合作层面更多关注能源、交通以及中小企业的发展。

表 4.2　APEC 各论坛开展的经济技术合作项目情况（2012.10—2013.8）

APEC 论坛	开展项目数	APEC 论坛	开展项目数
反腐败和增加透明度工作组（ACTWG）	1	矿业任务小组（MTF）	0
农业技术合作工作组（ATCWG）	2	海洋和渔业工作组（OFWG）	2
反恐任务小组（CTTF）	1	科技与创新政策伙伴关系机制（PPSTI）	8
突发事件应对工作组（EPWG）	4	妇女与经济政策伙伴工作组（PPWE）	0
非法采伐和相关贸易专家组（EGILAT）	0	中小企业工作组（SMEWG）	12
能源工作组（EWG）	26	通信信息工作组（TELWG）	2
人力资源开发工作组（HRDWG）	5	运输工作组（TPTWG）	13
健康工作组（HWG）	7	旅游工作组（TWG）	1

资料来源：SeniorOfficials'Report on Economic and Technical Cooperation（2013）. http://www.apec.org.

三、开展跨领域合作有效拓展经济技术合作的影响面

APEC 一直非常关注环境保护、促进性别平等、推动科技发展、持续利用海洋渔业资源、保障粮食安全等跨领域问题。由于这些问题涉及面广，亟须通过广泛合作加以解决。APEC 的体制结构使其在解决这些交叉问题上具备优势。2010年，SCE 将优先领域进行调整，重新确立了 5 项中期优先合作领域，并规定在利用优先领域筛选合作项目的同时使用交叉分析法。交叉分析的内容包括人力资源开发、性别平等、加强 APEC 成员之间的联系等，尽管以上交叉分析的内容不属于优先领域，但是也可作为决策的依据。APEC 的许多跨领域议题影响着 SCE 论坛的工作，为了更好地协调各论坛的职责范围，更有效地整合资源，SCE 制定了 APEC 跨领域议题讨论框架（Framework to Discuss Cross-Cutting Issues in APEC）。表 4.3 展示了框架涉及的议题和内容。该框架协助 APEC 领导人、部长和高级官

员解决跨领域问题，确保其符合 APEC 的整体目标，对于扩大 APEC 经济技术合作的影响面具有重要意义。

表 4.3　APEC 跨领域议题讨论框架

框架名称	框架涉及的议题与主要内容
SCE 全体委员会（SCE-COW）	SCE 全体会议在每年 APEC 首次会议间隙举行。将出席年度经济技术合作执行委员会全体会议纳入 APEC 工作组和高官会任务组正副牵头人的职责范围。在会议期间，各正副牵头人的职责还包括：（1）更新 SCE 的年度工作计划和活动，并强调每个跨领域议题的具体活动；（2）报告过去和即将举行的联合会议、联合活动或联合项目；（3）寻求增强与其他 SCE 论坛协调互动的机会。
SCE 全体委员会政策对话（SCE-COW Policy Dialogue）	政策对话是 SCE 委员会全体会议不可分割的一部分，SCE 全体委员会所有成员、高官、APEC 工作组和高官会任务组的正副牵头人都被邀请参加。同时，按照《APEC 非成员与会者指南》，SCE 也邀请国际组织发言人参加政策对话，使两者的工作互补一致，并确保 APEC 与其他有类似目标的组织之间的协调工作更有效开展。 政策对话的目的在于促使 SCE 全体委员针对跨领域议题进行具有建设性的、更深入的讨论，加强 SCE 论坛与国际组织之间的协调，并使其与能力建设和未来工作相一致。SCE 可以根据需要针对某个具体的跨领域问题举行政策对话。政策对话的成果将进一步反馈给 SCE 各论坛成员，并纳入 SCE 论坛的年度工作计划。
SCE 论坛联合会议（Joint Meetings of SCE fora）	为确保各论坛更紧密地协调合作，SCE 建议在各论坛之间（不局限于 SCE 论坛，也可扩展到其他 APEC 委员会论坛）举办联合会议，确定并讨论跨领域议题。 联合会议应基于明确的议程和目标，使会议成果最大化。其成果可以是开展相关合作项目和联合活动。
联合活动（Joint Activities）	联合活动由 APEC 论坛批准和实施，目的是更有效地协调 APEC 活动以取得更好的结果和更大的影响力。活动内容包括论坛会议、研讨会、座谈会、培训课程等。联合活动不局限于 SCE 论坛的活动，也包括其他 APEC 委员会论坛。跨领域性质的活动可以考虑正式邀请 APEC 论坛相关代表或成员参加。
合作项目（Joint Projects）	开展跨领域性质项目时，SCE 论坛应向其他相关论坛咨询并协调一致。
休会期交流（Intersessional Communication）	SCE 论坛应利用休会期及时沟通交流，在各成员和论坛间形成更紧密的协调和互动。休会期将根据 APEC 工作组正副牵头人指南考虑所有相关官员的职责。

资料来源：2012 SeniorOfficials'Report on Economic and Technical Cooperation. http://www.apec.org.

第二节　APEC 主要成员参与经济技术合作现状与评估

APEC 成员不仅是经济技术合作项目的受益者，还是其重要的承担者和参与者。为了从微观层次了解 APEC 经济技术合作的运行状况，有必要对 APEC 成员承担的经济技术合作项目进行评估分析。以下将从 APEC 发达成员和发展中成员两个维度，分别选取美国、日本、澳大利亚、俄罗斯、泰国、印度尼西亚（以下简称"印尼"）、越南、秘鲁、韩国、中国为代表，对这些成员承担经济技术合作项目的所属优先领域、开展形式以及资金来源等进行分析，由此评估相关 APEC 成员的经济技术合作政策。

一、APEC 发达成员参与经济技术合作现状与评估

较之发展中成员，APEC 发达成员收入水平比较高，经济结构更为完善。一般而言，这些成员更具备竞争力优势，具备更强的应对贸易投资自由化的能力，是推动 APEC 贸易投资自由化和便利化的主力军。此外，这些成员都具有资金充裕、技术先进等优势，也是 APEC 经济技术合作不可或缺的参与者和支持者。

（一）美国主持 APEC 经济技术合作项目的现状与评估

美国在 APEC 经济技术合作中扮演着重要角色。在 2006—2013 年间，美国共主持了 170 个经济技术合作项目，其中已完成项目 136 个，正在进行的项目 34 个。总体来看，美国主持的 APEC 经济技术合作项目具有以下特点：

第一，通过可持续增长确保生活质量领域的合作项目居主导地位。如表 4.4 所示，在美国主持的 170 个合作项目中，通过可持续增长确保生活质量领域的项目高达 48 个，占到项目总数的 28.2%。此外，美国还在其他优先领域开展了经济技术合作项目。按照开展的项目数由多到少来排，依次是：区域经济一体化领域开展的项目 33 个，占项目总数的 19.4%；迎接社会领域全球化的项目 29 个，占项目总数的 17.1%；人类安全领域的项目 26 个，占项目总数的 15.3%；结构改革

领域的项目 10 个，占项目总数的 5.9%。

表 4.4　美国主持经济技术合作项目的优先领域和类型分析（2006—2013 年）

美国主持项目所属的优先领域			美国主持项目的类型		
优先领域	项目数	比例（%）	项目类型	项目数	比例（%）
区域经济一体化	33	19.4	研讨会/会议	72	42.4
迎接社会领域全球化（包容增长）	29	17.1	调查/研究/报告	44	25.9
通过可持续增长确保生活质量	48	28.2	培训	21	12.4
结构改革	10	5.9	数据库/网站/网络建设	20	11.8
人类安全	26	15.3	标准/成功例	13	7.5
其他	24	14.1	—	—	—
合计	170	100	合计	170	100

资料来源：根据 APEC PROJECT DATABASE 网站统计资料编辑。

第二，信息收集和信息分享类的合作项目居主导地位，而培训类的合作项目数量显得尤为不足。如表 4.4 所示，在美国主持的 170 个经济技术合作项目中，属于信息分享（包括：研讨会/会议、标准/成功例和数据库/网站/网络建设）类型的有近 105 个项目，占到美国主持项目总数的 61.7%；属于信息收集（包括：调查/研究/报告）类型的有近 44 个项目，占项目总数的 25.9%。而在培训方面，美国主办的项目却只有 21 个，仅占项目总数的 12.4%。

第三，合作项目资金来源多样化，自筹和 APEC 资助资金相结合完成的项目占据多数。如表 4.5 所示，在美国主持的项目中以部分 APEC 资助加上部分自筹资金的项目为主，其数目高达 134 个，占项目总数的 78.7%。而完全自筹项目有 25 个，占项目总数的 14.7%。在 APEC 提供了资助的 145 个项目中，APEC 的资助金额主要集中在 5 万—10 万美元，项目数为 76 个，占受援项目总数之比为 52.4%；APEC 资助金额在 1 万—2 万美元、2 万—5 万美元的项目数共有 32 个，占受援项目总数之比为 22.1%；而 APEC 资助金额在 1 万美元以下及 20 万美元以上的项目数分别为 0 和 8。

表 4.5　美国主持经济技术合作项目的资金来源及受资助规模分析（2006—2013 年）

美国主持项目的资金来源			APEC 对美国主持项目的资助规模		
资金来源	项目数	比例（%）	APEC 资助金额	项目数	比例（%）
APEC 支持基金（ASF）	3	1.8	1 万美元以下（含 1 万）	0	0
自筹与 APEC 支持基金（ASF）	67	39.2	1 万—2 万美元（含 2 万）	3	2.1
TILF 账户资金	4	2.4	2 万—5 万美元（含 5 万）	29	20
自筹与 TILF 账户资金	38	22.4	5 万—10 万美元（含 10 万）	76	52.4
正常账户	4	2.4	10 万—20 万美元（含 20 万）	29	20
自筹与正常账户	29	17.1	20 万美元以上	8	5.5
完全自筹	25	14.7			
合计	170	100	合计	145	100

资料来源：根据 APEC PROJECT DATABASE 网站统计资料编辑。

（二）日本主持 APEC 经济技术合作项目的现状与评估

日本是 APEC 经济技术合作重要的参与方之一。在 2006—2013 年间，日本共主持了 88 个经济技术合作项目，其中已完成项目 77 个，正在进行的项目 11 个。总的来看，日本主持的 APEC 经济技术合作项目具有以下特点：

第一，从合作项目的分布来看，通过可持续增长保证生活质量领域的项目居主导地位。据表 4.6 所示，在日本主办的 88 个合作项目中，属于通过可持续增长确保生活质量领域的项目有 28 个，占项目总数的 31.8%，居主导地位。在其他优先领域，按照开展项目数来排列依次是：区域经济一体化领域的项目有 26 个，占项目总数的 29.5%；迎接社会领域全球化的项目 14 个，占项目总数的 15.9%；人类安全领域的项目有 3 个，占项目总数的 3.4%；结构改革领域的项目有 2 个，占项目总数的 2.3%。

表 4.6　日本主持经济技术合作项目的优先领域和类型分析（2006—2013 年）

日本主持项目所属的优先领域			日本主持项目的类型		
优先领域	项目数	比例(%)	项目类型	项目数	比例(%)
区域经济一体化	26	29.5	研讨会/会议	32	36.4
迎接社会领域全球化（包容增长）	14	15.9	调查/研究/报告	20	22.7
通过可持续增长确保生活质量	28	31.8	培训	18	20.5
结构改革	2	2.3	数据库/网站/网络建设	13	14.8
人类安全	3	3.4	标准/成功例	5	5.6
其他	15	17.1	—	—	—
合计	88	100	合计	88	100

资料来源：根据 APEC PROJECT DATABASE 网站统计资料编辑。

第二，信息收集和信息分享类的合作项目居主导地位。如表 4.6 所示，在日本主持的 88 个经济技术合作项目中，属于信息分享（包括：研讨会/会议、标准/成功例和数据库/网站/网络建设）类型的有 50 个项目，占到日本主持项目总数的 56.8%；属于信息收集（包括：调查/研究/报告）类型的有 20 个项目，占项目总数的 22.7%。而在培训方面,日本主办的项目却只有 18 个，仅占项目总数的 20.5%。

第三，自筹和 APEC 资助资金相结合完成的项目占多数。如表 4.7 所示，与美国类似，日本主持的经济技术合作大部分获得了 APEC 的资金支持。其中，主要是自筹和 APEC 资助相结合的方式。在日本主持的项目中，通过自筹与 APEC 资助相结合方式推进的合作项目有 60 个，占其主持项目总数的 68.2%。相较之下，完全由 APEC 支持资金的有 12 个项目，仅占项目总数的 13.6%。完全自筹项目有 16 个，占 18.2%。同时 APEC 对日本主持项目的支持力度主要集中在 5 万—20 万美元，这个资助规模的项目共有 50 个，占项目总数 69.4%。

表 4.7　日本主持经济技术合作项目的资金来源及受资助规模分析（2006—2013 年）

日本主持项目的资金来源			APEC 对日本主持项目的资助规模		
资金来源	项目数	比例（%）	APEC 资助金额	项目数	比例（%）
APEC 支持基金（ASF）	1	1.1	1 万美元以下（含 1 万）	0	0
自筹与 APEC 支持基金	11	12.5	1 万—2 万美元（含 2 万）	10	13.9
TILF 账户资金	9	10.2	2 万—5 万美元（含 5 万）	10	13.9
自筹与 TILF 账户资金	34	38.6	5 万—10 万美元（含 10 万）	23	31.9
正常账户	2	2.3	10 万—20 万美元（含 20 万）	27	37.5
自筹与正常账户	15	17.1	20 万美元以上	2	2.8
完全自筹	16	18.2			
合计	88	100	合计	72	100

资料来源：根据 APEC PROJECT DATABASE 网站统计资料编辑。

（三）澳大利亚主持 APEC 经济技术合作项目的现状与评估

作为 APEC 发起成员之一，澳大利亚一直关注 APEC 的发展，努力促进亚太地区贸易投资自由化和经济技术合作进程。在 2006—2013 年间，澳大利亚共主持了 87 个经济技术合作项目，其中已完成项目 78 个，正在进行的项目 9 个。总体来看，澳大利亚主持的 APEC 经济技术合作项目具有以下特点。

第一，从合作项目的分布来看，区域经济一体化领域的项目居主导地位。据表 4.8 所示，在澳大利亚主办的 87 个合作项目中，区域经济一体化领域的项目有 33 个，占项目总数的 37.9%，居主导地位。在其他优先领域，澳大利亚开展项目分别是：人类安全领域的项目有 24 个，占项目总数的 27.6%；迎接社会领域全球化、通过可持续增长确保生活质量和结构改革三个领域开展的项目数分别为 7 个、8 个和 4 个，分别占总体的 8.0%、9.2%和 4.6%。

第二，信息收集和信息分享类的合作项目居主导地位。如表 4.8 所示，在澳大利亚主持的 87 个经济技术合作项目中，属于信息分享（包括：研讨会/会议、标准/成功例和数据库/网站/网络建设）类型的有 58 个项目，占到澳大利亚主持项目总数的 66.7%；属于信息收集（包括：调查/研究/报告）类型的有近 14 个项目，占项目总数的 16.1%。而在培训方面，澳大利亚主办的项目只有 15 个，仅占项目总数的 17.2%。

表 4.8 澳大利亚主持经济技术合作项目的优先领域和类型分析（2006—2013 年）

澳大利亚主持项目所属的优先领域			澳大利亚主持项目的类型		
优先领域	项目数	比例（%）	项目类型	项目数	比例（%）
区域经济一体化	33	37.9	研讨会/会议	40	46.0
迎接社会领域全球化（包容增长）	7	8.0	调查/研究/报告	14	16.1
通过可持续增长确保生活质量	8	9.2	培训	15	17.2
结构改革	4	4.6	数据库/网站/网络建设	11	12.6
人类安全	24	27.6	标准/成功例	7	8.1
其他	11	12.7	—	—	—
合计	87	100	合计	87	100

资料来源：根据 APEC PROJECT DATABASE 网站统计资料编辑。

表 4.9 澳大利亚主持经济技术合作项目的资金来源及受资助规模分析（2006—2013 年）

澳大利亚主持项目的资金来源			APEC 对澳大利亚主持项目的资助规模		
资金来源	项目数	比例（%）	APEC 资助金额	项目数	比例（%）
APEC 支持基金（ASF）	6	6.9	1 万美元以下（含 1 万）	0	0
自筹与 APEC 支持基金（ASF）	26	29.9	1 万—2 万美元（含 2 万）	2	3.0
TILF 账户资金	0	0	2 万—5 万美元（含 5 万）	19	27.5
自筹与 TILF 账户资金	24	27.6	5 万—10 万美元（含 10 万）	24	34.8
正常账户	4	4.6	10 万—20 万美元（含 20 万）	21	30.4
自筹与正常账户	9	10.3	20 万美元以上	3	4.3
完全自筹	18	20.7			
合计	87	100	合计	69	100

资料来源：根据 APEC PROJECT DATABASE 网站统计资料编辑。

第三，自筹和 APEC 资助资金相结合完成的项目占据多数。如表 4.9 所示，在澳大利亚主持的项目中以部分 APEC 资助加上部分自筹资金的项目为主，其数目高达 59 个，占项目总数的 67.8%。而完全自筹项目有 18 个，占项目总数的 20.7%。在 APEC 提供了资助的 69 个项目中，APEC 的资助规模主要集中在 2 万—20 万美元，其中资助 2 万—5 万美元的为 19 个，占总体的 27.5%，5 万—10 万美元的为 24 个，占总体的 34.8%，10 万—20 万美元的 21 个，占总体的 30.4%。

二、APEC 发展中成员参与经济技术合作现状与评估

与发达成员相比，APEC 发展中成员收入更低，并且经济结构较为单一和落后。一般而言，这些成员具备一定的竞争优势，但是应对贸易投资自由化的整体能力偏弱。故此，APEC 发展中成员都被认为是经济技术合作的忠实支持者和积极参与者。

（一）俄罗斯主持 APEC 经济技术合作项目的现状与评估

自 1998 年加入 APEC 以来，俄罗斯一直积极参加 APEC 活动，寻求与 APEC 成员开展更多的合作。在 2006 至 2013 年间，俄罗斯共主持了 49 个经济技术合作项目，其中已完成项目 40 个，正在进行中的项目 9 个。从历年累计的项目数来看，俄罗斯主持 APEC 经济技术合作的项目表现出以下三个特点。

第一，合作项目所属领域广泛。俄罗斯主持的经济技术合作项目以区域经济一体化、通过可持续增长确保生活质量、人类安全三大领域为主，分别为 26 个、7 个、8 个。迎接社会领域全球化（包容增长）和结构改革领域也有所涉及，主持项目数分别为 5 个、2 个。整体来看，俄罗斯主持的项目侧重在区域经济一体化领域，其中电子信息数据贸易类的项目数量居于首位。

第二，信息分享和信息收集类的合作项目居主导地位。如表 4.10 所示，在俄罗斯主持的 49 个项目中，属于信息分享（包括：研讨会/会议、标准/成功例和数据库/网站/网络建设）类型的有 29 个项目，占到俄罗斯主持项目总数的 59.2%；属于信息收集（包括：调查/研究/报告）类型的有 17 个项目，占项目总数的 34.7%。

而在培训方面，俄罗斯主办的项目只有 3 个，仅占项目总数的 6.1%。

表 4.10　俄罗斯主持经济技术合作项目的优先领域和类型分析（2006—2013 年）

俄罗斯主持项目所属的优先领域			俄罗斯主持项目的类型		
优先领域	项目数	比例（%）	项目类型	项目数	比例（%）
区域经济一体化	26	53.1	研讨会/会议	24	49.0
迎接社会领域全球化（包容增长）	5	10.2	调查/研究/报告	17	34.7
通过可持续增长确保生活质量	7	14.3	培训	3	6.1
结构改革	2	4.1	数据库/网站/网络建设	4	8.2
人类安全	8	16.3	标准/成功例	1	2.0
其他	1	2.0	—	—	—
合计	49	100	合计	49	100

资料来源：根据 APEC PROJECT DATABASE 网站统计资料编辑。

表 4.11 俄罗斯主持经济技术合作项目的资金来源及受资助规模分析（2006—2013 年）

俄罗斯主持项目的资金来源			APEC 对俄罗斯主持项目的资助规模		
资金来源	项目数	比例（%）	APEC 资助金额	项目数	比例（%）
APEC 支持基金（ASF）	0	0	1 万美元以下（含 1 万）	0	0
自筹与 APEC 支持基金（ASF）	20	40.8	1 万—2 万美元（含 2 万）	2	4.9
TILF 账户资金	0	0	2 万—5 万美元（含 5 万）	1	2.5
自筹与 TILF 账户资金	14	28.6	5 万—10 万美元（含 10 万）	19	46.3
正常账户	0	0	10 万—20 万美元（含 20 万）	19	46.3
自筹与正常账户	7	14.3	20 万美元以上	0	0
完全自筹	8	16.3			
合计	49	100	合计	41	100

资料来源：根据 APEC PROJECT DATABASE 网站统计资料编辑。

　　第三，自筹和 APEC 资助资金相结合完成的项目占据多数。如表 4.11 所示，在俄罗斯主持的项目中以部分 APEC 资助加上部分自筹资金的项目为主，其数目高达 41 个，占项目总数的 83.7%。而完全自筹项目有 8 个，占项目总数的 16.3%。在 APEC 提供资助的 41 个项目中，APEC 的资助规模主要集中在 5 万—10 万美元和 10 万—20 万美元，项目数均为 19 个，占受援项目总数的比例均为 46.3%；APEC 资助金额在 1 万—2 万美元、2 万—5 万美元的项目数共有 3 个，占受援项目总数的 7.4%；而 APEC 资助金额在 1 万美元以下及 20 万美元以上的项目数为 0。说明 APEC 对俄罗斯主持项目的资金支持有限，但也是在能力范围内对其给予最大的支持。另外，在部分 APEC 资助和部分自筹的 41 个项目中，APEC 资助金额大于自筹金额的项目有 32 个，比例为 78.0%；APEC 资助金额小于自筹金额的项目有 8 个，比例为 19.5%。这说明在经济技术合作项目资金来源方面，俄罗斯主持的项目以 APEC 资助为主、自筹资金为辅。

除了主持经济技术合作项目外，俄罗斯也通过资金支持、提出建议等方式积极参与到 APEC 经济技术合作中。在资金支持方面，2004 年 APEC 支持基金成立之初，俄罗斯就向其提供资金，以支持亚太地区经济技术合作。2011 年，俄罗斯与 APEC 签署备忘录，承诺在两年间向 APEC 提供 300 万美元的支持资金。从 2007 年到 2013 年，俄罗斯连续向 APEC 提供支持基金捐款，成为为数不多持续为 APEC 合作项目提供资金支持的成员之一。

（二）泰国主持 APEC 经济技术合作项目现状与评估

在 2006—2013 年间，泰国共主持了 48 个经济技术合作项目，其中已完成项目 38 个，正在进行中的项目 10 个。泰国主持 APEC 经济技术合作项目表现出以下三个特点：

第一，优先开展通过可持续增长确保生活质量领域的项目合作。在 2006—2013 年所开展的合作项目中（如表 4.12 所示），隶属于 5 大优先资助领域的项目共 40 个，占项目总数的 83%。各优先合作领域的项目按照由多到少依次为：通过可持续增长确保生活质量领域开展的项目共 14 个，占项目总数的 29%；人类安全领域的项目共 11 个，占项目总数的 23%；区域经济一体化领域的项目共 10

个，占项目总数的 21%；迎接社会领域全球化方面共 3 个项目，占项目总数的 6%；结构改革方面开展的项目共 2 个，占比为 4%。

表 4.12　泰国主持经济技术合作项目的优先领域和类型分析（2006—2013 年）

泰国主持项目所属的优先领域			泰国主持项目的类型		
优先领域	项目数	比例（%）	项目类型	项目数	比例（%）
区域经济一体化	10	21	研讨会/会议	24	50
迎接社会领域全球化（包容增长）	3	6	调查/研究/报告	11	22.9
通过可持续增长确保生活质量	14	29	培训	9	18.7
结构改革	2	4	数据库/网站/网络建设	2	4.2
人类安全	11	23	标准/成功例	2	4.2
其他	8	17	—	—	—
合计	48	100	合计	48	100

资料来源：根据 APEC PROJECT DATABASE 网站统计资料编辑。

第二，信息分享和信息收集类的合作项目居主导地位。如表 4.12 所示，在泰国主持的 48 个经济技术合作项目中，属于信息分享（包括：研讨会/会议、标准/成功例和数据库/网站/网络建设）类型的有 28 个项目，占到泰国主持项目总数的 58.4%；属于信息收集（包括：调查/研究/报告）类型的有 11 个项目，占项目总数的 22.9%。而在培训方面，泰国主办的项目有 9 个，仅占项目总数的 18.7%。

第三，自筹和 APEC 资助资金相结合完成的项目占据多数。如表 4.13 所示，在泰国主持的项目中，以部分 APEC 资助加上部分自筹资金的项目为主，其数目高达 46 个，占项目总数的 96%。而完全自筹项目有 2 个，占项目总数的 4%。在 APEC 提供资助的 46 个项目中，APEC 的资助规模主要集中在 5 万—10 万美元、10 万—20 万美元，项目数分别为 25 个、13 个，占受援项目总数之比分别为 54.3%、28.3%；APEC 资助金额在 2 万—5 万美元的项目数有 7 个，占受援项目总数之比为 15.2%；而 APEC 资助金额在 20 万美元以上的项目数为 1，说明 APEC 对泰国主持项目的资金支持有限。另外，在部分 APEC 资助和部分自筹的 46 个项目中，APEC 资助金额大于自筹金额的项目有 37 个，比例为 80%；APEC 资助金额小于自筹金额的项目有 9 个，比例为 20%。这说明在经济技术合作项目资金来源方面，泰国主持的项目以 APEC 资助为主、自筹资金为辅。

表 4.13 泰国主持经济技术合作项目的资金来源及受资助规模分析（2006—2013 年）

泰国主持项目的资金来源			APEC 对泰国主持项目的资助规模		
资金来源	项目数	比例(%)	APEC 资助金额	项目数	比例(%)
APEC 支持基金（ASF）	0	0	1 万美元以下（含 1 万）	0	0
自筹与 APEC 支持基金（ASF）	28	58	1 万—2 万美元（含 2 万）	0	0
TILF 账户资金	0	0	2 万—5 万美元（含 5 万）	7	15.2
自筹与 TILF 账户资金	9	19	5 万—10 万美元（含 10 万）	25	54.3
正常账户	0	0	10 万—20 万美元（含 20 万）	13	28.3
自筹与正常账户	9	19	20 万美元以上	1	2.2
完全自筹	2	4			
合计	48	100	合计	46	100

资料来源：根据 APEC PROJECT DATABASE 网站统计资料编辑。

（三）印尼主持 APEC 经济技术合作项目现状与评估

在 2006—2013 年间，印尼共主持 41 个经济技术合作项目，其中已完成的项目 30 个，正在进行中的项目 11 个。印尼主持 APEC 经济技术合作项目表现出以下特点。

第一，开展项目数量少，重点领域不突出。如表 4.14 所示，按照项目所属的优先领域划分，印尼开展的经济技术合作项目由多到少依次为：区域经济一体化和迎接社会领域全球化的项目各 9 个，结构改革的项目 6 个，通过可持续增长确保生活质量的项目 4 个，人类安全的项目 3 个，分别占总项目的 22%、22%、15%、10%、7%。印尼主持的经济技术合作项目在 5 个分类领域中较平均，没有突出的重点领域。

　　第二，信息分享和信息收集类的合作项目居主导地位。如表 4.14 所示，在印尼主持的 41 个经济技术合作项目中，属于信息分享（包括：研讨会/会议、标准/成功例和数据库/网站/网络建设）类型的有 29 个项目，占到印尼主持项目总数的 70.7%；属于信息收集（包括：调查/研究/报告）类型的有 8 个项目，占项目总数的 19.5%。而在培训方面，印尼主办的项目仅有 4 个，占项目总数的 9.8%。

表 4.14　印尼主持经济技术合作项目的优先领域和类型分析（2006—2013 年）

印尼主持项目所属的优先领域			印尼主持项目的类型		
优先领域	项目数	比例（%）	项目类型	项目数	比例（%）
区域经济一体化	9	22	研讨会/会议	25	61.0
迎接社会领域全球化（包容增长）	9	22	调查/研究/报告	8	19.5
通过可持续增长确保生活质量	4	10	培训	4	9.8
结构改革	6	15	数据库/网站/网络建设	1	2.4
人类安全	3	7	标准/成功例	3	7.3
其他	10	24	—	—	—
合计	41	100	合计	41	100

资料来源：根据 APEC PROJECT DATABASE 网站统计资料编辑。

表 4.15　印尼主持经济技术合作项目的资金来源及受资助规模分析（2006—2013 年）

印尼主持项目的资金来源			APEC 对印尼主持项目的资助规模		
资金来源	项目数	比例（%）	APEC 资助金额	项目数	比例（%）
APEC 支持基金（ASF）	2	5	1 万美元以下（含 1 万）	0	0
自筹与 APEC 支持基金（ASF）	18	44	1 万—2 万美元（含 2 万）	0	0
TILF 账户资金	0	0	2 万—5 万美元（含 5 万）	3	7.5
自筹与 TILF 账户资金	13	32	5 万—10 万美元（含 10 万）	24	60
正常账户	0	0	10 万—20 万美元（含 20 万）	13	32.5
自筹与正常账户	7	17	20 万美元以上	0	0
完全自筹	1	2			
合计	41	100	合计	40	100

资料来源：根据 APEC PROJECT DATABASE 网站统计资料编辑。

第三，自筹和 APEC 资助资金相结合完成的项目比较多。如表 4.15 所示，在印尼主持的 41 个项目中，以部分 APEC 资助加上部分自筹资金的项目为主，其数目高达 38 个，占项目总数的 93%。而完全自筹项目只有 1 个，占项目总数的 2%。在 APEC 提供资助的 40 个项目中，APEC 的资助规模主要集中在 5 万—10 万美元、10 万—20 万美元，项目数分别为 24 个、13 个，占受援项目总数之比分别为 60%、32.5%；APEC 资助金额在 2 万—5 万美元的项目数共有 3 个，占受援项目总数之比为 7.5%；而 APEC 资助金额在 1 万—2 万美元、1 万美元以下和 20 万美元以上的项目数均为 0。另外，在部分 APEC 资助和部分自筹的 40 个项目中，APEC 资助金额大于自筹金额的项目有 37 个，比例为 92.5%；APEC 资助金额小于自筹金额的项目有 3 个，比例为 7.5%。如此说明，印尼主持的经济技术合作项目以 APEC 资助为主、自筹资金为辅。

（四）越南主持 APEC 经济技术合作项目的现状与评估

2006—2013 年间，越南共主持了 67 个经济技术合作项目，其中已完成项目 53 个，正在进行中的项目 14 个。越南主持 APEC 经济技术合作表现出以下特点：

第一，区域经济一体化领域的经济技术合作占主导地位。如表 4.16 所示，越南主持的经济技术合作项目由多到少依次是：区域经济一体化领域项目 22 个、其他项目 18 个、人类安全和迎接社会领域全球化项目均为 9 个、通过可持续增长确保生活质量领域项目 6 个、结构改革领域项目 3 个，分别占越南项目总数的 32.8%、26.9%、13.4%、13.4%、9%、4.5%。其中，区域经济一体化领域项目占主导地位，说明越南的国内市场无法带动总体经济的发展，必须大力发展与他国的经贸往来，以此推动国内经济的发展。

第二，信息分享和信息收集类的合作项目为主要类型。如表 4.16 所示，在越南主持的 67 个经济技术合作项目中，属于信息分享（包括：研讨会/会议、标准/成功例和数据库/网站/网络建设）类型的有 46 个项目，占到越南主持项目总数的 68.7%；属于信息收集（包括：调查/研究/报告）类型的有 11 个项目，占项目总数的 16.4%。而在培训方面，越南主办的项目仅有 10 个，占项目总数的 14.9%。

第三，自筹和 APEC 资助资金相结合完成的项目占据多数。如表 4.17 所示，在越南主持的项目中，所有项目都是以部分 APEC 资助加上部分自筹资金。在 APEC 提供资助的 67 个项目中，资助规模主要集中在 5 万—10 万美元、10 万—20 万美元，项目数分别为 33 个、27 个，占受援项目总数之比分别为 49.3%、40.2%；APEC 资助金额在 1 万—2 万美元、2 万—5 万美元的项目数共有 6 个，占受援项目总数之比为 9%；APEC 资助金额在 1 万美元以下的项目为 1 个。说明 APEC 在能力范围内对越南主持的项目给予较大的资金支持。另外，在部分 APEC 资助和部分自筹的 67 个项目中，APEC 资助金额大于自筹金额的项目有 63 个，比例为 94%；APEC 资助金额小于自筹金额的项目有 4 个，比例为 6%。这说明在 APEC 提供部分资助的项目中，94% 的项目其主要资金来源于 APEC 的资助，而越南的完全自筹资金的项目为零。

表 4.16　越南主持的经济技术合作项目的优先领域和类型分析（2006—2013 年）

越南主持项目所属的优先领域			越南主持项目的类型		
优先领域	项目数	比例（%）	项目类型	项目数	比例（%）
区域经济一体化	22	32.8	研讨会/会议	44	65.7
迎接社会领域全球化（包容增长）	9	13.4	调查/研究/报告	11	16.4
通过可持续增长确保生活质量	6	9	培训	10	14.9
结构改革	3	4.5	数据库/网站/网络建设	1	1.5
人类安全	9	13.4	标准/成功例	1	1.5
其他	18	26.9	—	—	—
合计	67	100	合计	67	100

资料来源：根据 APEC PROJECT DATABASE 网站统计资料编辑。

表 4.17　越南主持经济技术合作项目的资金来源及受资助规模分析（2006—2013 年）

越南主持项目的资金来源			APEC 对越南主持项目的资助规模		
资金来源	项目数	比例（%）	APEC 资助金额	项目数	比例（%）
APEC 支持基金（ASF）	0	0	1 万美元以下（含 1 万）	1	1.5
自筹与 APEC 支持基金（ASF）	33	49.3	1 万—2 万美元（含 2 万）	1	1.5
TILF 账户资金	0	0	2 万—5 万美元（含 5 万）	5	7.5
自筹与 TILF 账户资金	24	35.8	5 万—10 万美元（含 10 万）	33	49.3
正常账户	0	0	10 万—20 万美元（含 20 万）	27	40.2
自筹与正常账户	10	14.9	20 万美元以上	0	0
完全自筹	0	0			
合计	67	100	合计	67	100

资料来源：根据 APEC PROJECT DATABASE 网站统计资料编辑。

（五）秘鲁主持 APEC 经济技术合作项目的现状与评估

积极参与 APEC 经济技术合作，有利于秘鲁调整进出门市场结构，加强与 APEC 其他成员的经验分享与技术合作，以实现其自身经济结构的完善、贸易平衡发展。在 2006—2013 年间，秘鲁主持了 49 个经济技术合作项目，其中已完成项目 47 个，正在进行中的项目 2 个。秘鲁主持的 APEC 经济技术合作项目表现出以下三个特点。

第一，秘鲁主持的项目所属领域广泛，但以区域经济一体化为重点。如表 4.18 所示，在秘鲁主持的 49 个合作项目中，属于区域经济一体化领域的项目有 27 个，超过项目总数的 50%，居主导地位。迎接社会领域全球化（包容增长）、通过可持续增长确保生活质量、结构改革和人类安全等领域也有所涉及，主持项目数分别为 7 个、1 个、1 个、8 个。

第二，信息分享和信息收集类的合作项目为主要类型。如表 4.18 所示，在秘鲁主持的 49 个经济技术合作项目中，属于信息分享（包括：研讨会/会议、标准/成功例和数据库/网站/网络建设）类型的有 39 个项目，占到秘鲁主持项目总数的

79.6%；属于信息收集（包括：调查/研究/报告）类型的有 8 个项目，占项目总数的 16.3%。而在培训方面，秘鲁主办的项目仅有 2 个，占项目总数的 4.1%。

表 4.18　秘鲁主持经济技术合作项目的优先领域和类型分析（2006—2013 年）

秘鲁主持项目所属的优先领域			秘鲁主持项目的类型		
优先领域	项目数	比例（%）	项目类型	项目数	比例（%）
区域经济一体化	27	55.1	研讨会/会议	35	71.4
迎接社会领域全球化（包容增长）	7	14.3	调查/研究/报告	8	16.3
通过可持续增长确保生活质量	1	2.05	培训	2	4.1
结构改革	1	2.05	数据库/网站/网络建设	2	4.1
人类安全	8	16.3	标准/成功例	2	4.1
其他	5	10.2	—	—	—
合计	49	100	合计	49	100

资料来源：根据 APEC PROJECT DATABASE 网站统计资料编辑。

表 4.19　秘鲁主持经济技术合作项目的资金来源及受资助规模分析（2006—2013 年）

秘鲁主持项目的资金来源			APEC 对秘鲁主持项目的资助规模		
资金来源	项目数	比例（%）	APEC 资助金额	项目数	比例（%）
APEC 支持基金（ASF）	0	0	1 万美元以下（含 1 万）	0	0
自筹与 APEC 支持基金（ASF）	10	20.4	1 万—2 万美元（含 2 万）	0	0
TILF 账户资金	0	0	2 万—5 万美元（含 5 万）	9	18.8
自筹与 TILF 账户资金	28	57.1	5 万—10 万美元（含 10 万）	22	45.8
正常账户	1	2.05	10 万—20 万美元（含 20 万）	16	33.3
自筹与正常账户	9	18.4	20 万美元以上	1	2.1
完全自筹	1	2.05			
合计	49	100	合计	48	100

资料来源：根据 APEC PROJECT DATABASE 网站统计资料编辑。

　　第三，以部分 APEC 资助加上部分自筹资金的项目占多数。如表 4.19 所示，秘鲁主持的项目中以部分 APEC 资助加上部分自筹资金的项目数高达 47 个，占总项目数的 95.9%。完全自筹项目与完全 APEC 资助项目均为 1 个。在受援的 48 个项目中，APEC 资助的规模主要在 5 万—10 万美元、10 万—20 万美元，项目数分别为 22 个和 16 个，分别占受援项目总数的 45.8%和 33.3%；其次，APEC 资助金额在 2—5 万美元的项目有 9 个，占受援项目的 18.8%；再次，APEC 资助金额在 2 万美元以下、20 万美元以上的项目数分别为 0 个、1 个。说明 APEC 对秘鲁主持的项目的资助规模较为有限。此外，在部分 APEC 资助和部分自筹的 47 个项目中，APEC 资助金额大于自筹金额的项目有 43 个，比例为 91.5%；APEC 资助金额小于自筹金额的项目仅有 3 个，比例为 6.4%。这说明在 APEC 提供部分资助的项目中，91.5%的项目其资金来源以 APEC 资助为主，自筹资金为辅。秘鲁参与 APEC 经济技术合作的项目相对依赖 APEC 的支持。

（六）韩国主持 APEC 经济技术合作项目的现状与评估

在 2006—2013 年间，韩国共主持了 88 个经济技术合作项目，其中已完成项目 71 个，正在进行中的项目 17 个。从项目执行情况看，韩国主持的 APEC 经济技术合作项目表现出以下特点：

第一，合作项目以区域经济一体化、迎接社会领域全球化（包容增长）、通过可持续增长确保生活质量三大领域为主，项目数分别为 24 个、25 个和 20 个，所占比例分别为 27.3%、28.4%和 22.7%。结构改革和人类安全领域也有所涉及，主持项目数分别为 2 个、12 个，所占比例分别为 2.3%、13.6%。具体参见表 4.20。

表 4.20　韩国主持经济技术合作项目的优先领域和类型分析（2006—2013 年）

韩国主持项目所属的优先领域			韩国主持项目的类型		
优先领域	项目数	比例（%）	项目类型	项目数	比例（%）
区域经济一体化	24	27.3	研讨会/会议	44	50.0
迎接社会领域全球化（包容增长）	25	28.4	调查/研究/报告	17	19.3
通过可持续增长确保生活质量	20	22.7	培训	13	14.8
结构改革	2	2.3	数据库/网站/网络建设	11	12.5
人类安全	12	13.6	标准/成功例	3	3.4
其他	5	5.7	—	—	—
合计	88	100	合计	88	100

资料来源：根据 APEC PROJECT DATABASE 网站统计资料编辑。

第二，合作项目开展形式多样，但以信息分享和信息收集型为主。如表 4.20

所示，在韩国主持的 88 个经济技术合作项目中，属于信息分享（包括：研讨会/会议、标准/成功例和数据库/网站/网络建设）类型的有 58 个项目，占到韩国主持项目总数的 65.9%；属于信息收集（包括：调查/研究/报告）类型的有 17 个项目，占项目总数的 19.3%。而在培训方面，韩国主办的项目有 13 个，占项目总数的 14.8%。

第三，项目资金以部分 APEC 资助加上部分自筹资金的项目为主。如表 4.21 所示，在韩国主持的项目中以部分 APEC 资助加上部分自筹资金的项目数高达 78 个，占总项目数的 88.6%。完全自筹项目有 7 个，占项目总数的 8.0%。而完全由 APEC 支持基金、TILF 账户资金、正常账户资助项目仅有 3 个，占项目总数的 3.4%。在受援的 81 个项目中，APEC 资助的规模主要在 5 万—10 万美元，项目数为 47 个，占受援项目总数的 58%；其次，APEC 资助金额在 2 万—5 万美元、10 万—20 万美元的项目数分别为 16 个、14 个，分别占受援项目总数的 19.8%、17.3%。另外，APEC 资助金额在 20 万元以上的项目有 2 个，说明对于重点项目，APEC 给予了大力支持。此外，在部分 APEC 资助和部分自筹的 78 个项目中，自筹金额大于 APEC 资助金额的项目有 56 个，比例为 71.8%；自筹金额小于 APEC 资助金额的项目有 21 个，比例为 26.9%。这说明在韩国经济技术合作项目中是以自筹资金为主，APEC 资助为辅的。可见，韩国参与 APEC 的经济技术合作的资金投入相对较大。

表 4.21　韩国主持经济技术合作项目的资金来源及受资助规模分析（2006—2013 年）

韩国主持项目的资金来源			APEC 对韩国主持项目的资助规模		
资金来源	项目数	比例（%）	APEC 资助金额	项目数	比例（%）
APEC 支持基金（ASF）	1	1.1	1 万美元以下（含 1 万）	0	0
自筹与 APEC 支持基金（ASF）	41	46.6	1 万—2 万美元（含 2 万）	2	2.45
TILF 账户资金	0	0	2 万—5 万美元（含 5 万）	16	19.8
自筹与 TILF 账户资金	17	19.3	5 万—10 万美元（含 10 万）	47	58.0
正常账户	2	2.3	10 万—20 万美元（含 20 万）	14	17.3
自筹与正常账户	20	22.7	20 万美元以上	2	2.45
完全自筹	7	8.0			
合计	88	100	合计	81	100

资料来源：根据 APEC PROJECT DATABASE 网站统计资料编辑。

三、中国主持 APEC 经济技术合作项目的现状与评估

中国作为 APEC 经济技术合作的倡导者和积极参与者，一直积极开展 APEC 经济技术合作项目。因此，分析和评价中国开展经济技术合作项目的进展状况，对于探讨中国进一步参与 APEC 进程具有重要意义。

（一）中国主持 APEC 经济技术合作项目的总体概况

在 2006—2013 年间，中国主持了 134 个经济技术合作项目，其中已完成项目 81 个，正在进行中的项目 53 个。根据 APEC 经济技术合作的优先领域，可以将中国主持的相关项目概括如下：

1. 通过可持续增长确保生活质量

在通过可持续增长确保生活质量领域，中国主持的经济技术合作项目主要包括：APEC 低碳示范城镇供暖系统的应用模型和最佳实践；APEC 低碳示范城镇能源管理系统的开发与应用研究；APEC 中公私合营环境产品和服务研究；低碳示范城镇发展指标系统；APEC 成员内区域能源系统发展研究；APEC 光伏交流合作平台建设；APEC 低碳示范城镇发展模式和工具的研究；APEC 光伏应用的路线图和模型研究；煤基清洁能源和化工联产的整合和优化系统；推进 APEC 低碳城镇发展与区域能源系统；APEC 低碳示范镇能力建设发展；统一建立智能能源社区；APEC 低碳城镇规划设计大赛；使用清洁能源、预防国际航运中有害废气排放的研究；利用合适的能量存储系统促进稳定一致的可再生能源供应等。

2. 人类安全

在人类安全领域，中国主持的经济技术合作项目主要包括：社会风险沟通与谣言监控；健康热线应对突发公共卫生事件和新公共卫生问题的能力建设；2014 年灾难管理官方论坛；就食品安全的合作监管展开的食品安全合作论坛特别会议及高级监管行业对话；控制突发疾病国际研讨会；关于中国传统医药的应用；食品安全标准和监管体系协作项目；加强亚太地区的食品安全风险评估能力建设；保证食品安全、防止禽流感的国际研讨会；建立应对突发公共卫生事件准备和响应能力的培训；关于灾后重建能力建设的研讨会；贸易过程中动物流感的风险治

理项目等。

3. 迎接社会领域全球化

在迎接社会领域全球化方面，中国主持的经济技术合作项目主要包括：教育资金使用和经济素养提升项目；通过农村卫生人力管理和保留技能培训加强 APEC 地区卫生安全项目；提升 APEC 本地/区域物流电商能力的计划；APEC 共同建立网络工作等。

4. 区域经济一体化

在区域经济一体化领域，中国主持的经济技术合作项目主要包括：通过全球价值链协作构建亚太合作伙伴关系项目；亚太区域 RTA 和 FTA 的信息共享合作；通过电子交易提高 APEC 区域内全球供应链效率的合作；关于互联网及其全球应用实现的合作论坛；多语言电子邮件地址技术的发展协作；APEC 智慧城市创新及科技合作论坛；在 APEC 地区可持续投资的最佳实践案例研究；基于信息技术的创新服务链研讨会；物流服务的信息共享协作；提高 APEC 地区自贸区在电子商务领域谈判技巧的研讨会；APEC 小型城市产业技术合作论坛；知识产权标准的政策和实践研讨会；APEC 地区物流供应商培训项目；环境技术传播研讨会等。

5. 结构改革

在结构改革领域，中国主持的经济技术合作项目主要包括：加强监督银行风险偏好的合作框架；APEC 环境服务的相关技术市场研讨会等。

此外，中国主持其他领域的经济技术合作项目主要包括：遥感和地理信息系统技术在作物生产中的应用培训；利用宽带网络发展促进绿色增长；APEC 成员之间开展语言培训合作；应用遥感和 GIS 技术研究农作物生产力的研讨会；保护园艺作物栽培技术研讨会等。

（二）中国主持 APEC 经济技术合作的重点项目

为了进一步了解中国参与 APEC 经济技术合作的进展，以下综合考虑了经济技术合作项目资金规模、影响程度等因素，选择了三个中国主持的经济技术合作项目，做具体说明：

1. APEC 低碳示范城镇项目（第一期）

2010 年 6 月 19 日，第九届亚太经合组织能源部长会议在日本福井市举行。该次会议主题为"通过低碳发展路径走向能源安全"。通过低碳经济转型实现可持续增长是 APEC 五项增长战略之一，因此中国在 2010 年牵头实施了"APEC 低碳示范城镇项目"。

该项目旨在推动低碳技术在城市规划中的应用，借此解决 APEC 地区中城市能源消耗快、温室气体排放多等环境问题。该项目主要包括两部分内容：一是推广"低碳城镇"概念；二是对这一项目计划展开可行性研究和政策性审查，将该概念运用到实践中。低碳示范城镇项目是一项跨期项目，在接下去的几年中，项目组选择 10—15 个城市作为低碳示范城镇的实验点。在第一期中，项目组设计了"低碳城镇概念"的最初版本，并提出了可行性研究和政策审查的相关措施。

该经济技术合作项目现已完成。项目共耗资 81.1 万美元，其中 APEC 资助了 70 万美元。该项目隶属于通过可持续增长确保生活质量领域。

2. 食品安全标准和监管体系协作项目

APEC 发展中成员需要安全的食品供应以改善公众的健康状况，全球化的食品供应需要跨界合作来防止食品安全事故的发生。亚太地区人口约占世界总人口的 41%，粮食产量约占世界总产量的 50%，是世界上最大的农业生产地区。为了增进 APEC 地区食品贸易便利化，减少边界贸易壁垒，有必要降低食品安全事故发生的频率。因此中国于 2012 年开展了"食品安全标准和监管体系协作项目"。

该项目支持监管机构、相关产业和学术界专家参加会议和研讨会，并推进相应能力建设培训，促进以下优先领域的合作：加强食品安全监管系统、食品安全事故管理、实验室能力、风险分析和供应链管理。促进这些优先领域合作的目的主要有三点：第一，加强与国际标准的接轨，推动食品安全系统和 WTO 的相关协议一致，以此支持区域经济合作。第二，通过建立信息共享网络，以应对高优先级的食品安全问题，最大限度地减少食品安全事故，促进食品贸易的自由流通。第三，制定并实施可持续的培训模板，提高供应链效率和管制措施的一致性。

该经济技术合作项目仍然在实施中，预算资金为 182.21 万美元，APEC 资助了 49.82 万美元，该项目隶属于人类安全领域。

3. APEC 地区物流供应商培训项目

供应链基础设施和相应的物流设施是良好商业环境的重要因素，而基础资源包括燃料、劳动力、资金和其他的相关系统变得越来越有限。为此，必须精简供应链渠道。然而，现存大部分中小企业的供应能力存在不足，无法适应新的商业监管环境。所以，需要开发一个网络物流系统，即在长期内使用新的物流模型，结合线上、线下工具来帮助中小企业适应新的物流环境，提高跨境物流绩效。

开展此项目的目的在于：第一，促进各企业对迅速变化的国际商业环境的了解。第二，增强 APEC 各成员对供应链相关政策、规章制度的认识。第三，推广现代跨境供应链和高级物流技术。通过这些努力降低供应成本，建立更快更简便的跨境贸易方式，优化跨境贸易的物流环境。在短期和中期内，培训工作有助于快速传播最前沿的物流技术、实施措施以及供应链模型，可以提升地区供应链绩效；长期内，网络物流系统通过传播信息资源、提供可获得服务，使中小企业获得更大的灵活性。

该经济技术合作项目仍在进行中，总预算资金为 69.91 万美元，其中 APEC 资助了 49.81 万美元，该项目属于区域经济一体化领域。

（三）中国主持 APEC 经济技术合作项目的评价

从总体来看，中国主持的 APEC 经济技术合作项目表现出以下特点：

1. 可持续增长确保生活质量领域的经济技术合作居主导地位

如表 4.22 所示，2006—2013 年间，在中国承办的 134 个项目中，通过可持续增长确保生活质量这一领域的项目最多，达 45 项，占中国主办项目总数的 33.6%。接下来由多到少依次是：区域经济一体化 36 项、人类安全 21 项、其他 16 项、迎接社会领域全球化 13 项、结构改革 3 项，分别占中国主办项目总数的 26.9%、15.7%、11.9%、9.7%、2.2%。由此可见，中国在通过可持续增长确保生活质量这一领域开展的项目最多，符合中国走可持续发展道路的理念，中国不仅在国内大力推行可持续发展，并且在国际舞台上努力贯彻这一思想。此外，中国在区域经济一体化领域承办的项目也较多。作为 APEC 最大的发展中成员，中国努力推行区域经济一体化，促进 APEC 地区的贸易投资自由化，推动 APEC 成员的共同繁荣，也体现出中国的国际地位和责任感。

2. 技术合作项目侧重于信息分享与信息收集

由表 4.22 可以看到，在中国主持的 134 个经济技术合作项目中，属于信息分享（包括研讨会/会议、标准/成功例、数据库/网站/网络建设和展览）类型的合作项目有 82 个，占到中国主持项目总数的 61.2%；属于信息收集（主要包括调查、研究和报告等）类型的合作项目共有 38 个，占中国主持项目总数的 28.4%；而培训类的合作项目仅为 14 个，只占到中国主持项目总数的 10.4%。对以上数据进行比较不难发现，信息收集和信息分享类的经济技术合作项目居主要地位。

表 4.22 中国主持经济技术合作项目的优先领域和类型分析（2006—2013 年）

中国主持项目所属的优先领域			中国主持项目的类型		
优先领域	项目数	比例（%）	项目类型	项目数	比例（%）
区域经济一体化	36	26.9	研讨会/会议	65	48.5
迎接社会领域全球化（包容增长）	13	9.7	调查/研究/报告	38	28.4
通过可持续增长确保生活质量	45	33.6	培训	14	10.4
结构改革	3	2.2	数据库/网站/网络建设	7	5.2
人类安全	21	15.7	标准/成功例	10	7.5
其他	16	11.9	—	—	—
合计	134	100	合计	134	100

资料来源：根据 APEC PROJECT DATABASE 网站统计资料编辑。

3. 中国的资金投入与中国在 APEC 中的地位不相称

在中国实施的经济技术合作项目中，大部分项目都接受过 APEC 的资金资助，只有少部分项目的运作资金是由中国及其合作伙伴自筹解决的。如表 4.23 所示，在中国主持的项目中以部分 APEC 资助和部分自筹资金为主，其数目达 126 个，占项目总数的 94.1%。完全自筹项目有 7 个,占项目总数的 5.2%。在受援助的 127 个项目中,APEC 资助规模主要集中在 5 万—10 万美元、10 万—20 万美元,项目数分别为 65 个、51 个,占受援项目总数之比分别为 51.2%、40.2%;APEC 资助金额在 1 万—2 万美元、2 万—5 万美元的项目数共有 6 个,占受援项目总数之比为 4.7%;而 APEC 资助金额在 20 万美元以上的有 5 个。说明 APEC 对中国主持的项目给予了较大资金支持。另外,在部分 APEC 资助和部分自筹的 127 个项目中,大多数项目的资金来源中 APEC 资助金额大于自筹金额,即中国主持的项目以 APEC 资助为主,自筹资金为辅。由此也说明了中国在 APEC 经济技术合作中的资金投入还非常有限。

表 4.23 中国主持经济技术合作项目的资金来源及受资助规模分析(2006—2013 年)

中国主持项目的资金来源			APEC 对中国主持项目的资助规模		
资金来源	项目数	比例(%)	APEC 资助金额	项目数	比例(%)
APEC 支持基金(ASF)	1	0.7	1 万美元以下(含 1 万)	0	0
自筹与 APEC 支持基金(ASF)	72	53.7	1 万—2 万美元(含 2 万)	1	0.8
TILF 账户资金	0	0	2 万—5 万美元(含 5 万)	5	3.9
自筹与 TILF 账户资金	44	32.9	5 万—10 万美元(含 10 万)	65	51.2
正常账户	0	0	10 万—20 万美元(含 20 万)	51	40.2
自筹与正常账户	10	7.5	20 万美元以上	5	3.9
完全自筹	7	5.2			
合计	134	100	合计	127	100

资料来源:根据 APEC PROJECT DATABASE 网站统计资料编辑。

第三节 APEC 经济技术合作前景展望及中国对策选择

作为亚太地区最重要的经济组织,APEC 的重要地位和其所发挥的作用毋庸置疑。作为其支柱之一的经济技术合作，尽管在亚太区域经济合作中也扮演着重要角色，但从提升合作效率、增强合作效果的角度推进经济技术合作深入发展，仍然需要采取进一步措施。中国是 APEC 中的最大的发展中成员，积极参加经济技术合作，有益于中国以及其他成员的经济发展，尤其是对中国的"一带一路"倡议有更重要的意义。

一、APEC 经济技术合作前景展望

就发展前景和趋势而言，我们可以从以下几个方面把握 APEC 经济技术合作的未来发展。

（一）能力建设将进一步充实 APEC 经济技术合作

APEC 经济技术合作的定位一直不够清晰，某种程度上了构成了其进一步发展的障碍。在推进经济技术合作发展的进程中，APEC 通过不断摸索，选择了一个更为清晰的概念来强化外界对经济技术合作的认识，即强调以能力建设为主要内容和形式来开展合作。1998 年以来，APEC 逐渐使用能力建设（Capacity-building）来推动经济技术合作的发展。2012 年 9 月，APEC 俄罗斯峰会的《部长级会议联合声明》重申"根据《大阪行动计划》和《马尼拉框架》，应不断加强能力建设，这对推进亚太经合组织议程、协助各成员 2020 年实现茂物目标十分重要"，并表示"我们支持能力建设项目，尤其是落实'能力建设需求倡议'的行动计划框架。我们指示高官们继续开展能力建设和信息交流，并将在 2013 年第三次高官会之前更新《亚太经合组织成员良好规制实践基础研究总结报告》，以评估各成员落实情况。"[①] 2013 年 10 月，APEC 印尼会议进一步提出"APEC 要在信息共享、透明度和能力建设方面发挥重要协调作用"。[②] 这些表态均表明，在今后的发展中，APEC 将继续推动各个领域的能力建设。

---

① 2012 APEC Ministerial Meeting，Vladivostok, Russia 05 Sep 2012，http://www.apec.org/Meeting-Papers/ Annual-Ministerial-Meetings/Annual/2012/2012_amm.aspx.

② 2013 Leaders' Declaration Bali, Indonesia 08 Oct 2013，http://www.apec.org/Meeting-Papers/ Leaders- Declarations/2013/2013_aelm.aspx.

（二）促进增长的合作将成为 APEC 经济技术合作的重点内容

2010 年 APEC 领导人非正式会议在《APEC 领导人增长战略》中首次提出了可持续的公平增长的议题，包括平衡（Balanced）增长、包容（Inclusive）性增长、可持续（Sustainable）增长、创新（Innovative）增长和安全（Secure）增长内容，同时还提出了增长战略的行动计划。可持续的公平增长，主要指在贯彻 APEC 领导人增长战略的基础上，APEC 成员共同努力，促进 APEC 经济可持续增长，并使所有的利益攸关方能够分享经济增长的成果，保证社会的公平与公正。此外如前所述，APEC 经济技术合作在实现目标上存在矛盾性。实际上，贸易投资自由化能否缩小成员之间的经济差距取决于很多因素。缩小经济差距并非 APEC 成员参与经济技术合作的最根本的目标。对很多 APEC 成员而言，参与贸易投资自由化最重要的是获得合理的经济利益，分享亚太经济增长的福利。因此，在 APEC 经济技术合作未来进程中突出增长战略，不仅有助于解决经济技术合作目标中的内在矛盾性，而且有助于最大限度地调动各成员的积极性，从而更好地推动合作项目的开展。

（三）私人部门将在 APEC 经济技术合作中发挥更大作用

迄今为止，亚太地区尚未形成一个统一的经济一体化组织。但是亚太地区却一直存在事实上的经济一体化。与其他地区不同的是，亚太地区的经济一体化主要是通过市场驱动，而非政府驱动。毫无疑问，APEC 是亚太地区最重要的区域经济合作组织。它在推动区域贸易投资自由化和便利化进程中扮演了重要角色。APEC 框架下的贸易投资自由化主要为亚太地区的企业服务，帮助它们更好地利用亚太地区市场，为亚太地区的经济增长做贡献。换言之，APEC 框架下的区域经济合作主要以市场为驱动，因此 APEC 经济技术合作的机制调整需要适应市场需求。基于亚太地区市场驱动经济一体化的事实，APEC 一贯重视私人部门的作用。同时，APEC 经济技术合作缺乏转化机制而致使合作效果欠佳，这正是由于合作项目与市场需求对接不够所致。APEC 已经确立了与国际组织合作的长效发展机制，未来需要进一步加强与私人部门的合作。私人部门不仅有充裕的资金和先进的技术，而且对市场需求的变化非常敏感。尤其亚太地区拥有极其丰富的私人企业资源，既包括美日等发达成员中的大型跨国企业，也有中国等新兴成员中的民营企业。如果能够提升私人部门在 APEC 经济技术合作机制调整中的地位，有效调动其积极性，无疑可以为健全 APEC 经济技术合作的成果转化机制提供坚实的微观基础，从而为 APEC 经济技术合作的开展注入更大的活力。

二、中国进一步参与 APEC 经济技术合作的对策

近年来，中国和亚太地区的经济形势发生了很大变化。尤其是随着中国与其他亚太成员经济联系的不断加强，亚太地区逐渐成为稳定中国经济增长以及保障中国经济安全的重要依托。中国必须在参与 APEC 活动的进程中，对自身的经济技术合作政策进行重新评估与设计。从战略性角度来看，对待 APEC 及经济技术合作问题，中国未来的政策不能局限于参与，而应该是"更有作为、更有成效、争取主导权"。具体而言，中国可以从以下几个方面进一步参与 APEC 经济技术合作。

（一）基于自身的利益考虑，鲜明提出 APEC 经济技术合作的改革主张

目前，大国竞争，利益为第一核心，安全为首要目标，掌握规则也是至上之选。由此可见，中国需要基于自身的利益考虑，结合 APEC 其他成员的利益和意见，提出鲜明的改革主张，主导 APEC 经济技术合作的未来发展。例如，中国可以在 APEC 中进一步强调"缩小成员差异，实现地区共同富裕"，将其提升为 APEC 经济技术合作的核心价值。从技术角度而言，APEC 正在推动的电子领域的能力建设，主要是希望通过缩小数字鸿沟推动地区成员均衡发展。历次 APEC 会议强调人力资源开发合作，也凸显了 APEC 经济技术合作希望以"人"为基本点缩小成员差距的思路。APEC 经济技术合作向"缩小成员差异"回归，符合中国的利益需要，也与 APEC 要求共同发展的精神相一致。中国可以重申缩小成员经济发展差异，使亚太地区的共同富裕成为 APEC 经济技术合作的核心价值。从更加宽广的角度来讲，可以进一步将"亚太地区共同富裕"作为"中国梦"的亚太版来

宣传和肯定，真正做到中国经济的发展与亚太地区其他成员休戚与共，最终形成亚太地区的"命运共同体"。

（二）完善机制，组建中国 APEC 经济技术合作协调机构

目前中国在参加 APEC 经济技术合作中多采取各自为政的方式，各工作组之间、各工作组与 APEC 经济技术合作有关部委之间协调不够。为了加强中国 APEC 各工作组之间的联系，协调一致地对外开展工作，非常有必要建立一个 APEC 经济技术合作协调机构，负责指导和协调各工作组、政府机关、工商企业以及民间组织在 APEC 经济技术合作中的活动。该机构的人员主要由政府高级官员、工商界知名人士以及民间团体负责人组成，性质为半官方、半民间。这样既能发挥政府的指导监督职能，又能充分调动工商界、民间组织的积极性和主动性，有利于更好地开展与 APEC 其他成员的经济技术合作。APEC 经济技术合作协调机构除负责协调外，同时还应负责中国 APEC 经济技术合作基金的运作。由于 APEC 经济技术合作鼓励中小企业参与，中国的各种企业也可以直接参与此项活动，使企业成为 APEC 经济技术合作中最具有活力的力量。

（三）广开门路，牵头建立 APEC 经济技术合作中国专项基金

目前，APEC 经济技术合作的支持资金仍然紧缺。由于 APEC 经济技术合作的意义重大，中国可以考虑独立出资或者牵头出资，建立 APEC 经济技术合作中国专项基金，主要用于支持中国偏好或者积极推广的经济技术合作项目。该专项基金的使用可以设计为不同的层次：第一层次主要支持技术合作（Technical Cooperation，简称 TC），主要负责开展一些简便易行的技术合作项目，包括考察、研讨会、讲习班、人员培训、科技联合研究、技术演示，以及小型示范项目等简单的合作项目。这种合作实际上也是某种程度的技术传授。第二层次主要支持经济合作（Economic Cooperation，简称 EC），主要负责一些比较复杂的工程项目，以项目的研究和工程项目的实施为主，包括吸收一些新的技术转让。第一层次的技术合作更加侧重政策引导，第二层次的经济合作则更加侧重合作项目的经济效益。技术合作为经济合作奠定基础，而经济合作为技术合作增添动力，两者互为

补充，让政府、非营利性组织和企业发挥所长、优势互补、各取所需，共同推动经济技术合作的良性内生性发展。此外，值得注意的是，建立此中国专项基金，筹资渠道一定要做到多元化，切忌政府大包大揽全买单，应尽量争取更多的国际组织、企业参与资金的筹措，以此为基础鼓励它们更加积极地参与 APEC 经济技术合作。

（四）积极对接，推动中国经济技术合作和 FTA 战略的良性互动

作为 WTO 多边贸易自由化的补充，自由贸易区发挥着日益重要的作用。其内容早已超越了货物贸易自由化的范畴，成了涵盖货物贸易、服务贸易、投资、金融、教育等众多领域的综合性经贸平台。

截止到 2016 年 8 月，中国已经签署自贸区 14 个，涉及 22 个国家和地区，具体包括澳大利亚、韩国、瑞士、冰岛、哥斯达黎加、秘鲁、新加坡、新西兰、智利、巴基斯坦和东盟等。此外，中国还正在积极推进中国-海合会自贸区、中国-挪威自贸区、中国-马尔代夫自贸区、中国-格鲁吉亚自贸区、中国-斯里兰卡自贸区、中日韩自贸区、《区域全面经济合作伙伴关系协定》（RCEP）以及中国-巴基斯坦自贸协定第二阶段谈判。结合当前全球自贸区的发展形势，中国自贸区战略的实施必然要经历一个由少到多、由浅入深的过程。不管是现在，还是将来，中国必须在自贸区中考虑除贸易和投资自由化之外的其他因素。正如 APEC 在推动贸易投资自由化之外还积极开展经济技术合作那样，中国自贸区战略也需要引入经济技术合作议题。自贸区和 APEC 都是中国重要的对外开放平台和途径，因此中国需要协调这两个途径，使得两个途径的贸易投资自由化和经济技术合作相互促进。

（五）把握趋势，鼓励中国企业参与 APEC 经济技术合作

APEC 框架下的区域经济合作主要以市场为驱动，因此 APEC 经济技术合作的机制调整需要适应市场需要。目前，APEC 经济技术合作缺乏转化机制而致使合作效果欠佳，这正是由于合作项目与市场需求对接不够所致。APEC 未来需要进一步加强与私人部门的合作。私人部门不仅有充裕的资金和先进的技术，而且对于市场需求的变化非常敏感。提升私人部门在 APEC 经济技术合作机制调整中

的地位，无疑可以为健全 APEC 经济技术合作的成果转化机制提供坚实的微观基础。经过 30 多年的发展，中国部分企业已经具备走出国门的实力。亚太地区是中国企业贸易和投资的主要对象，积极参与 APEC 进程有利于中国企业在亚太地区的投资和贸易。应该鼓励中国企业积极参与 APEC 经济技术合作，使它们在参与中进一步熟悉亚太市场，从中寻找更多的商机。

（六）发挥优势，积极推动基础设施建设领域的经济技术合作

当前，亚太地区基础设施建设进入快速、稳定的发展时期。一方面，部分发展中成员基础设施建设普遍薄弱，对基础设施投资有着强劲的资金与技术需求，如东盟 2010 年通过了 2955 亿美元的发展基础设施投资计划，该计划包括兴建路桥、港口、机场、综合工业区和电厂等 717 个工程项目，于 2020 年完成。另一方面，部分发达成员的基础设施也面临更新换代，如美国 2010 年宣布实施 500 亿美元基础设施升级计划。与此同时，中国部分基础设施建设将逐渐趋于饱和。如中国高速公路路网建设已经完成了大约 90%，逐渐趋于完善。大型水电项目的建设规模难以长期维持在很高的水平，相应的设备制造能力将逐渐出现过剩和闲置的局面。中国还形成了世界最大规模的铁路车辆、工程机械和普通机床等的生产能力。未来 10—20 年随着大规模基础设施建设的高潮在不同领域逐渐退去，中国将不断面临部分产业特别是相关制造业的产能过剩。在这一背景下，中国积极推动基础设施建设领域的经济技术合作，不仅有利于发挥中国企业的技术优势，而且也有助于推动中国施工机械及劳务的输出，带动相关商品和建材出口，消化国内过剩产能。

总之，为了实现可持续性增长和促进国民经济整体实力的提高，中国在 APEC 经济技术合作问题上必须采取积极的态度，一定要力争在兼顾发达成员和发展中成员双方利益的基础上，在遵循一些必要的基本原则的前提下，保持一定的灵活性，以便得到大多数发展中成员以及一些发达成员的支持，促进 APEC 经济技术合作目标的真正实现，不断缩小 APEC 各成员之间的经济差距，达到亚太地区共同繁荣和可持续性均衡发展的目的。

第五章　APEC 内部 FTA 发展研究

在世界贸易组织（WTO）谈判进展艰难的大背景之下，由于亚洲太平洋经济合作组织（APEC）自身贸易投资自由化推进缓慢，进入 21 世纪，APEC 各成员从自身经济发展的战略需要出发，开始积极构建自身的自由贸易区（FTA）网络。APEC 成员间 FTA 的大量涌现，导致"意大利面碗"效应明显，使得交易成本增加。分析 APEC 内部 FTA 发展的原因及现状，并着重探讨跨太平洋战略经济伙伴关系协定（TPP）和中国参与的 APEC 内部 FTA，有利于 APEC 内部 FTA 的整合，推进茂物目标的实现。

第一节　APEC 成员间 FTA 发展的原因分析

由于 WTO 推进贸易投资自由化进程缓慢，APEC 成员的关税水平已经比较低，因此不愿意让非成员搭便车，故而促进了 APEC 内部成员之间建立 FTA 的进程。

一、APEC 成员间 FTA 发展的原因

贸易投资自由化是 APEC 三个支柱之一[①]。1993 年 APEC 西雅图会议通过了《APEC 贸易和投资框架宣言》，提出 APEC 的目标是实现贸易和投资自由化。1994

---

① APEC. Statement on the 25th Anniversary of APEC - Shaping the Future through Asia-Pacific Partnership[EB/OL]. Beijing, China, Nov 2014.

年印度尼西亚会议公布的《茂物宣言》明确了实现贸易投资自由化的时间表[①]，并明确了实施的主要途径——单边行动计划（IAP）和集体行动计划（CAP）相结合。1995 年颁布的《大阪行动议程》包括贸易投资自由化的 9 项原则、基本框架和 15 个具体领域的行动内容。在自愿和非约束性原则基础上，各成员应定期提交涵盖这 15 个领域的单边行动计划，阐述贸易和投资自由化目标、措施及时间安排。1996 年在菲律宾举行的 APEC 领导人会议上各成员首次正式提交了各自的 IAP，并于 1997 年 1 月开始实施[②]。

通过 IAP 和 CAP 的结合，APEC 推进了贸易投资自由化进程。在关税减让方面，各成员间的平均关税从 1996 年的 10.7%降到 2012 年的 5.7%，降幅为 47%；除了韩国、墨西哥等 6 个经济体外，其他成员的平均关税均已降到 10%以下。以菲律宾、印尼、中国、智利、泰国为代表的发展中成员关税降幅大于发达成员。中国香港一直以来都是零关税，新加坡也于 1996 年将关税降至零。在消除非关税措施、推进服务业市场开放和改善投资环境方面，APEC 成员也取得了显著进展。

虽然 APEC 在推进贸易投资自由化进程中的成绩值得肯定，然而该进程依旧难以满足经济发展的需要。一方面，APEC 成员的贸易自由化承诺普遍不足，通常不超出在 WTO 中的承诺，其中许多承诺还过于笼统和隐晦，难以付诸行动或进行评估，而且不少成员在 IAP 中只对短期目标进行承诺，而且很少进行实质性调整。就 1997 年金融危机时期的表现看，部分成员一旦遭遇不利经济形势，就会停止推进贸易和投资自由化。另一方面，茂物目标是一个软性指标，其详细界定指标始终未得到明确解释，仅有定性标准而无定量标准。2005 年的韩国会议和 2006 年的越南会议都曾为推进茂物目标的实现做过积极努力，分别制订了《釜山路线图》和《河内行动计划》，然而依然没有解决茂物目标的界定问题。此外，针对自由化进程缓慢的现实，APEC 也曾尝试在 9 个部门实现提前自愿自由化（EVSL）的集体行动计划，部分实施内容已超出了 WTO 的要求。然而，由于 EVSL

---

① 即 APEC 中的发达工业化成员与发展中成员分别于 2010/2020 年实现茂物目标。
② 宫占奎. 亚太区域经济一体化对 APEC 进程的影响[J]. 当代世界，2014（11）：10-13.

缺乏灵活性，最终在亚洲金融危机的影响下无果而终。

在 APEC 推进贸易投资自由化进展艰难的情况下，WTO 框架下的多边贸易谈判因国际经济格局变化，也变得愈加艰难。乌拉圭回合自 1986 年启动，经历 8 年艰苦谈判最终达成共识，谈判成果却因各种原因而未能得到有效贯彻和落实。2001 年启动的多哈回合谈判，谈谈停停，历经 15 年，推进贸易投资自由化的成果依然不突出（表 5.1）。

WTO 推进缓慢的原因有多个方面。首先，WTO 一贯坚持"协商一致"原则，使得多边谈判的协调成本因谈判成员数量的扩张和谈判议题的增加而不断提高，达成新协议变得极其困难。其次，多边谈判中的农业问题是相关成员极为敏感的。发达成员一方面希望发展中成员开放农产品市场，另一方面自身又不愿放弃对国内农产品的补贴。发展中成员为了保证粮食安全和农业发展，在农产品市场放开方面极为谨慎。最后，WTO 成员中发展的差异性和利益的多元性致使成员之间——特别是发达成员和发展中成员之间——的分歧难以消除。长期以来，WTO 谈判由发达成员主导，但近年来随着发展中成员经济实力的增强和话语权的提高，双方的诉求差异使得谈判难以达成一致[①]。

表 5.1 多哈回合谈判进程一览表

次数	谈判内容和结果
一	2001 年 11 月在卡塔尔首都多哈启动 WTO 新一轮谈判。该轮谈判目标宏伟、参与方众多，主要目的是改善发展中成员的贸易前景。谈判内容包括农业、非农产品市场准入、服务、知识产权、规则、争端解决、贸易与环境以及贸易和发展共 8 个主要议题。
二	2003 年 9 月在墨西哥坎昆举行的部长会议上各成员在农业等问题上严重分歧，未能达成一致，谈判陷入僵局，使得最初设定的 2005 年结束谈判的计划化为泡影。
三	2004 年 7 月举行的 WTO 总理事会议上达成《多哈回合框架协议》，协议将环境、投资、政府采购等议题明确排除在外，要求美国和欧盟逐步取消农产品出口补贴及降低进口关税，并将谈判结束时间推迟到 2006 年底。

---

① 张亚斌, 范子杰. 国际贸易格局分化与国际贸易秩序演变[J]. 世界经济与政治, 2015（3）: 30-46, 156-157.

次数	谈判内容和结果
四	2005 年 12 月香港部长会议发表的宣言，取得了一些阶段性成果，例如发达国家承诺 2013 年取消农产品出口补贴等。但是其后各方在农业补贴和非农产品市场准入领域的分歧巨大，且各方均不肯妥协，多哈回合谈判于 2006 年 7 月全面中止。
五	2007 年 1 月谈判再次恢复，但由于各方在农产品问题上互不让步，同年 9 月谈判再次加入僵局。
六	2008 年 7 月，世贸组织 35 个主要成员的贸易和农业部长在日内瓦开会，试图就发达成员削减农产品补贴、降低农产品关税和发展中成员降低工业品关税达成协议，但由于印度、中国与美国在"特殊保障机制（Special Safeguard Mechanisms）"方面的分歧无法弥合，多哈回合谈判再次被迫中止。
七	2009 年 11 月 30 日至 12 月 2 日，第七次部长级会议在日内瓦召开，会议主题为"世贸组织、多边贸易体系和当前全球经济形势"。在会议上，部长们呼吁加快推进多哈回合谈判，力争在 2010 年结束谈判。
八	2011 年 12 月，第八次部长级会议在日内瓦召开，会议在服务贸易谈判方面取得了一定进展，在对最不发达成员有关的最惠国待遇豁免方面达成了一致。同时在电子商务和知识产权谈判方面也取得了一定进展。
九	2013 年 12 月，第九次部长级会议在巴厘岛召开，会议达成了"巴厘一揽子"协议，主要涵盖贸易、农业和发展等多哈回合的重要议题，并就贸易便利化议题首次达成一致。然而，该协定仍然只是 WTO 多哈回合协议的缩水版，离多哈回合谈判的全面完成尚十分遥远。
十	2015 年 12 月，第十届部长级会议在肯尼亚内罗毕举行，会议通过了《内罗毕部长宣言》及 9 项部长决定，首次承诺全面取消农产品出口补贴，并就出口融资支持、棉花、国际粮食援助等方面达成了新的多边纪律，同时达成了近 18 年来世贸组织首个关税减让协议——《信息技术协定》扩围协议。虽然会议承诺继续就推进多哈回合谈判，但有迹象表明，部分成员可能将放弃进展缓慢的多哈回合谈判，加之当前各方立场存在严重分歧，使得多哈回合谈判的前景充满了不确定性。

资料来源：WTO 网站，http://www.wto.org/english，2016-07-28。

    APEC 成员经济发展战略的需求也是 APEC 成员内部 FTA 发展的原因之一。美国的 FTA 建设起步早，但进展缓慢。自 1994 年签署北美自由贸易协定（NAFTA）以来，只签订了有限几个 FTA，而且协议方的经济规模很小。2007 年全球金融危机使得美国经济遭受重创，而亚太区域的新兴成员却逐步成了世界经济增长的动力，美国也因此开始重新审视其在亚太区域的地位，提出"重返亚太"的战略，加入并主导了 TPP 谈判。

自 20 世纪 90 年代初期泡沫经济破灭后，日本长期深陷经济发展缓慢、通货紧缩的泥潭，在世界贸易中的比重也趋于萎缩。虽然日本政府开展了各种结构改革以缓解经济的疲软，但收效甚微。这些尝试使日本意识到，经济走出困境须借助外部的力量。因此缔结 FTA，扩大海外市场，增进贸易和投资成为日本实现经济复苏和发展的重要选择之一。

中国一直以来实行的对外开放发展战略，因自身发展阶段的变迁和国际分工形势的变化而面临挑战，受到越来越大的外部制约。建立在关税与贸易总协定（GATT）/WTO 框架下的贸易投资自由化已经不足以满足中国进一步扩大对外开放的发展战略，需要通过建立自身的 FTA 网络来获得开放自由的外部市场[①]。

东盟是亚太地区重要的区域经济组织，但因经济发展水平高的国家，经济规模相对较小，而体量较大的国家经济发展又相对滞后，致使东盟的国际影响力有限。为了在亚太地区以及国际经济舞台上发挥更大的作用，东盟需要与其他国家（地区）建立紧密的经贸联系，积极地与其他国家缔结 FTA 是东盟国家的战略选择之一，而五个"10+1"的出现就是东盟战略的具体表现。

二、APEC 成员间建立 FTA 的概况

APEC 成员之间建立 FTA 的步伐在最近十几年发展迅速，以往亚太地区的 FTA 发展慢于欧洲，目前的发展也有利于应对全球 FTA 的趋势。

（一）全球 FTA 发展趋势

贸易投资自由化是各国实现贸易投资效益最大化的有力路径。为了达到这一目标，建立区域贸易协定（RTA）已经成为各国推进贸易投资的重要工具。在过去的十几年中，区域贸易协定的数量急剧增加，21 世纪以来的表现尤为明显。根

---

① 宫占奎，于晓燕. APEC 演进轨迹与中国的角色定位[J]. 改革，2014（11）：5-16.

据世界银行的统计，世界上约 2/3 的贸易发生在区域贸易协定内部①。

就区域贸易协定签订的数量看，目前运作的协定中绝大部分是 21 世纪建立的。20 世纪 90 年代以前建立并向 WTO 申报、如今尚在继续运作的 RTA 数量仅有 27 个，占目前运作 RTA 总数（282 个）的 9.6%，20 世纪 90 年代成立了 51 个 RTA，占总数的 18.2%，而 21 世纪成立了 202 个 RTA，占比达到 72.1%（见表 5.2）。

表 5.2　WTO 按成立年份统计的运作中的 RTA　　公布时间：2016 年 7 月 31 日

年份	数量	年份	数量	年份	数量	年份	数量
1958	1	1985	1	1998	7	2008	15
1960	1	1986	1	1999	5	2009	19
1961	1	1988	2	2000	10	2010	12
1970	1	1991	3	2001	11	2011	11
1971	1	1992	3	2002	10	2012	16
1973	6	1993	5	2003	11	2013	12
1976	1	1994	6	2004	11	2014	12
1977	2	1995	8	2005	12	2015	12
1981	8	1996	8	2006	15	2016	1
1983	1	1997	6	2007	12		

注：本统计表中将凡是同样国家签订的以商品贸易自由化的 FTA 和以服务贸易自由化的 EIA 算作同一个 RTA，所以数量与表 2 有所不同。

资料来源：WTO home > trade topics > regional trade agreements > RTA database > Consult Pre-defined reports > List of all RTAs in force, by date of entry into force.

WTO 将 RTA 分为四类——关税同盟（CU）、经济一体化协定（EIA）、自由贸易协定（FTA）和优惠贸易协定（PTA），其中 EIA 一般与 FTA 捆绑在一起，FTA 是最主要的区域贸易协定。根据最近公布的 RTA 数量统计（见表 5.3），关税同盟 29 个，FTA 共 236 个，优惠贸易协定 17 个，共计 282 个，FTA 占比高达 84%。

---

① World Bank, World Development Indicators, The World Bank, 2016, June.

表 5.3　WTO 按照不同类型统计的 RTA 数量　　公布时间：2016 年 7 月 31 日

RTA 的不同类型	授权条款	GATS 第 5 条	GATT 第 24 条	总计
关税同盟（CU）	8		11	19
关税同盟准入	1		9	10
经济一体化协定（EIA）		135		135
经济一体化协定准入		6		6
自由贸易协定（FTA）	15		219	234
自由贸易协定准入	0		2	2
优惠贸易协定（PTA）	16			16
优惠贸易协定准入	1			1
总计	41	141	241	423

注："优惠贸易协定"一般是指签订 RTA 商品贸易自由化中，有一部分商品为例外。在 WTO 以往的统计中曾经称为：PS 或者 PSA（Partial Scope 或者 Partial Scope Agreement）；经济一体化协定（Economic Integration Agreements，简称 EIA）指服务贸易自由化协定。

资料来源：WTO home > trade topics > regional trade agreements ＞ RTA database > Consult Pre-defined reports > List of all RTAs in force, Summary Tables.

　　具有代表性的自由贸易区包括北美自由贸易、中国-东盟自由贸易，它们的贸易投资自由化目标比较明确，而且确立了基本原则，建立了有效的运作机制。它们的目标主要包括社会和平稳定、提高生活水平、保护环境、就业和社会保障、提高竞争力、加强经济合作、缩小发展差距、经济可持续发展等。它们所遵循的基本原则包括：国民待遇、最惠国待遇、透明度、原产地规则、区别对待原则、一般性例外、不干涉内政、成员独立自主、社会安全、民主法治、公平互惠、和平解决争端原则、对等开放等原则。采取的运作机制包括首脑会议、议会、理事会、执行委员会、法院、审计法院、谈判机构、劳工合作机构、环境合作机构、秘书处等。涉及的内容包括关税、非关税、投资、服务、原产地规则、竞争政策、争端解决、知识产权保护、反倾销与反补贴、政府采购、动植物检疫、一般性例外、标准一致化、海关程序、经济合作、劳动人员流动、政府财政要求、环境保护、国际收支、管理权让渡、统一货币、民主体制、人权问题、社会安全、移民、统一管理、法律、消费者保护、早期收获、国民和最惠国待遇。

（二）APEC 内部 FTA 趋势

全球区域经济一体化迅猛发展的趋势，也推进了亚太地区贸易投资自由化进程，促使亚太地区的区域贸易协定数目迅速增加。这不仅体现在亚太国家与成员签订的贸易协定（RTA）数量上（见表 5.4），也体现在 APEC 成员成员彼此签署的 FTA 类型上（见表 5.5），代表性的 FTA 有 1994 年生效的北美自由贸易（NAFTA）、2005 年生效的中国-东盟 FTA 以及 2016 年初签署但尚未生效的跨太平洋伙伴关系协定（TPP）。

表 5.4　WTO 关于亚太地区参与的 RTA 数量统计　　　公布时间：2016 年 7 月 31 日

国家或地区	商品 RTA	服务 EIA	国家或地区	商品 RTA	服务 EIA
澳大利亚	12	10	马来西亚	13	9
文莱	8	6	墨西哥	14	10
柬埔寨	6	4	缅甸	7	4
加拿大	11	7	新西兰	10	10
智利	26	19	巴布亚新几内亚	5	0
中国	14	13	秘鲁	16	11
中国香港	4	4	菲律宾	9	5
印度	15	5	俄罗斯	11	1
印度尼西亚	8	5	新加坡	22	19
日本	15	14	中国台北	6	6
韩国	17	13	泰国	11	7
老挝	8	4	美国	14	13
中国澳门	1	1	越南	10	6

资料来源：WTO home > trade topics > regional trade agreements > RTA database > Consult Pre-defined reports > List of all RTAs in force, by country.

WTO 公布的数据（表 5.5）显示，APEC 内部 FTA 也同样几乎全是 21 世纪建立的。截至 2016 年 7 月，APEC 成员间已生效的 FTA 达到 60 个，除 7 个仅包括商品贸易自由化内容外，其余均涵盖商品和服务贸易。其中，APEC 成员之间成立的 FTA 仅有 7 个在 2000 年之前，13 个内部 FTA 在 2000 年到 2005 之间成立，

22 个在 2006 年至 2010 年间成立，18 个于 2011 后成立。目前正在谈判的 FTA 有 3 个，分别是俄罗斯-新西兰、韩国-墨西哥、日本-韩国。[①]

表 5.5　WTO 关于亚太地区参与的 RTA 类型统计　公布时间：2016 年 7 月 31 日

编号	名称	涉及领域	类型	通报日期	实施日期
1	澳大利亚-中国	G & S	FTA & EIA	2016 年 1 月 26 日	2015 年 12 月 20 日
2	中国-韩国	G & S	FTA & EIA	2016 年 3 月 1 日	2015 年 12 月 20 日
3	韩国-新西兰	G & S	FTA & EIA	2015 年 12 月 21 日	2015 年 12 月 20 日
4	韩国-越南	G & S	FTA & EIA	2016 年 3 月 2 日	2015 年 12 月 20 日
5	日本-澳大利亚	G & S	FTA & EIA	2015 年 1 月 12 日	2015 年 1 月 15 日
6	加拿大-韩国	G & S	FTA & EIA	2015 年 1 月 20 日	2015 年 1 月 1 日
7	韩国-澳大利亚	G & S	FTA & EIA	2014 年 12 月 22 日	2014 年 12 月 12 日
8	中国香港-智利	G & S	FTA & EIA	2014 年 10 月 15 日	2014 年 10 月 9 日
9	新加坡-中国台北	G & S	FTA & EIA	2014 年 4 月 22 日	2014 年 4 月 19 日
10	智利-越南	G	FTA	2015 年 5 月 12 日	2014 年 1 月 1 日
11	新西兰-中国台北	G & S	FTA & EIA	2013 年 11 月 25 日	2013 年 12 月 1 日
12	马来西亚-澳大利亚	G & S	FTA & EIA	2013 年 5 月 13 日	2013 年 1 月 1 日
13	韩国-美国	G & S	FTA & EIA	2012 年 3 月 15 日	2012 年 3 月 15 日
14	日本-秘鲁	G & S	FTA & EIA	2012 年 2 月 24 日	2012 年 3 月 1 日
15	智利-马来西亚	G	FTA	2013 年 2 月 12 日	2012 年 2 月 25 日
16	秘鲁-墨西哥	G & S	FTA & EIA	2012 年 2 月 22 日	2012 年 2 月 1 日
17	秘鲁-韩国	G & S	FTA & EIA	2011 年 8 月 9 日	2011 年 8 月 1 日
18	中国香港-新西兰	G & S	FTA & EIA	2011 年 1 月 3 日	2011 年 1 月 1 日
19	新西兰-马来西亚	G & S	FTA & EIA	2012 年 2 月 7 日	2010 年 8 月 1 日
20	秘鲁-中国	G & S	FTA & EIA	2010 年 3 月 3 日	2010 年 3 月 1 日
21	东盟-澳大利亚-新西兰	G & S	FTA & EIA	2010 年 4 月 8 日	2010 年 1 月 1 日
22	东盟-韩国	G & S	FTA & EIA		2010 年 1 月 1 日(G) 2009 年 5 月 1 日(S)

[①] 详细统计资料见"List of all early announcements made to WTO"，http://rtais.wto.org/ui/PublicEARTAList.aspx [2016-07-31].

续表

编号	名称	涉及领域	类型	通报日期	实施日期
23	日本-越南	G & S	FTA & EIA	2009 年 10 月 1 日	2009 年 10 月 1 日
24	加拿大-秘鲁	G & S	FTA & EIA	2009 年 7 月 31 日	2009 年 8 月 1 日
25	秘鲁-新加坡	G & S	FTA & EIA	2009 年 7 月 30 日	2009 年 8 月 1 日
26	澳大利亚-智利	G & S	FTA & EIA	2009 年 3 月 3 日	2009 年 3 月 6 日
27	秘鲁-智利	G & S	FTA & EIA	2011 年 11 月 29 日	2009 年 3 月 1 日
28	美国-秘鲁	G & S	FTA & EIA	2009 年 2 月 3 日	2009 年 2 月 1 日
29	中国-新加坡	G & S	FTA & EIA	2009 年 3 月 2 日	2009 年 1 月 1 日
30	日本-菲律宾	G & S	FTA & EIA	2008 年 12 月 11 日	2008 年 12 月 11 日
31	东盟-日本	G	FTA	2009 年 11 月 23 日	2008 年 12 月 1 日
32	中国-新西兰	G & S	FTA & EIA	2009 年 4 月 21 日	2008 年 10 月 1 日
33	文莱-日本	G & S	FTA & EIA	2008 年 7 月 31 日	2008 年 7 月 31 日
34	日本-印度尼西亚	G & S	FTA & EIA	2008 年 6 月 27 日	2008 年 7 月 1 日
35	日本-泰国	G & S	FTA & EIA	2007 年 10 月 25 日	2007 年 11 月 1 日
36	智利-日本	G & S	FTA & EIA	2007 年 8 月 24 日	2007 年 9 月 3 日
37	智利-中国	G & S	FTA & EIA	2007 年 6 月 20 日(G) 2010 年 11 月 18 日(S)	2006 年 10 月 1 日(G) 2010 年 8 月 1 日(S)
38	日本-马来西亚	G & S	FTA & EIA	2006 年 7 月 12 日	2006 年 7 月 13 日
39	跨太平洋战略经济伙伴协定	G & S	FTA & EIA	2007 年 5 月 18 日	2006 年 5 月 28 日
40	韩国-新加坡	G & S	FTA & EIA	2006 年 2 月 21 日	2006 年 3 月 2
41	泰国-新西兰	G & S	FTA & EIA	2005 年 12 月 1 日	2005 年 7 月 1
42	日本-墨西哥	G & S	FTA & EIA	2005 年 3 月 31 日	2005 年 4 月 1
43	东盟-中国	G & S	FTA & EIA	2005 年 9 月 21 日	2005 年 1 月 1 日(G) 2007 年 7 月 1 日(S)
44	泰国-澳大利亚	G & S	FTA & EIA	2004 年 12 月 27 日	2005 年 1 月 1 日
45	美国-澳大利亚	G & S	FTA & EIA	2004 年 12 月 22 日	2005 年 1 月 1 日
46	韩国-智利	G & S	FTA & EIA	2004 年 4 月 8 日	2004 年 4 月 1 日
47	美国-智利	G & S	FTA & EIA	2003 年 12 月 16 日	2004 年 1 月 1 日
48	美国-新加坡	G & S	FTA & EIA	2003 年 12 月 17 日	2004 年 1 月 1 日

编号	名称	涉及领域	类型	通报日期	实施日期
49	新加坡-澳大利亚	G & S	FTA & EIA	2003 年 9 月 25 日	2003 年 7 月 28 日
50	中国香港-中国	G & S	FTA & EIA	2003 年 12 月 27 日	2003 年 6 月 29 日
51	日本-新加坡	G & S	FTA & EIA	2002 年 11 月 8 日	2002 年 11 月 30 日
52	亚太贸易协定（APTA）- 纳入中国	G	PSA	2004 年 4 月 30 日	2002 年 1 月 1 日
53	新西兰-新加坡	G & S	FTA & EIA	2001 年 9 月 4 日	2001 年 1 月 1 日
54	智利-墨西哥	G & S	FTA & EIA	2001 年 2 月 27 日	1999 年 8 月 1 日
55	加拿大-智利	G & S	FTA & EIA	1997 年 7 月 30 日	1997 年 7 月 5 日
56	北美自由贸易协议（NAFTA）	G & S	FTA & EIA	1993 年 1 月 29 日(G) 1995 年 3 月 1 日(S)	1994 年 1 月 1 日
57	东盟自由贸易区（AFTA）	G	FTA	1992 年 10 月 30	1992 年 1 月 28 日
58	澳大利亚-新西兰（ANZCERTA）	G & S	FTA & EIA	1983 年 4 月 14 日(G) 1995 年 11 月 22 日(S)	1983 年 1 月 1 日(G) 1989 年 1 月 1 日(S)
59	澳大利亚-新几内亚（PATCRA）	G	FTA	1976 年 12 月 20 日	1977 年 2 月 1 日
60	亚太贸易协定（APTA）	G	PSA	1976 年 11 月 2 日	1976 年 6 月 17 日

注：G 为商品，S 为服务。

资料来源：WTO home > trade topics > regional trade agreements > RTA database > Consult Pre-defined reports > RTAs in force, by alphabetical order.

第二节　跨太平洋战略经济伙伴关系协定

跨太平洋伙伴关系协定（TPP）基础协议于 2016 年 2 月 4 日由美国、澳大利亚、文莱、加拿大、智利、日本、马来西亚、墨西哥、新西兰、秘鲁、新加坡和越南正式签署。协议内容与传统自由贸易协定（FTA）相比有明显突破，不仅涉及边境措施（关税等），而且对边境后措施（国内投资、金融法规政策等）有所约束。其议题也不再局限于经济领域，还包括政治、安全等非经济领域。TPP 不仅是高标准和具有潜在广泛影响力的新型 FTA，而且是 APEC 框架下的内部 FTA，它由 APEC 成员发起成立，且只吸收 APEC 成员中的主权国家参加[①]。尽管目前 TPP 没有进入实质性的实施阶段，但分析 TPP 的具体内容对 APEC 今后的发展以及 APEC 内部的 FTA 整合仍然具有重要意义。

一、TPP 的基本内容

根据美国贸易代表办公室公布的信息，TPP 包括初始条款和一般定义、货物贸易、纺织和服装、原产地规则、海关管理和贸易便利化、卫生和植物检疫、技术性贸易壁垒、贸易救济、投资、跨境服务贸易、金融服务、商务人员短期流动、电信、电子商务、政府采购、竞争政策、国有企业和制定性垄断企业、知识产权、劳工、环境、合作和能力建设、竞争力和商业便利、发展、中小企业、监管一致性、透明度和反腐败、行政与制度安排、争端解决、例外、最终条款等 30 个章节。其中投资、服务贸易、商务人员流动、电子商务、政府采购、竞争政策、国有企业、知识产权、劳工、环境、能力建设、商业便利、中小企业、监管一致性、透明度、反腐败等条款均属于非传统议题。[②]

（一）货物贸易条款

TPP 货物贸易条款的开放标准高于目前 APEC 内部绝大多数 FTA，要求在实施后实现 87% 的商品"零关税"，在 11 年后确保零关税商品比例达到 99%，并在 30 年后实现全部商品零关税。目前，APEC 内部其他 FTA 的商品贸易自由化率（或者零关税率）与 TPP 差距较大。

（二）原产地规则和原产地程序

TPP 简化了原产地规则，将多数商品的原产地规则适用税则分类改变标准（CTC），较之价值成分标准更为简单且易操作。同时，TPP 在纺织品和服装部门

---

① Ministry of Foreign Affairs and Trade, New Zealand , The New Zealand-Singapore-Chile-Brunei Darussalam Trans-Pacific Strategic Economic Partnership.

② 沈铭辉. 对 TPP 影响效应的简要评估[M] // 孟夏. 亚太区域经济合作发展报告（2016）. 北京：高等教育出版社，2018：389-406。

沿用了 NAFTA "纺纱前沿"（Yarn-Forward）的原产地规则。服装等纺织品要想获得 TPP 境内的原产地认证，享受在 TPP 赋予的优惠措施，必须保证其纺纱、织布、裁剪至加工为成衣的整个过程均在 TPP 缔约方成员境内完成。

（三）服务贸易

不同于常规做法，TPP 将跨境交付和境外消费整合为跨境服务贸易，并将其单列成章；将商业存在纳入投资章节；将自然人流动单列成章并就商务人员流动做出了相应规定。此外，TPP 中的金融和电信章节也有关服务贸易。在承诺方式上，TPP 采用了新型双边 FTA 中较为流行的 "准入前国民待遇加负面清单" 的模式，缔约方除非明确表示限定某项服务部门的开放，否则所有部门，包括未来出现的任何新部门一律开放，并根据规定应取消单独针对外资的投资审批、业绩要求等限制措施，给予外国投资者全面的国民待遇。

（四）投资

相对于 APEC 内部其他 FTA，TPP 的投资条款具备如下特征：第一，TPP 的投资定义宽泛，它以资产作为界定投资的基础，规定具有资金或其他资源承诺、利润或收益预期和风险承担等 "投资特征" 的资产均可视为投资。第二，实行准入前国民待遇加负面清单的外资管理模式，在准入、收购、扩大、管理、运营、清算、销售、处置等方面给予不低于其在同等条件下给予本国投资者及其投资的待遇，并且除非特别列出，所有部门及未来出现的新部门都默认对外资开放。第三，涵盖的议题广泛，TPP 的投资条款不仅包括国民待遇、最惠国待遇、征收和补偿等国际投资协定常规条款，还涵盖了业绩要求、高管和董事会、环境和卫生、企业社会责任等新型投资议题。第四，在投资争端解决机制上，TPP 适用 "投资者—国家争端解决机制"，并对相关仲裁庭选择、裁决、透明度、合并等做出非常详尽的规定，同时也做出规定以防止争端解决机制被滥用。

（五）电子商务

电子商务是 FTA 中的新型议题，TPP 的缔约方承诺在遵循合法的公共政策目标的前提下，确保互联网和数字经济的驱动力——全球信息和数据的自由流动。

为此，TPP规定"TPP范围内的企业在TPP市场上开展业务，不以在当地设立数据中心为条件，也无须提交或开放软件源代码"，并禁止对电子交易征收关税，以及禁止各缔约方采取歧视措施或网络封锁。同时TPP也鼓励各缔约方推动企业间无纸化贸易和政府无纸化办公，为商业交易提供电子认证和签名服务等，以促进电子商务的发展。

（六）政府采购

TPP的政府采购章节基本继承了WTO政府采购协议（GPA）的框架，实行国民待遇和非歧视的核心原则。内容包括：各缔约方在实施政府采购时必须及时公开有关信息，留给供应商充足的时间，以获取投标文书并进行投标；采用公平且客观的技术要求，仅依据招标公告和标书上所明示的标准决定中标结果，设立正当程序以便质疑或评估对结果的申诉；允许缔约方基于健康、安全、环保等公共服务理由或国家安全理由实施例外，并通过"正面清单"的形式列出相关的实体和活动。

（七）竞争政策

TPP竞争政策章节涉及竞争法及反竞争商业行为、指定垄断、定价差异、透明度、跨境消费者保护、磋商、争端解决机制等内容，其目的在于创造竞争性商业环境，以保障消费者权利和企业公平竞争。竞争政策规定，各缔约方应该采纳和维持国内竞争法，以禁止欺诈、欺骗等反竞争商业行为和有损消费者的行为，并确保各部门经济不为某个企业和企业集团所垄断，以避免对市场准入的限制和对竞争的抑制。此外，TPP各缔约方也承诺就竞争政策和竞争法的执行进行交流合作。

（八）国有企业和指定垄断

国有企业章节主要包括三方面内容：国有企业的识别、对国有企业的实体约束和国有企业条款的例外情况。在国有企业的识别方面，TPP规定满足以下三种情况的企业属于国有企业：国有股权占比不低于50%、国有资本拥有50%或以上投票权、企业的董事会由国家指定。在对国有企业的实体约束方面，TPP规定国有企业必须基于商业判断进行决策，且必须和国内其他类型企业及TPP其他成员企业享受同等待遇，除非真实目的是提供公众健康、公共教育、公共运输等公共服务。TPP 也要求缔约方政府确保垄断企业不得利用垄断地位实施限制竞争，不得向从事商业活动的国有企业提供有损其他成员利益的援助支持。国有企业和指定垄断章节下设置了条例条款，规定以下情况不受国有企业条款的约束：国有企业经营属于代行政府职权、政府和国有企业间的政府采购、主权财富基金或向破产金融机构注资等涉及国家主权信用的经济活动、年营业收入低于 2 亿特别提款权（SDR）（约为 3 亿美元）的国有企业、以及应急管理措施等。

（九）知识产权

TPP 要求缔约方履行包括 TRIP 在内的多项国际公约义务，涉及商标法、版权、表演和录音制品、专利合作、工业产权、文学和艺术作品、人造卫星播送信号等众多领域。TPP 也围绕知识产权对缔约方国内法律法规进行了规定，比如规定商标的首次注册及每次续展注册期限不少于 10 年；注册商标可由声音或气味组成，而不限于视觉可感知元素；扩大专利保护范围，限制强制许可及平行进口，限制专利的撤销，禁止在专利申请授权前提出异议；规定作者、表演者、录音制品制作者（包括其继承人）有权授权或禁止任何形式的复制行为等。TPP 知识产权条款也就知识产权纠纷规定了民事和行政司法程序及相关补救措施，并允许一国用替代争端解决机制处理与知识产权有关的民事争端。此外，TPP 也规定了知识产权条款的例外情况，即缔约方出于公共健康目的所采取的措施，如防控艾滋病等流行病方面的措施等。

（十）劳工

劳工条款在 APEC 内部其他 FTA 尚属较少涉及的条款。TPP 规定，各缔约方不得以促进贸易或投资为由放弃或削弱法律对基本劳工权利的保障，保证执行国际劳工组织《工作的基本原则和权利宣言》及其后续文件规定的五大劳工标准——允许劳工自由集会结社和集体谈判，取消一切形式的强迫或强制劳动，废除童工，消除就业和职业歧视，不得以减损或降低劳工权利影响贸易和投资[1]。同时，

---

[1] International Labour Organization (ILO), "Declaration on Fundamental Principles and Rights at Work", http://www.ilo.org/public/english/standards/index.htm.

TPP要求各缔约方为劳工提供公平、公正和透明的行政司法程序，对违反劳动法的情况提供有效法律救济。此外，TPP劳工条款也阻止各缔约方进口包含强迫劳工或童工成分的货物，不论其产地是不是TPP缔约方。

（十一）环境标准

与劳工标准类似，环境标准也属于新型FTA议题，在其他FTA中较少出现。具体而言，TPP要求缔约国承诺履行已签署的多边环境协定（MEA）的义务，不得基于影响贸易投资的动机降低环境保护标准；并就非法砍伐木材、海洋渔业资源保护、濒危物种、气候变化、环境产品等规定了准则[①]。TPP环境标准也要求各缔约方为利益攸关方提供向主管当局就破坏环境的行为申请调查的途径，确保法律或行政程序能够对相关行为予以制裁。

（十二）透明度和反腐败

此条款的目的在于提高政策法规透明度，以应对贿赂和腐败对成员造成的消极影响。TPP的透明度和反腐败条款要求缔约方加入并遵守《联合国反腐败公约》；在国内法律法规方面对影响贸易和投资的行贿和受贿行为追究刑事责任；采取强制措施禁止公职人员的腐败行为并为检举腐败行为提供便利；保证反腐败相关信息的公开透明。

（十三）商务人员临时入境

该章节要求TPP缔约方当局为商务人员临时入境提供透明的标准和程序，以及公开入境申请的相关信息，确保申请费用合理，尽可能迅速地处理申请并通知申请人。TPP各缔约方同意，继续就签证受理等临时入境问题开展合作。

（十四）其他

除上述所列章节外，TPP还包括合作与能力建设、竞争力和商务便利化、发展、中小企业和监管一致性条款。其中合作与能力建设旨在通过建立合作与能力建设委员会，为缔约方特别是发展中成员的能力建设提供便利；竞争力和商务便

---

① USTR. "Enhancing Trade and Investment, Supporting Jobs, Economic Growth and Development: Outlines of the Trans-Pacific Partnership Agreement", November12, 2011. http://www.ustr.gov.

利化条款重在探讨和尝试通过贸易投资便利化推进区域产业链整合和缔约方国际竞争力的举措；发展条款是介于发展中成员要求而提出的新议题，主要涉及减贫、妇女参与经济、可持续发展和教育科技合作等；中小企业条款是缔约方在有关中小企业对经济发展的重要性达成共识的基础上提出的，旨在为促进中小企业发展提供服务和支持；监管一致性条款重点关注在 TPP 范围内实现监管操作程序的一致性，而非标准的统一性，鼓励各缔约方采纳国际通行的最佳监管实践等。

二、TPP 对世界及亚太贸易规则制定的影响预测

如果 TPP 最终生效，作为 21 世纪自由贸易协定的典范，将会对以 WTO 为核心的多边贸易规则体系及亚太地区未来经贸规则制定产生重要的宏观影响，同时可能会在国有企业、知识产权保护、劳工标准等国际贸易及投资新领域形成重要的示范效应。

（一）TPP 的宏观影响

1. TPP 对以 WTO 为代表的多边贸易规则制定的影响

制定并主导国际经济规则始终是美国对外经济政策的重要内容之一。从战后国际成员体系的确立到目前以 WTO 为核心的世界贸易规则体系的逐步形成，美国在其中发挥了重要作用。随着日本、欧盟及东亚等国家和地区在国际贸易体系中影响力的不断提升，美国需要寻找新的路径重获对国际贸易规则的主导权。美国主导的 TPP 对未来国际贸易规则的潜在影响主要集中在以下几方面。

第一，TPP 谈判议题覆盖范围已超越 WTO，并极有可能成为未来多边贸易谈判的风向标。美国开展 TPP 谈判的重要目的之一是为未来多边及地区自由贸易谈判树立更高的标准。因此，TPP 在谈判中设立了许多超越 WTO 体系的新议题，将可能对 WTO 未来谈判产生一定的示范效应。WTO 的多哈回合谈判曾经试图在贸易便利化、服务贸易、农产品贸易等领域取得某些突破进展，但由于成员众多，利益分歧大，导致谈判遭遇巨大阻力，效果并不理想。目前，以 WTO 为核心的多边贸易体系进入了一个新贸易投资规则制定的瓶颈期，TPP 如果能取得高质量

成果，将会使美国等成员在未来多边贸易谈判进程中获得更多主动权。在多哈回合谈判就部分议题达成巴厘岛协议后，WTO 的重点合作议题主要包括信息技术产品协定（ITA）、服务贸易协定（TISA）等诸边或局部产品部门的谈判。其中，25 个 ITA 扩围谈判参与方已于 2015 年 7 月达成了包括 201 项产品的扩围清单，而 TISA 仍处于谈判进程中，其具体谈判进展及成果仍有待观察。而 TPP 成员间更易于在一些多边谈判的难点和敏感领域达成一致。目前，TPP 谈判涉及货物及服务贸易市场准入、投资、便利化、国有企业、劳工标准、知识产权、互联网经济、政府采购等多个议题，其中多数属于多边贸易体制尚未触及或触及深度有限的下一代贸易议题。若 TPP 协议能够尽早签署，无论在各议题的合作模式上，还是在具体文本上，都会对未来多边谈判产生较大的示范效应。

第二，TPP 预计的自由化承诺水平可能更高，例外产品和领域将会更少。由于 TPP 成员间已经达成多项双边及地区性自由贸易协定，并且上述协定均具有"WTO+"的性质，因此，TPP 贸易自由化谈判的起点相对较高，其最终协定的自由化水准势必显著高于 WTO 相关协定。此外，TPP 将有可能突破 WTO 在部分敏感领域的限制，其例外产品及领域的范围将可能缩减。以农产品为例，TPP 成员中既包括农产品出口国澳大利亚、新西兰和美国，又包括农产品进口政策饱受诟病的日本。如若各成员能就农产品贸易达成高质量的协定，将会对多边贸易自由化进程产生较为显著的推动作用，同时对其他农产品进口国形成一定的自由化压力。

第三，TPP 成员经济贸易规模在世界经济中占比较高，并在各合作领域中具有较强的影响力，TPP 将与 TTIP 共同构成美国在世界范围内推行其贸易投资规则的重要手段。TPP 成员中包含了美、日、澳、新、加等主要发达成员，同时也吸引了东盟部分成员的加入，其经济及政治影响力不容小觑。此外，美国在积极推进 TPP 谈判的同时，也在开展与欧洲国家的 TTIP 谈判。这两项贸易协定如能签署，将显著强化美国在国际经济规则体系中的影响力，为其贯彻本国对外经济合作战略意图创造必要条件。

2. TPP 对亚太地区未来经贸规则制定的影响

第一，亚太地区缺乏统一的机制化经济合作模式，TPP 建立后将成为影响力较大的区域性机制化合作组织。不同于欧盟的深度经济一体化，亚太地区在经济一体化进程中始终缺乏普遍认可的路径选择，因此也难以形成必要的地区性贸易投资规则体系。APEC 作为最具影响力的合作机制曾在此方面做出了积极的贡献。但鉴于 APEC 非机制化的运行特征，很难保证规则制定及执行的有效性。作为对世界经济具有重要贡献的区域，亚太地区整体对于国际经贸规则的影响力与其在世界经济中的地位是不相符的。TPP 谈判如果能够尽快取得预期成果，将成为亚太地区最具影响力的机制性合作组织，其影响将会外溢至整个亚太地区，成为 APEC 及各成员未来推进 FTA 建设的重要参考样本。同时，TPP 也将提升亚太各成员对贸易投资自由化水平的预期，将地区贸易投资自由化进程整合至更高水准。

第二，TPP 谈判能否在短期内取得预期成果将对亚太地区未来经济合作路径产生重要影响。根据目前情况分析，APEC 已经提出将亚太自由贸易区（FTAAP）建设作为合作的重要目标。但 FTAAP 的建设仍然需要直面路径选择这一问题。以区域全面经济伙伴关系协定（RCEP）或 TPP 为基础，通过成员的扩张逐步建设成 FTAAP 是目前亚太地区迈向 FTAAP 的可行路径之一。鉴于 RCEP 的谈判进展并不尽如人意，如若 TPP 能在短期内达成协定，将会对 FTAAP 的路径选择产生很大的影响，美国及部分亚太成员可能会更加偏向于以 TPP 为基础逐步迈向 FTAAP。如若发生这一情况，TPP 相关贸易投资安排将会成为未来亚太地区贸易投资规则体系的基本框架模式。

（二）TPP 主要领域的规则制定及影响

TPP 是一种新型的 FTA，在传统的贸易投资自由化和便利化领域采用了高标准，而且在"下一代"新贸易问题方面将影响今后全球规则的制定。

1. 商品贸易

总体而言，TPP 在商品贸易领域的市场准入条件将会改善，并可能间接促进亚太地区提升贸易自由化水平。但是，部分成员在某些特定产品贸易的市场准入问题上仍然存在显著分歧，未来协定的具体承诺水平仍然无法确定。例如，日本的农产品关税减让幅度、美日汽车贸易、澳大利亚等对奶制品贸易的关税及非关税措施减让要求等。据媒体报道，美日两国计划实施零关税的产品比例将超过95%，且双方已经就美国产牛肉、猪肉的降税目标原则上达成一致[①]，但汽车与大米仍旧是双方争执的焦点。在日本对美国出口的汽车零部件关税（目前为2.5%）方面，日本要求美国在10年之内取消大部分品目的关税。关于大米，日本已经承诺针对美国产的主食大米在每年77万吨总配额框架内给予一定无税配额，但双方对于配额规模尚未达成一致意见。美国要求日本每年进口17.5万吨无税大米，而日本则仅承诺数万吨以内[②]。各成员间在上述领域能否达成高质量的承诺将直接关系到TPP对世界商品贸易规则的影响程度。

2. 统一原产地规则

TPP成员国已经在大多数商品的原产地规则协调方面取得了显著进展。但由于TPP成员在各自已经签署的不同FTA中使用了差异极大的原产地规则标准，该议题的谈判极为艰难。美国等发达成员要求执行较为严格的原产地规则，而TPP发展中成员（越南、马来西亚、墨西哥）大部分依赖加工贸易，倾向于较弱的原产地规则。以纺织品为例，美国有意要求纺织品原产地的规则适用NAFTA中的"纺纱前沿"原则，这将对越南的纺织品产生不利影响。因越南纺织品原料大部分来自中国，不符合"纺布、织布、剪裁和加工"都必须在美国和越南两地完成的要求，因此有可能无法得到TPP协定下的特惠待遇。TPP的原产地规则条款将会对亚太地区未来其他FTA，特别是亚太自由贸易区的原产地规则产生一定的示范效应。

---

① 据日本NHK电视台2015年2月2日报道，美日政府在TPP谈判框架下达成妥协，日本先将牛肉进口关税率由目前的38.5%降至28%，之后再分阶段下降到9%左右。同时协议规定，一旦日本进口激增可启动紧急进口限制措施（Safeguard），将关税提高至20%。关税最终在协定生效15年后降至9%。关于猪肉问题，日本决定将低价肉每公斤最高482日元的关税利用十年以上时间，阶段性降至50日元左右；且一旦启动紧急进口限制，仍实施阶段性降税，最终降到100日元左右。

② 日本国内的大米产量达到每年750万吨以上，因此扩大进口美国大米对大米市场整体价格影响有限，但澳大利亚等国也可能要求日本同意进口本国大米。

3. 跨境服务贸易

跨境服务的核心文本内容已经在 TPP 成员国之间达成了共识，以确保形成一个公平、开放、透明的区域性服务贸易大市场。TPP 协定同时也为各成员政府维护公共利益保留了适当权利。TPP、跨大西洋贸易及投资伙伴协议（TTIP）及国际服务贸易协定（TISA）是目前美国争取掌控世界贸易新规则制定主导权的三个重要工具，三者之间相互关联，互为补充和相互支持。TPP 服务贸易如能达成较高水平承诺表，可能在各具体服务部门的出要价水平及合作范围等方面对国际服务贸易协定（TISA）谈判产生一定的推动作用，进而强化美国等服务业较为发达的国家对世界服务贸易的影响力。

4. 投资

TPP 成员国在降低投资壁垒问题的谈判上有显著进展，已经就投资的非歧视原则、国民待遇原则、征收与征用规则、禁止指定性经营要求等方面达成共识，但投资条款的产品覆盖范围尚未确定。此外，TPP 成员在关于投资争端解决方式选择的相关条款上矛盾重重。澳大利亚、加拿大、新西兰、新加坡、越南等成员都曾经明确表示，将坚持使用国家间争端解决方式处理投资领域可能发生的冲突，不愿意面对被其他国家投资者直接向国际仲裁机构起诉的尴尬与困境。而美国为了最大限度保护美国公司的利益，倾向于选择投资者-国家争端解决模式。目前，世界主要国家纷纷尝试以签署双边投资保护协定（BIT）的形式为投资创造更加公平透明的环境。经济合作与发展组织（OECD）曾尝试构建多边投资协定（MAI），而 WTO 则以《与贸易有关的投资协定》（TRIMS）为核心对跨境投资行为提出了相应的管理原则。TPP 如能在投资问题上达成高质量协定，将会对未来的多边投资规则体系的构建起到一定的推动作用。

5. 贸易便利化

在海关程序和物流等贸易便利化这类主要问题上，TPP 成员间已接近达成协议，承诺减少贸易中的复杂手续，为企业更便捷地推广产品提供便利。贸易便利化是目前亚太地区经济合作中进展较快的领域，客观上显示了各国（地区）对便利化合作的高度重视。结合 APEC 及 WTO 近年来高度关注贸易便利化合作的总体态势，TPP 如若能够在此领域达成协定，其条款内容和措施有可能会迅速推广至亚太地区。

6. 新贸易问题

TPP 成员国将互联网经济、环境保护、劳工标准、国企改革、知识产权等列为新贸易问题，表示妥善应对这些新问题有利于保持经济的活力和竞争力。上述新贸易问题将有可能成为未来世界贸易规则体系中的新内容。目前，以 WTO 为代表的多边贸易体系也在尝试就上述问题开展相关合作，但各成员很难达成共识。TPP 在上述领域的成果具有开拓性意义，将可能对相关领域国际规则体系的制定树立典范，这也是以美国为代表的发达成员极力主张将上述议题纳入 TPP 谈判的原因之一。目前，TPP 谈判在上述领域已取得一定进展，但各成员国在部分敏感问题上仍存在利益分歧。

在互联网经济方面，成员国一致同意制定互联网规则，以促进数字经济发展。目前，各成员在数字产品的关税问题、电子交易的认证问题、数码环境以及消费者权益保护问题等方面已经有所进展，而有关跨境数据流和数字产品界定的附加文案仍在讨论之中。与此同时，TPP 协定也会充分考虑政府维护对公共利益的需要，例如对于私密性信息的有效保护等。

在环境保护方面，TPP 成员承诺兑现已签署的多边环境协议，在制订环境标准方面的分歧进一步缩小。各成员都认为协定文本应包括与贸易有关的环境保护章节，并制定一种有效的制度安排框架，以监督其实施和提供能力的建设。TPP 谈判讨论的新的环境问题还包括：海洋渔业生产和保护、生物的多样性、外来物种入侵、气候变化以及环境产品和服务等。

在劳工标准制定方面，TPP 成员国已经就劳工标准、劳动者权利保护、劳工议题对话合作机制等内容基本达成协定，涵盖了国际劳工组织规定的诸多关键劳动者权利。在该领域，美国要求其他成员采取强制性的严格劳工标准，确保高成本的美国企业不会失去竞争优势。而越南和马来西亚、智利、秘鲁等发展中成员在该领域压力较大，它们希望该条款仅作为指导性条文出现，或者给予发展中成员特别待遇。

关于国有企业问题，TPP 成员已就确保国企和私企在公平环境下竞争基本达成共识，但在国企改革方面仍存在很大的分歧。针对越南、马来西亚等国的实际困难，美国做出了一定程度的让步，同意为消除部分成员设置 3—5 年的过渡期，以调整国有企业相关政策。同时，TPP 最终协定可能只对产品领域而不是服务领域的国有企业活动采用相应规则，即平等竞争的相关规则只适用于国内生产领域的国有企业以及向国外提供服务的国有企业，而不包括在国内提供服务的国有企业。

在知识产权领域的谈判中，各成员的分歧较为显著，特别是在药品的专利保护期限及仿制药品的生产等方面存在较大的利益纠葛。美国希望加大对药品的专利权保护（将保护期延长到 10 年），从而保证本国著名制药企业的全球利益，防止其他国家仿制药品。而除美国外的所有成员几乎都无法接受这么严格的标准，为了不提高药品价格、防止整体医疗水平下降，保护国内制药企业，澳大利亚、新西兰、加拿大提出了强烈反对意见。

7. 其他跨领域议题

在跨领域议题方面，12 个谈判成员国已经基本完成了相关协定文本的草拟工作。在改进各成员国内规制实践并加强规制一致性方面，TPP 成员国共同承诺将努力提高政策透明度，并改善贸易便利化；以增加就业为目标的深化区域生产和供应链合作谈判已经基本结束；考虑到中小企业对于创造就业的重要性，现有协定将方便它们更充分地利用各项 TPP 条款，以支持经济增长；鼓励经济增长包容性；促进社会发展、提供能力建设，TPP 成员国将帮助其发展中缔约国提高经济转型和实施高标准市场开放承诺的必要能力，鼓励女性和低收入人群更好地融入经济社会，激励各成员发展良好的公私伙伴关系。

由于各成员间在利益上仍存在难以调和的矛盾，因此，谈判的具体成果仍然存在很多变数。例如，越南等发展中成员能否接受国有企业及劳工标准等方面的严苛要求，美国所主张的高水准的知识产权保护政策能否为其他成员所接受等。

但 TPP 在上述新贸易问题上的总体影响方向应该可以得到确认，即在相关领域力图打造未来国际贸易投资规则体系的范本。

三、TPP 对中国的可能影响及对策建议

客观而言，由美国主导的 TPP 将突破自由贸易安排的范畴，在亚太区域经济一体化进程、地缘政治格局等多个层面对我国造成不同程度的影响。为此，我国需要采取多元化的应对措施，在努力化解 TPP 负面影响的同时，逐步增强我国在亚太经贸合作中的影响力。

（一）TPP 对我国国际和地区战略的可能影响

中国的国际和地区战略以"安全—经济—政治"为轴心，以拓展国家利益、发挥大国责任为目标，积极参与国际事务，加强国际合作。同时，在目前及未来较长的一段时期内，中国的国家利益将更多地集中在亚太地区。因此，基于"具有世界性影响的亚太大国"的自我定位，中国的地区战略主旨是承担起亚太地区的国际义务，积极参与乃至主导建立相关区域经济合作和安全机制，维护和扩展中国的国际利益，维护亚太地区的稳定与繁荣。

需要指出的是，随着美国"亚太再平衡"战略的实施，亚太地区各成员参与区域合作的利益取向日益多元化，绝大多数成员都采取了经济收益和非经济收益（政治和安全收益）并重的策略。这一趋势使亚太区域合作的整体环境趋于复杂，多方博弈的色彩渐浓，并且在以东亚为代表的地区催生了一种经济关系和安全关系相对独立的"二元格局"。不少国家采取了在地区安全上依赖美国，在经济上搭中国"顺风车"的策略。

对于我国而言，这种"二元格局"并不是不可接受的。我国可以采取以时间换取战略空间的应对策略，即以维护地区稳定为前提，全面深化与亚太地区各成员的经济合作，在获取经济利益的同时，逐步化解美国在政治和安全方面对我国造成的压力。但是，TPP 的建立将使一些成员将自身的经济和非经济利益诉求更加紧密地与美国捆绑在一起，从而主动或被动地将大国平衡战略的重心向美国偏

移。这一趋势有可能会引发亚太地缘政治关系结构的重组，使我国的周边环境更加复杂，加大我国实施既定亚太地区战略的难度。

（二）TPP 对我国 FTA 战略的可能影响

在多边和区域经济合作的基础上参与 FTA，是我国开拓对外经济合作和贸易增长的新渠道，发挥比较优势，加快经济发展的有效措施，同时也是我国拓展国际政治空间，为自身发展创造更加有利的国际环境的重要途径。

在我国实施 FTA 战略的进程中，会综合考虑政治、经济、外交和安全等各方面的利弊得失，在 FTA 伙伴的选择方面兼顾互补性与竞争性的均衡关系，力争使近期利益和长远利益、局部利益与全局利益相结合。同时，我国还注重遵循灵活渐进的原则，在 FTA 框架下以政策性开放促进制度性开放，为中国经济的改革与发展提供外部动力。

有鉴于此，我国的 FTA 战略具有以下主要特征：在参与 FTA 的区位选择上将东亚地区作为重点；FTA 的自由化程度逐步提高，涉及领域不断拓展；在成员模式上以双边 FTA 为主。对于亚太区域经济一体化的总体进程，我国的基本立场倾向多轨并行，以适应亚太地区各成员显著的多样性特征。

但是，如果 TPP 得以建立，将对我国既定的 FTA 战略产生多个层面的冲击。第一，由于区域全面经济伙伴关系（RCEP）谈判步伐的缓慢和中日韩 FTA 的前景不明，"东亚轨道"的势头将被"TPP 轨道"压制，我国以东亚地区为重点构筑区域经济一体化主阵地的战略目标将面临更大的实施难度；第二，TPP 的高标准将显著提高参与成员的市场准入水平，在亚太地区现有的 FTA/RTA 网络中产生多米诺效应和"竞争性自由化"效应，这将给我国在 FTA 框架下推进市场开放的速度和水平提出新的要求，国内规制的调整也将面临更大的压力；第三，TPP 的建立将促使亚太区域经济一体化的主体形态产生新的发展方向，即多边化区域主义，使我国以双边 FTA 为主体构建自贸区网络的步伐受到牵绊。

（三）TPP 对我国经济的可能影响

从宏观经济影响来看，如果 TPP 生效而 RCEP、中日韩 FTA 迟迟没有建成，在仅考虑货物贸易的情况下，我国的福利将会发生比较显著的净损失，国内生产总值、进出口数量和贸易条件也都会受到不同程度的冲击。如果将服务贸易、投资和各种"社会条款"考虑在内，我国的福利净损失将进一步扩大。

从具体领域来看，TPP 生效后对我国中长期影响最大的并不是直接与贸易投资自由化和便利化相关的条款。这些基于对价谈判达成的条款将促进各成员之间的市场开放，可谓互有得失。相比之下，国有企业、劳工标准、环境标准、知识产权、政治透明度等基于西方价值观而制定的"边界内"制度性条款，一旦广泛实施将在很大程度上改变亚太地区的经贸规则体系，并且会在美国等西方经济体的推动下逐步多边化，从而使我国面临巨大的制度调整成本压力，并加大我国开拓国际市场的难度。

第三节　中国参与亚太区域 FTA 的总体进展

随着亚太经济的快速发展，亚太地区涌现出越来越多的区域性一体化方案，包括分别由中国和日本提出的"10+3""10+6"战略构想、由东盟倡导的区域全面经济伙伴关系（RCEP）、美国主导并大力推进的跨太平洋战略伙伴关系协定（TPP）、中日韩自由贸易区等。各国纷纷着力构建以本国为核心的 FTA 辐射体系，谋求本国在亚太区域的主导权。这些区域合作机制不仅促进着亚太区域一体化的发展，也使 APEC 面临严峻挑战。作为亚太最大的发展中国家，中国近年来对于次区域和双边自由贸易协定也愈加重视。

一、中国参加 FTAs/RTAs 的总体情况

目前，中国参与建设的自贸区 18 个，涉及 31 个国家和地区。其中已签署的自由贸易协定 14 个，涉及 22 个国家和地区，除了 2003 年签署的内地与港澳更紧密关系安排以及 2010 年大陆与台湾签署的海峡两岸经济合作框架协议（ECFA）

外，中国分别与东盟（2004）、智利（2005）、巴基斯坦（2007）、新西兰（2008）、新加坡（2008）、秘鲁（2009）、哥斯达黎加（2010）、冰岛（2013）、瑞士（2013）、韩国（2015）和澳大利亚（2015）签署了自由贸易协定。此外，中国还于 2001 年加入了《亚太贸易协定》① 的优惠贸易安排，对来自协定成员国的部分产品实施关税优惠。

中国在谈自由贸易协定 8 个，涉及 25 个国家和地区，包括与挪威、海湾合作委员会②、斯里兰卡、巴基斯坦、马尔代夫和格鲁吉亚的自由贸易谈判，以及中日韩自贸区、区域全面伙伴关系（RCEP）谈判。此外，中国于 2007 年完成了与印度的区域贸易安排联合研究；与哥伦比亚、摩尔多瓦、斐济和尼泊尔开展自贸区联合可行性研究也正在进行中。

二、中国已达成的亚太地区的 FTA/RTA

目前，在亚太区域内，中国已签订的自由贸易协定共 10 个，包括与东盟、新加坡、新西兰、智利、秘鲁、韩国、澳大利亚等签订的 7 个 FTA，以及内地与港澳的"更紧密经贸关系安排"（CEPA）、与台湾的两岸经济合作框架协议（ECFA）。其中，与港澳的 CEPA 涵盖领域广泛，自由化水平高，是中国"一国两制"的成功实践。2010 年大陆与台湾签署的 ECFA 则为两岸的经济交流搭建了制度化的平台，为双方进一步的合作与发展打下了基础。而中国与其他国家签订的其他 FTA 更加注重双边、多边的经济贸易合作，其主要目标是通过削减关税和削除非关税壁垒，取消市场准入限制，促进商品、服务、投资、技术、人员的自由流动，推动区域经济一体化，实现优势互补和共同发展。

（一）中国-东盟自由贸易协定

中国-东盟自贸区是中国最早加入的 FTA，其涵盖人口超过 19.6 亿，约占世界人口总数的 27.8%；GDP 超过 10.6 万亿美元，约占全球 GDP 总值的 14.8%，

---

① 《亚太贸易协定》成员包括中国、印度、韩国、孟加拉、老挝和斯里兰卡。
② 简称海合会，成员包括沙特、科威特、阿联酋、阿曼、卡塔尔和巴林 6 国。

是由发展中国家组成的最大的自由贸易区之一①。

中国与东盟发展睦邻友好的经贸伙伴关系至关重要。尽管双方在台湾问题、南海问题、政治互信等方面存在着龃龉，但相似的历史经历、相近的文化观念、经济上的互补性、维护地区安全的必要性、以及建设区域经济繁荣目标的一致性，为中国和东盟的互信合作、共谋发展奠定了坚实的基础。1997 年，亚洲金融危机的爆发使东亚国家认识到地区经济合作的重要性，中国在危机中坚持人民币不贬值更取得了东南亚国家的广泛好感，双方关系大为改善。1997 年底，东盟-中日韩首届领导人非正式会议在马来西亚举行，1999 年东盟发展为 10 个国家，"10+3"和 "10+1" 的对话机制正式启动。2000 年 11 月，中国时任总理朱镕基提出建立中国-东盟自贸区的设想，得到了东盟各国领导人的积极响应。在中国和东盟的共同努力下，双方于 2002 年 11 月 4 日签署了《中国-东盟全面经济合作框架协议》。2004 年 1 月 1 日，中国-东盟自贸区"早期收获计划"开始实施，对包括农产品在内的 500 多种产品实行降税，当年早期收获产品贸易额增长 40%，超过全部产品进出口增长的平均水平。② 2004 年 11 月，中国与东盟签署了自贸区《货物贸易协议》，为关税的削减和取消、数量限制以及原产地规则、反倾销、反补贴、保障措施、加速执行承诺、例外条款和争端解决等内容制定规则。该项协议于 2005 年 7 月开始正式实施。2007 年 1 月，双方又签署了自贸区《服务贸易协议》，并于当年 7 月顺利实施。中国在 WTO 承诺的基础上，在建筑、环保、运输、体育和商务等 5 个服务部门的 26 个分部门向东盟国家做出市场开放承诺；东盟各国也分别在金融、电信、教育、旅游、建筑、医疗等行业向中国做出开放承诺③。2009 年 8 月，双方签署了《投资协议》。2010 年 1 月 1 日，中国-东盟自由贸易区全面建成。

中国-东盟自由贸易区建成后，双方在政治、经济、贸易、科技、文化领域的合作不断深化。2013 年中国与东盟进出口总额达到 4436 亿美元，同比增长

---

① 数据来源：世界银行 WDI 数据库，2012。
② 资料来源：商务部中国自由贸易区服务网，http://fta.mofcom.gov.cn。
③ 资料来源：商务部中国自由贸易区服务网，http://fta.mofcom.gov.cn。

10.9%[①]。东盟已取代日本，成为中国在亚洲最重要的贸易伙伴，而中国连续 3 年成为东盟的第一大贸易伙伴。

通过建立自由贸易区，中国和东盟不仅进一步加强了双方的经贸关系，同时也为促进亚太经济一体化进程做出了重要的贡献。中国与东盟的"10+1"FTA 是进一步建立"10+3""10+6"以及 RCEP，并最终推动 FTAAP 建设的基石。2012年 11 月，第 21 届东盟与中日韩"10+3"合作 15 周年纪念峰会在柬埔寨举行，会议通过了《10+3 互联互通领导人联合声明》，提出加强"10+3"基础设施、人文、规制等方面的建设，深化现有的中国-东盟"10+1"自贸区合作，并对即将正式启动的"区域全面经济伙伴关系"（RCEP）表示欢迎。

（二）中国-智利自由贸易协定

中国-智利自贸区谈判于 2004 年正式启动。2005 年 11 月 18 日，在韩国釜山举行的 APEC 领导人非正式会议期间，两国签署了《中国-智利自由贸易协定》。该协定于 2006 年 10 月 1 日实施。同年，中国和智利又启动了投资和服务贸易谈判。2010 年 8 月 1 日，《中国-智利服务贸易协定》正式实施。

中国-智利自由贸易协定内容广泛，不仅包含市场准入、原产地规则、技术贸易壁垒、卫生与植物卫生措施、贸易救济、争端解决机制等领域，还涵盖了教育、科技、文化、中小企业、知识产权、环境保护、劳动和社会保障、投资促进、矿产和工业合作等。在服务贸易方面，中国就计算机、管理咨询、采矿、环境、体育、空运等 23 个部门和分部门做出进一步的开放承诺；而智利则承诺开放法律、建筑设计、工程、计算机、研发、房地产、广告、管理咨询、采矿、制造业、租赁、分销、教育、环境、旅游、体育、空运等 37 个部门和分部门[②]。双方的开放程度均超出了各自在 WTO 承诺的水平。

在货物贸易市场准入方面，中国取消了智利的 4753 种产品关税，同时中国出口智利的 5891 种产品施行零关税，主要涉及化工品、纺织品和服装、农产品、

---

① 数据来源：中国海关总署统计数据，2013。
② 资料来源：商务部中国自由贸易区服务网，http://fta.mofcom.gov.cn。

机电产品、车辆及零件、水产品、金属制品和矿产品等。自由贸易协定的实施对中智双边贸易起到了显著的促进作用。2007 年，中智两国贸易额达 147 亿美元，增长率从实施前的 20% 提高到了 65%；2012 年，中智进出口总额达到 3322 亿美元，约合 2006 年两国贸易总额的 3.76 倍①。

需要指出的是，中国-智利自由贸易协定是中国与拉美国家建立的第一个跨区域双边 FTA，加强了 APEC 内部各次区域之间的经贸联系，有助于促进区域内经济资源的深度整合，从而推动亚太自由贸易区（FTAAP）战略构想的进一步发展。

（三）中国-新西兰自由贸易协定

中国-新西兰自由贸易谈判于 2004 年 11 月正式启动。经过 15 轮谈判，2008 年 4 月 7 日，中国-新西兰自由贸易协定正式签署。该协定于 2008 年 10 月 1 日正式实施。这是中国与发达国家签署的第一个自由贸易协定。

中国与新西兰的 FTA 是中国首次与其他国家签订的一揽子自由贸易协定，服务贸易、投资和知识产权等贸易议题正式被纳入协定的主体文本，并成为其后中国与其他国家签订 FTA 的范本，对中国接受、采纳和利用第二代贸易政策具有里程碑式的重要意义。该协定共分 18 个章节，包含货物贸易、原产地规则、海关程序、贸易救济、卫生与植物卫生措施、技术性贸易壁垒、服务贸易、自然人移动、投资、知识产权、透明度、合作、管理与机制条款、争端解决和例外条款等多项内容。根据协定规定，中新两国将采取逐步降税的方式，新西兰将在 2016 年 1 月 1 日前取消全部从中国进口的产品关税，其中 63.6% 的产品从协定生效时起即实现零关税；中国将在 2019 年 1 月 1 日前取消 97.2% 从新西兰进口的产品关税，其中 24.3% 的产品从协定生效时即实现零关税。在服务贸易方面，新西兰在商务、建筑、教育、环境等 4 大部门的 16 个分部门做出了高于 WTO 的承诺，包括允许中国服务提供者提供跨境建筑咨询服务、允许在新西兰设立汉语培训机构、开展汉语语言测试、提供中小学课外辅导服务等；而中国在商务、环境、体育娱乐、运输等 4 大部门的 15 个分部门做出了高于 WTO 的承诺，包括开放项目管理服务，

---

① 数据来源：中华人民共和国国家统计局，2012。

允许新西兰设立外商投资企业提供计算机、环保、体育娱乐服务等。此外，双方还对环境、建筑、农林、工程、整体工程、计算机、旅游等 7 个领域实行最惠国待遇[①]。同时，该协定对于投资保护、投资者与国家间争端解决的程序与规则等投资领域问题做出了详细的、明确的规定，还建立了投资规则框架。

在中国-新西兰 FTA 实施之后，两国的贸易增长速度进一步加快，对促进两国经济发展作出了积极的贡献。2013 年，中新两国贸易总额约为 123.9 亿美元，同比增长 28%；其中，中国对新西兰进口额超过 82 亿美元，同比增长 42%[②]。

（四）中国-新加坡自由贸易协定

中国与新加坡经贸关系密切，近年来双边贸易发展迅速，中国是新加坡重要的出口市场和进口来源地之一，而新加坡对华贸易量在全部东盟国家中居于第二位，仅次于马来西亚。[③] 中国-新加坡自由贸易协定谈判于 2006 年 8 月正式启动。经过 8 轮谈判之后，2008 年 10 月 23 日，中新两国正式签署了自由贸易协定。2009 年 1 月 1 日，中国-新加坡自由贸易协定正式生效。

中国-新加坡 FTA 共 14 个章节，涉及货物贸易、原产地规则、海关程序、贸易救济、技术性贸易壁垒、卫生与植物卫生措施、服务贸易、投资、经济合作、争端解决和例外条款等领域。根据协定，新加坡自协议生效之时即取消全部从中国进口的产品关税；中国于 2010 年 1 月 1 日对 97.1%从新加坡进口的产品实现零关税。双方还在医疗、教育、会计等服务贸易领域做出了高于 WTO 的承诺[④]。

协议实施后，中国和新加坡双边贸易持续增长，2013 年中新双边货物贸易总额 759 亿美元，同比增长 9.6%。其中，中国向新加坡出口约 459 亿美元，同比增长 12.6%，中国从新加坡进口 300 亿美元，同比增长 5.3%[⑤]。中国-新加坡自由贸易协定与中国、东盟的"10+1"形成了嵌套型 FTA 结构，使中国和新加坡的经贸往来更加密切，巩固了两国作为亚太地区 FTA 网络"中心"国家的地位，进一步

---

① 资料来源：商务部中国自由贸易区服务网，http://fta.mofcom.gov.cn。
② 数据来源：中国海关总署统计数据，2013。
③ 数据来源：中国海关总署统计数据，2013。
④ 资料来源：商务部中国自由贸易区服务网，http://fta.mofcom.gov.cn。
⑤ 数据来源：中国海关总署统计数据，2013。

加强了中国与东盟国家的经贸联系，促进了亚太区域经济一体化的发展。

（五）中国-秘鲁自由贸易协定

中国和秘鲁经济互补性强，近年来经贸关系发展迅速，秘鲁日益成为中国在拉美主要的投资和贸易对象国之一。2007年悉尼APEC领导人非正式会议期间，胡锦涛主席与加西亚总统共同宣布启动中国与秘鲁的自贸谈判。2009年4月28日，两国签署了中国-秘鲁自由贸易协定。该协定于2010年3月1日正式生效。

协定包含17个章节，除货物贸易、原产地规则、贸易救济、技术性贸易壁垒、卫生和植物卫生措施等传统市场准入条款以及服务贸易和投资的相关章节外，还涉及海关程序及贸易便利化措施、知识产权、合作和透明度等新领域。根据协定内容，中秘双方对各自90%以上的产品分阶段实施零关税，受惠产品涉及轻工、电子、家电、机械、汽车、化工、蔬菜、水果、鱼类和矿产品等多个部门。在服务贸易方面，中秘双方在WTO承诺基础上对采矿、研发、教育、医疗、旅游和人员流动等部门实行进一步开放，并为对方投资者提供准入后国民待遇、最惠国待遇和公平公正待遇①。

随着双边FTA的实施，中国和秘鲁的双边贸易显著增长。2010年，两国贸易总额9.9亿美元，较2009年增长了51.7%。2013年，中秘双边货物贸易总额约合138亿美元，同比增长10.3%；其中中国对秘鲁出口53亿美元，同比增长14.6%；中国从秘鲁进口85亿美元，同比增长7.8%②。中国-秘鲁自由贸易协定促进了中国与亚太地区拉美国家的经贸交流与合作，有助于推动亚太区域经济一体化的进程。

（六）中国-韩国自由贸易协定

中韩自1992年建交以来，双方关系快速发展，双边贸易额从1992年的50.3亿美元迅速增长至2013年的2564亿美元，增长了50多倍③。韩国是中国的第六大贸易伙伴，仅次于欧盟、美国、东盟、中国香港和日本；而中国是韩国第一大

---

① 资料来源：商务部中国自由贸易区服务网，http://fta.mofcom.gov.cn。
② 数据来源：中华人民共和国国家统计局，2012。
③ 数据来源：中国海关总署统计数据，2013。

贸易伙伴国、出口市场和进口来源地。

2004 年 11 月，中国时任国家主席胡锦涛和韩国时任总统卢武铉共同宣布启动中韩自贸区民间研究，拉开了中韩自贸谈判的序幕。2006 年 11 月中韩自贸区官产学联合研究正式启动，经过 5 次联合会议，中韩双方就货物贸易、服务贸易和投资等多领域议题进行了深入全面的研究，并完成《中韩经贸合作中长期发展规划报告》，认为双边自由贸易协定将促进两国经济贸易显著增长。该报告确定了产业、技术、能源、环境和劳动、区域经济合作等 5 个重点合作领域，以及能源、气候、金融、造船、就业、区域多边合作与协调等 23 个具体合作方向，成为中韩经贸合作的指针，也为中韩自贸区的建设打下基础。2012 年 5 月 2 日，中韩发表联合部长声明，宣布正式启动两国的自由贸易谈判进程，双方承诺货物和服务贸易领域的自由化水平将超越各自在 WTO 的承诺水平，并适当处理与双边投资有关的议题。谈判分为模式和出要价两个阶段，模式阶段确定协议的范围、原则、框架和自由化水平；出要价阶段将以此模式为基础，开展所有领域的其他谈判，最终确定协议文本。截至 2014 年 11 月，双方共进行了 14 轮谈判，其中模式阶段的 7 轮谈判已于 2013 年 7 月正式结束，双方在服务、原产地规则、海关程序、贸易救济、知识产权等领域基本达成一致，并同意将透明度、竞争政策、卫生和植物卫生措施、技术性贸易壁垒、电子商务、环境和经济合作等议题纳入协定范围；同时，双方就货物贸易的正常产品和敏感产品清单进行交换，并就服务贸易、投资、原产地规则、海关程序和贸易便利化、知识产权、竞争政策等十几个领域开展了协议文本谈判。2014 年 11 月 10 日，中韩双方共同确认中韩自由贸易区结束实质性谈判。2015 年 6 月 1 日，中韩签署《中华人民共和国政府同大韩民国政府自由贸易协定》，同年 12 月 20 日正式生效并第一次降税，2016 年 1 月 1 日实行第二次降税。

中韩 FTA 除序言外共包括 22 个章节，分别是初始条款和定义、国民待遇和货物市场准入、原产地规则和原产地实施程序、海关程序和贸易便利化、卫生与植物卫生措施、技术性贸易壁垒、贸易救济、服务贸易、金融服务、电信、自然人移动、投资、电子商务、竞争、知识产权、环境与贸易、经济合作、透明度、机构条款、争端解决、例外条款、最终条款。其中金融服务和电信是我国首次在 FTA 中单列的章节。此外，FTA 还包括货物贸易关税减让表、服务贸易具体承诺表等 18 个附件。

中韩自由贸易协定作为桥梁和纽带，将有助于推动中日韩自由贸易区的建设，并在此基础上进一步深化和整合中日韩与东盟的"10+X"机制，从而促进亚太自由贸易区（FTAAP）在亚洲轨道上的发展和建立。

（七）中国-澳大利亚自由贸易协定

自 1973 年中国与澳大利亚签订《中澳贸易协定》开始，中澳两国双边贸易发展迅速，近年来双方经贸关系密切，中国是澳大利亚最大的贸易伙伴、重要的出口地和投资来源地；澳大利亚也是中国的主要进口来源地之一，据海关统计数据，2013 年中国从澳大利亚进口额为 988 亿美元，澳大利亚居于全部进口来源国的第七位。[①]

2003 年 10 月，中国时任国家主席胡锦涛访澳期间与澳大利亚时任总理霍华德共同签订了《中澳贸易与经济框架协定》，为中澳自由贸易区谈判打下基础。2005 年 5 月 23 日，中澳自由贸易区第一轮谈判正式启动，拉开了双边自由贸易协定建设的序幕。此后，尽管中澳谈判进展缓慢，并一度陷入停滞，但随后在双方的积极磋商和共同努力下，谈判得以重启，对货物贸易、农产品、非关税措施、检验检疫、海关程序、原产地规则、服务贸易、投资、政府采购、法律、知识产权、争端解决、金融和教育服务等多项议题展开谈判，并就双方重点领域的"早期成果"进行了深入磋商。2013 年 10 月 17 日，习近平主席在会见澳大利亚总督布赖斯时表示，应以更加积极、灵活的态度应对中澳自由贸易谈判，互谅互让，推动谈判早日取得突破；同时，两国应积极拓展能源资源、基础设施建设、金融服务、节能环保、清洁能源、生物医药等新兴领域的合作，实现两国经贸合作的多元化

---

① 数据来源：中国海关总署统计数据，2013。

发展，为促进区域和世界发展繁荣做出贡献①。2014 年 11 月 17 日，中澳双方签署了实质性结束自由贸易协定谈判的意向声明。2015 年 6 月 17 日，中澳双方签署了《中华人民共和国政府和澳大利亚政府自由贸易协定》，同年 12 月 20 日正式生效并第一次降税，2016 年 1 月 1 日实行第二次降税。

中澳 FTA 的正文部分除序言以外共 17 章，分别是初始条款与定义、货物贸易、原产地规则和实施程序、海关程序与贸易便利化、卫生与植物卫生措施、技术性贸易壁垒、贸易救济、服务贸易、投资、自然人移动、知识产权、电子商务、透明度、机制条款、争端解决、一般条款与例外、最终条款，其中包括各章附件共 11 个。此外该协定还包括 4 个附件，分别是货物贸易减让表、特定产品原产地规则、服务贸易减让表以及关于技能评估、金融服务、教育服务、法律服务、投资者与国家争端解决透明度规则的 5 份换文。

基于中澳 FTA，中国 96.8% 的税目将实现自由化，且均采用线性降税这一简单直接的降税方式，其中 5 年内完成降税的税目比例为 95%，剩余产品降税过渡期最长不超过 15 年。澳大利亚所有产品均对中国完全降税，自由化水平达到 100%，其中 91.6% 的税目关税在协定生效时即降为零，6.9% 的税目在协定生效第 3 年降为零，最后 1.5% 的税目关税在协定生效第 5 年降为零。从贸易额角度看，中国实现自由化的产品占中国自澳大利亚进口总额的 97%，其中协定生效时关税即降为零的产品进口额占比为 85.4%，5 年内关税降为零的产品进口额占比为 92.8%。澳大利亚自中国进口并在协定生效时关税即降为零的产品总额占比也是 85.4%，3 年内关税降为零的产品进口额占比为 98.4%，5 年内所有产品关税均将降为零。

在服务贸易方面，中澳 FTA 是首个贸易伙伴以"负面清单"形式对我服务贸易做出开放承诺的协定。澳方成为首个对中方以负面清单方式开放服务部门的国家，而中方在入世承诺基础上，以正面清单方式，向澳方承诺开放部分服务部门。同时，基于中澳 FTA，澳大利亚同意设立投资便利化机制，专门为中方投资项下

---

① 资料来源：相互信任 互利双赢 开创中澳友好合作新局面，《人民日报》，2013-10-18。

工程和技术人员办理赴澳签证申请和工作许可开通"绿色通道"，以促进中国企业在澳从事投资活动；将通过"假日工作签证安排"的方式为中国青年赴澳提供每年 5000 人的假日工作签证，以推动两国青年交往；还将向中国特色职业人员（中医师、中文教师、中国厨师和武术教练）提供每年 1800 人的入境配额。此外，中澳 FTA 为"升级"双方服务贸易开放做出了预备安排，同意在 FTA 实施后，在双方未来商定的时间，以负面清单方式开展服务贸易谈判，推动实现更高水平的相互开放。

投资方面，中国和澳大利亚在中澳 FTA 的框架下签订了《投资便利化安排谅解备忘录》，旨在对中国赴澳投资企业的相关人员给予一定的签证便利化安排。从事食品和农业企业、资源和能源、交通、电信、供电和发电、环境、旅游等领域大型投资和工程项目的人员赴澳将获得便利待遇。与此同时，中国将按照准入前国民待遇加负面清单的模式与澳方进行谈判，进一步提升投资自由化和便利化水平；引入投资者-东道国争端解决机制，为中澳双方投资者提供充分的权利保障和救济途径。

中澳 FTA 也是继中韩贸易协定之后，中国与亚太地区又一个重要成员签署的自贸协定，内容上涵盖货物、服务、投资等十几个领域，实现了"全面、高质量和利益平衡"的目标，是中国与其他国家迄今已商签的贸易投资自由化整体水平最高的自贸协定之一。这对于推动区域全面经济伙伴关系（RCEP）和亚太自由贸易区（FTAAP）进程以及加快亚太地区经济一体化进程、实现区域共同发展和繁荣具有十分重要的意义。

三、中国正在谈判中的亚太地区的 FTA/RTA

目前，中国在亚太地区的在谈自由贸易协定 2 个，分别是中日韩自贸区协议与"区域全面经济合作伙伴关系协议"（RCEP）。中日韩自贸区和 RCEP 谈判仍处于初级阶段，2020 年已达成 RCEP 初步协议。需要各方互尊互信，就协定框架达成进一步共识。

（一）中日韩自由贸易协定

中日韩 FTA 构想由国务院前总理朱镕基在 2002 年提出，其后从 2003 年到 2009 年中日韩三国研究机构共同开展了关于建立中日韩自由贸易区（CJKFTA）的联合研究，结果显示，中日韩 FTA 的建立将给三国带来宏观经济收益，取得三方共赢的效果。2010 年 5 月，中日韩 FTA 官产学联合研究启动，到 2011 年 12 月为止共举行了 7 次会谈，官产学联合研究结束。2012 年 5 月 13 日，三国签署了投资协定，该协定的签署具有里程碑式的重要意义，这是中日韩第一个促进和保护三国间投资行为的法律文件和制度安排，为中日韩自贸区建设提供了重要基础。在同月举行的中日韩领导人会议上，三国领导人就年内开始谈判达成一致，2012 年 11 月，在柬埔寨金边召开的东亚领导人系列会议期间，中日韩三国经贸部长举行会晤，宣布启动中日韩自贸区谈判。2013 年三方约定举行三次谈判，第一次谈判在韩国举行，并已于 2013 年 3 月 28 日结束，各方主要围绕自贸区谈判的机制安排、范围和方式等问题进行了讨论。

中、日、韩三国都是全球重要的成员。根据 2011 年 12 月公布的《中日韩自由贸易区可行性联合研究报告》，[①] 2010 年三国 GDP 合计达到 12.344 万亿美元，占当年全球总量的 19.6%。三国也是全球贸易大国，2010 年进口总额和出口总额分别占全球的 16.3% 和 18.5%。同年，三国的直接投资流入量和流出量分别占全球的 9.2% 和 12.8%。

同时，三国之间的贸易也持续增长，贸易额从 1999 年的 1300 亿美元快速上升到 2011 年的约 6900 亿美元，中国成为日本和韩国的最大出口市场。但是，中日韩三国的区域内贸易水平与欧盟和北美自由贸易区相比仍然较低，2011 年欧盟（EU）和北美自由贸易协议（NAFTA）的区域内贸易比重分别为 64.5% 和 39.9%，而中日韩仅为 21.3%。但较低的区域内贸易水平也意味着中日韩 FTA 的建立，将使三国贸易有进一步增长的空间。此外，中日韩三国之间的投资比重也比较低，虽然中国近年来已成为外国直接投资（FDI）母国，但日本和韩国都不是中国对

---

① 中国商务部网站，http://fta.mofcom.gov.cn/article/chinarihan/chinarhnews/201203。

外投资的主要目的地。中日韩 FTA 的建成将会进一步促进相互间的投资。

中日韩 FTA 的建立虽然符合三国自身的经济利益，但是三国在特定的行业都存在开放市场的压力，农业向来是日本和韩国的软肋，关于农产品市场开放的问题必然会成为问题的焦点。2004 年日韩自贸区谈判中止的原因之一便是农业领域谈判的分歧难以弥合。此外，中日韩自贸区还面临政治方面的障碍，中日、日韩之间的领土问题和历史问题都会给自贸区谈判带来挑战。特别是日本加入 TPP 后，意欲通过加入"高标准"的 FTA 谈判牵制中韩，以图中韩做出让步。中日韩 FTA 谈判进展能否顺利依然存在不确定性。

（二）区域全面经济伙伴关系（RCEP）

近年来，多哈回合进展缓慢，各国纷纷转向次区域优惠贸易安排，寻求区域一体化的主导权。以东盟为主体的各类东亚一体化方案备受关注，包括由中国主张建立的"10+3"机制和由日本力图主导的"10+6"机制。在 2011 年第 18 次东盟经济部长会议上，东盟十国发起建立区域全面经济伙伴关系（RCEP），在中日主张建立的"10+3"和"10+6"之间进行折中，提出以东盟为主导、实现区域经济一体化。RCEP 的成员即东盟十国和中国、日本、韩国、澳大利亚、新西兰和印度，协议涵盖的内容不仅包括削减关税、消除内部贸易壁垒等传统的市场准入条款，还包括优化投资环境、扩大服务贸易、完善竞争政策、加强知识产权保护等多个领域。同东盟与上述六国已经签订的 FTA 相比较，RCEP 的自由化程度更高。

2012 年 11 月 20 日，东盟和中国、日本、韩国、澳大利亚、新西兰、印度 16 国领导人在东亚峰会期间发表了《启动"区域全面经济伙伴关系协定（RCEP）"谈判的联合声明》[①]，宣布启动 RCEP 谈判。同时公布了《RCEP 谈判的基本方针及目的》，指出启动 RCEP 谈判是要建立一个先进的、综合的、高标准且互惠的经济合作协定，并规定谈判内容将涵盖货物贸易、投资、经济技术合作、通信和金融等服务贸易、知识产权、竞争政策、争端解决、其他相关领域等 8 个方面，政府采购、环境保护、劳工流动不在谈判范围之内。同时提出 RCEP 的 8 大原则，

---

① 日本外务省网站，http://www.mofa.go.jp/mofaj/press/release/24/11/pdfs/20121120。

即：确保与 WTO 的一致性；大幅改进现存的"10+1"模式；确保贸易和投资的便利化和透明度；考虑参加国处于不同的经济发展阶段，RCEP 将通过适当方式给予经济发展较慢国家一定的灵活性；RCEP 谈判结束后，"10+1"FTA 也会继续存在，RCEP 的任何规定都不会影响"10+1"FTA 的条款；协定设立开放准入条款；在谈判结束之后，其他经济伙伴可申请加入协定；对于参加 RCEP 谈判且经济欠发展的国家给予经济技术支援；同时进行商品、服务贸易、投资以及其他领域的谈判。

2013 年 5 月 9 日，区域全面伙伴关系协定第一轮谈判在文莱举行，设立货物贸易、服务贸易和投资 3 个工作组，就相关议题深入交换意见。截至 2016 年 8 月，RCEP 谈判已进行了 14 轮，在货物贸易领域，设立原产地规则分组和海关程序与贸易便利化分组，围绕降税模式、原产地规则等议题展开磋商；在服务贸易和投资领域，主要探讨要素及市场准入模式及章节架构等基础性问题；此外，谈判委员会还决定设立知识产权、竞争政策、经济技术合作和争端解决等 4 个工作组，对部分成员提出的新领域议题进行交流。

从本质上说，RCEP 是东盟打造的以自己为核心推动多边区域一体化进程的方案，是中国、日本、韩国与东盟的"10+1"FTA 和由中国、日本提出的"10+X"战略构想的延续，体现了亚洲国家恢复亚太区域一体化亚洲路线的决心。与日本提出的"10+6"方案不同，RCEP 由东盟作为主导。目前，东盟已与 RCEP 其他成员签订了 5 个自由贸易协定，在 RCEP 成员网络中居于中心地位。与此同时，RCEP 与由美国主导的 TPP 形成了推动亚太区域一体化的"双轨道"，相比于后者的高门槛，RCEP 的包容性更强，更适用于亚太成员的多元化需求；此外 RCEP 的成员量较 TPP 更大，一旦谈成将覆盖全球贸易总额的近 27%、惠及全球近一半的人口，成为全球最大的 FTA，产生巨大的经济效应①。RCEP 的建成，将极大地推动亚太 FTAAP 的进程。

---

① 世界银行"世界发展指标（WDI）数据库"，2012。经计算得到。

第四节　亚太地区 FTA 整合和中国的应对策略

目前 APEC 内部多个 FTA/RTA 并行发展的规则和标准不完全相同。总的看来，不同的 FTA 轨道之间存在一种独特的相互激励和彼此竞争的关系，尤其是跨太平洋伙伴关系协定引导的"TPP 轨道"和区域全面经济伙伴关系（RCEP）引导的"亚洲轨道"[①]。这种关系使亚太区域经济一体化进程实现了某种不稳定和脆弱的平衡。它可能因部分区域经济一体化机制被大国用作政治投机或战略博弈的工具而瓦解。APEC 任一成员都不希望出现不同轨道间的恶性竞争。因此，APEC 有必要也有责任通过协调亚太经济一体化整体进程，缓解内部 FTA 大量出现而滋生的"意大利面碗"效应，维护亚太区域经济的良性发展。

一、APEC 内部 FTA 的整合

就目前的趋势看，协调亚太经济一体化整体进程的路径是整合 APEC 成员内部 FTA，建立亚太自由贸易区[②]。FTAAP 可能的实现路径主要有以下四种：由 TPP 扩容形成 FTAAP[③]；由 RCEP 扩容形成 FTAAP；将 TPP 和 RCEP 融合成为 FTAAP[④]；四是围绕 TPP 和 RCEP 形成一个"伞形协定"[⑤]。以美国为首的 TPP 已于 2015 年 10 月 5 日完成谈判，2016 年 2 月 4 日完成签署，虽然缔约国国会通过的时程还需要两年左右，但仍然快于其他潜在路径。以中国为核心的 RCEP 原计划在 2015 年年底前完成谈判，到目前为止还看不到实质的进展，明显落后于 TPP 的进度。在美国重返亚洲战略以及通过 TPP 拉拢亚太各成员制约中国经贸发展的可能下，

---

① Aggarwal, VK. Mega-FTAs and the Trade-Security Nexus: The Trans-Pacific Partnership (TPP) and Regional Comprehensive Economic Partnership (RCEP) [J]. Asiapacific Issues, 2016; ADB. Trans-Pacific Partnership versus Comprehensive Economic Partnership: Control of Membership and Agenda Setting[J]. Working Papers on Regional Economic Integration, 2014.

② 宫占奎. APEC 与 FTAAP 平行推进问题研究[J]. 南开学报（哲学社会科学版），2015（02）15-26.

③ Elms, D. The Trans-Pacific Partnership (TPP) as a Pathway to Asian Integration The Goal: Free-Trade Area of the Asia Pacific (FTAAP)[C]// 2014 Korea Dialogue on Strengthening North Pacific Cooperation, East-West Center and KIEP, 2014.

④ Petri, PA., Abdul-Raheem, A. Can RCEP and the TPP be Pathways to FTAAP[J]. Social Science Electronic Publishing, 2014.

⑤ APEC. The Beijing Roadmap for APEC's Contribution to the Realization of the FTAAP [R]. Beijing, China, Nov 2014; Tran, D, Heal, A. A Free Trade Area of the Asia-Pacific: Potential Pathways to Implementation[J]. Gastroenterology Nursing, 2014, 24(5): 239-45.

中国亟须制定系统性的策略加以应对。

应该意识到，TPP 的签订虽然广受关注，影响巨大，但亚太地区数量众多的成员的显著多样性和经济发展水平的差异将长期存在，TPP 不可能是通向亚太区域经济一体化终极目标的唯一路径，其未来实施过程仍将会遇到各种各样的困难和阻力。还须强调的是，尽管 TPP 的扩张是由政治和经济等多种因素驱动的，但亚太区域经济一体化合作进程发展的核心推动力仍是各成员谋求经济发展的共同诉求。只要我国和广大成员一起全力维护亚太地区安全和稳定，平衡各成员的利益诉求，以灵活渐进的方式不断拓展亚太区域经济一体化合作的广度和深度，地缘政治竞争因素将逐渐让位于经济因素[1]。

二、中国对亚太地区 FTA 整合的对策

基于以上考虑，我国的总体应对思路是以"一带一路"倡议为战略指导，以各个层面的经济合作机制为依托，以全方位互联互通合作为代表的实体经济合作为主渠道，逐步构建由中国引导的、以包容和共赢为特色的经贸规则体系。具体措施包括以下几个方面。

（一）以"一带一路"倡议为战略指导

就中长期目标而言，我国应以"一带一路"倡议为战略指导，构建基于新型伙伴关系的亚太区域经济一体化合作框架。"一带一路"倡议综合历史渊源和现实基础，以促进经济要素有序自由流动、资源高效配置和市场深度融合为目标，致力于推动沿线各国的经济政策协调与合作。目前，就亚太地区而言，"一带一路"倡议已经覆盖东南亚和大洋洲地区，今后，依据史实和我国的战略考虑，可以逐步拓展到东亚和拉丁美洲的多个沿海国家。在明晰我国的国际和地区战略方面，"一带一路"倡议可谓"形神兼备"。因此，我国应该以"一带一路"倡议为指导，将我国所倡导的团结互信、守望相助、开放包容、融合发展等要素融入新型亚太伙伴关系的构建，强化各成员的地区认同感，增强向心力。同时，"一带一路"框

---

① 盛斌，果婷. 亚太区域经济一体化博弈与中国的战略选择[J]. 世界经济与政治，2014（10）：4-21.

架下的合作应以基础设施建设为先导,尽快向贸易投资自由化和便利化领域延伸。在此过程中,我国可以通过签订双边协定或备忘录的方式,引导相关经贸规则的制定,并伴随"一带一路"建设的全面铺开而形成完整的规则体系。

（二）推进 APEC 互联互通建设

应统筹我国参与的双边、次区域和区域合作机制,将全方位互联互通建设打造为亚太区域经济一体化合作的主渠道之一,并积极推进相关的经贸规则整合。与西方所青睐的一系列"边界后"规制相比,我国的优势和利益诉求更多地集中在实体经济领域,互联互通建设最具代表性。该领域的合作不仅有助于拉近亚太地区各成员在地理空间、物理空间和制度空间上的距离,深化成员之间的相互依赖程度,同时也可以加强地区经济竞争力,提升亚太区域经济一体化的质量与实效,并形成新的经济增长点。因此,我国应充分发挥自身优势,积极推出"中国方案",成为亚太区域互联互通合作的引导者和贡献者。同时,我国应在与互联互通密切相关的海关程序、动植物卫生检疫措施（SPS）、技术规定和标准（TBT）、自然人移动、电子商务等便利化领域积极推进规则的整合与协调,掌握主动权。

（三）以亚太自由贸易区为建设目标

以亚太自由贸易区（FTAAP）为载体,积极推动建立亚太区域经济一体化合作的新目标和框架。针对 TPP 扩张所引发的亚太区域经济一体化的格局之变,为避免该地区出现大型封闭式贸易集团的割据和恶性竞争,必须形成更加高效的统一市场体系和容量更大的消费市场,为新型亚太伙伴关系的构建奠定更为坚实的经济基础和良好的制度框架。要实现这一目标,面向所有 APEC 成员的 FTAAP 无疑是最佳选择。我国利用主办 2014 年北京 APEC 会议之机,在实质性推进 FTAAP 问题上取得了主动权。下一阶段,我国应全力推进落实"北京路线图"制订的行动计划,并在按期完成联合战略研究的基础上,为 FTAAP 制定明确的推进路径和谈判时间表。

（四）扎实推进我国的 FTA 战略

在亚太地区继续扎实推进实施我国的 FTA 战略,并根据形势发展对重点进行调整。无论从自身经济利益出发，还是为了防止美国将 TPP 标准全盘移植到 FTAAP 的构建之中，我国都需要尽快在东亚地区推进建立大型的自由贸易安排，以便在构建亚太区域经济一体化整体框架的路径选择和规则博弈中增加筹码。目前，RCEP 谈判的进展远远落后于既定时间表，而且印度等个别成员在自由化水平上的消极态度将不可避免地引发"木桶效应"。为避免 RCEP 谈判陷入无果而终的困境，我国应考虑推进 RCEP 达成"早期收获"或者部门性的协议，力争尽快在货物贸易领域为 RCEP 的自由化水平定位。同时，我国应根据东亚地区局势的变化，在中日韩 FTA 谈判中采取灵活立场，当快则快。此外，太平洋联盟（PA）的进展也值得高度关注。从名称来看，PA 将自身定位于构建跨太平洋的区域经济合作框架，颇具翻版 TPP 的特色。因此，我国可以审时度势，支持并参与 PA 扩员，或者推动东亚地区已有 FTA（如中国-东盟自由贸易区）与 PA 对接。

（五）充分利用相关国际组织的作用

充分挖掘和发挥 APEC、亚投行在亚太经贸规则制定中的作用。作为一个论坛性质的经济合作组织，APEC 最核心的作用在于维系亚太区域经济合作的完整性，在制定具有约束性的经贸规则方面并没有制度性优势。但是，APEC 环境产品清单的达成表明，APEC 领导人自上而下的决策方式在某些情况下比谈判更容易取得突破。因此，将环境产品清单模式复制到其他产品、重新激活部门自愿提前自由化模式、利用"探路者"倡议模式推进相关经贸规则的制定等，都可以作为我国考虑采取的措施。亚投行是我国发起建立的具有明显时代特征的、高标准的多边开发金融机构。根据各创始成员签署的协定，亚投行的重点投资方向不仅涉及基础设施领域，还包括其他生产性领域，并将推进区域合作和伙伴关系作为重要目标。因此，我国作为亚投行持股比例最高的成员，应该在确保亚投行实行严格的国际标准管理的前提下，将我国构建亚太新型伙伴关系、促进亚太全方位互联互通合作的理念巧妙、合理地融入亚投行的运营和项目管理过程中，从而和世界银行、IMF 等西方掌控的国际金融机构广受诟病的将贷款附带政治条件的做法形成鲜明的对比，在国际金融体制的变革中不断强化我国的话语权。

第六章　中国对茂物目标的贡献

APEC 是中国参加的第一个区域经济合作组织,在拓展和深化中国与亚太地区各成员的经济、政治关系方面发挥了难以替代的重要作用。自 1991 年加入 APEC 以来,中国始终高度重视和积极参与 APEC 合作,为实现茂物目标做出了重要贡献。

第一节　中国与 APEC 成员的经贸关系发展

APEC 是亚太地区最重要的政府间合作组织,为促进亚太地区贸易与投资,推动经济的可持续发展做出了积极贡献。作为亚太地区最大的发展中成员,中国不断发展和深化与 APEC 成员的经贸关系,中国经济的改革开放和高速发展对亚太地区的繁荣稳定发挥了重要作用。

一、中国宏观经济的发展

中国自 20 世纪 70 年代末改革开放以来,经济实现飞跃发展,取得了举世瞩目的成就。20 世纪 80 年代,实际国内生产总值(GDP)年均增长率达到 9.9%。20 世纪 90 年代,实际 GDP 年均增长率进一步提高到 10.7%[①]。进入 21 世纪以来,

---

[①] 20 世纪 80 年代(1980—1989 年),以 1980 年为基期;20 世纪 90 年代(1990—1999 年),以 1990 年为基期。

面对新的国内外发展环境，中国加快了经济结构调整的步伐，宏观经济始终保持较高增速的平稳发展（见表 6.1）。

表 6.1　中国宏观经济增长情况

年份	名义 GDP（百万美元）	人均名义 GDP（美元）	实际 GDP（百万美元）	实际人均 GDP（美元）	实际 GDP 增长率（%）
1980	306520.29	311.50	219203.78	222.76	7.84
1990	404494.19	347.08	532305.42	456.75	3.84
2000	1192836.27	931.59	1435958.85	1121.47	8.43
2001	1317229.51	1022.78	1555148.00	1207.52	8.30
2002	1455554.35	1123.70	1696666.46	1309.84	9.10
2003	1650511.32	1266.89	1866502.76	1432.67	10.01
2004	1944671.56	1484.01	2055019.54	1568.22	10.10
2005	2287236.73	1735.15	2287236.73	1735.15	11.30
2006	2793180.52	2106.24	2577179.09	1943.36	12.68
2007	3504410.56	2626.32	2943138.52	2205.68	14.20
2008	4547276.65	3386.58	3226700.15	2403.08	9.63
2009	5105457.84	3778.33	3524014.72	2607.97	9.21
2010	5949785.24	4375.42	3890878.75	2861.32	10.41
2011	7314444.46	5345.10	4252730.47	3107.72	9.30
2012	8229447.25	5976.08	4578167.86	3324.58	7.65
2013	9181203.79	6626.32	4930686.79	3558.61	7.70
2014	10066674.21	7222.55	5295557.61	3799.41	7.40
2015	10866444.00	7924.7	5660951.09	4041.05	6.90

注：实际 GDP 以 2005 年不变汇率和 2005 年不变美元价格计算。

资料来源：联合国贸发会议（UNCTAD）经济趋势统计数据库。2015 年数据来源于世界银行。

在经济高速增长的同时，中国高度重视经济结构的不断优化与调整。1980 年，第一产业产值占 GDP 的比重为 30.2%，2015 年已降为 9.0%。第二产业在推动中国经济增长中始终发挥着重要作用。2015 年，第二产业在国民经济中的比重为 40.5%，其中，工业产值占 GDP 的比重为 33.8%。服务业是中国政府促进产业结构优化升级的战略重点。1980 年，第三产业产值占 GDP 的比重仅为 21.6%，此后，随着第三产业的不断发展，其在国民经济中的地位不断提高，目前占 GDP 的比重已达到 50.5%（见表 6.2）。

表 6.2　中国三大产业发展状况　　　　单位：亿元；%

年份	第一产业		第二产业		工业		第三产业	
	总产值	占 GDP 比重	总产值	占 GDP 比重	总产值	占 GDP 比重	总产值	占 GDP 比重
1980	1371.6	30.2	2192.0	48.2	1996.5	43.9	982.0	21.6
1990	5062.0	27.1	7717.4	41.3	6858.0	36.7	5888.4	31.5
2000	14944.7	15.1	45555.9	45.9	40033.6	40.4	38714.0	39.0
2001	15781.3	14.4	49512.3	45.2	43580.6	39.7	44361.6	40.5
2002	16537.0	13.7	53896.8	44.8	47431.3	39.4	49898.9	41.5
2003	17381.7	12.8	62436.3	46.0	54945.5	40.5	56004.7	41.2
2004	21412.7	13.4	73904.3	46.2	65210.0	40.8	64561.3	40.4
2005	22420.0	12.1	87598.1	47.4	77230.8	41.8	74919.3	40.5
2006	24040.0	11.1	103719.5	47.9	91310.9	42.2	88554.9	40.9
2007	28627.0	10.8	125831.4	47.3	110534.9	41.6	111351.9	41.9
2008	33702.0	10.7	149003.4	47.4	130260.2	41.5	131340.0	41.8
2009	35226.0	10.3	157638.8	46.2	135239.9	39.7	148038.0	43.4
2010	40533.6	10.1	187383.2	46.7	160722.2	40.0	173596.0	43.2
2011	47486.2	10.0	220412.8	46.6	188470.2	39.8	205205.0	43.4
2012	52373.6	10.1	235162.0	45.3	199670.7	38.5	231406.5	44.6
2013	56957.0	10.0	249684.4	43.9	210689.4	37.0	262203.8	46.1
2014	58336.1	9.2	271764.5	42.7	228122.9	35.9	306038.2	48.1
2015	60863.0	9.0	274278	40.5	228974.0	33.8	341567.0	50.5

数据来源：《中国统计年鉴》。2015 年数据来自中国 2015 年国民经济和社会发展统计公报。

目前，中国是世界第一货物贸易大国，已成为 120 多个国家的第一大贸易伙伴。2015 年，货物贸易进出口总额达到 3.96 万亿美元，占全球贸易的 11.92%。其中，出口总额约为 22749 亿美元，进口总额约为 16820 亿美元，货物贸易顺差约为 5930 亿美元。2015 年，中国货物贸易出口额占 GDP 比重为 20.94%，货物贸易进口额占 GDP 比重为 15.48%，进出口总额占 GDP 的比重达到 36.41%。中国对外贸易的迅速发展不仅有力地推动了国内经济持续快速增长，同时也对全球经济增长做出了突出贡献（见表 6.3）。

表 6.3　中国货物贸易总体情况　　　　单位：百万美元；%

年份	出口总额	进口总额	进出口总额	贸易差额	贸易总额占GDP比重	进出口总额占世界比重
1980	18119.00	20017.00	38140.00	−1900.00	12.44	0.93
1990	62091.00	53345.00	115440.00	8740.00	28.54	1.65
2000	249203.00	225094.00	474290.00	24110.00	39.76	3.60
2001	266098.00	243553.00	509650.00	22550.00	38.69	4.02
2002	325596.00	295170.00	620770.00	30430.00	42.65	4.69
2003	438228.00	412760.00	850988.00	25468.00	51.55	5.51
2004	593326.00	561229.00	1154550.00	32090.00	59.43	6.14
2005	761953.00	659953.00	1421910.00	102000.00	62.26	6.65
2006	968978.00	791460.87	1760440.00	177520.00	63.16	7.16
2007	1220456.00	956116.00	2176570.00	264344.00	62.29	7.68
2008	1430693.07	1132567.00	2563255.23	298123.00	56.56	7.83
2009	1201611.81	1005923.20	2207535.00	195687.00	43.55	8.71
2010	1577754.32	1396244.01	2973998.32	181510.31	49.97	9.66
2011	1898381.46	1743483.59	3641860.00	154897.87	50.55	9.89
2012	2048714.42	1818405.00	3867119.00	230309.00	47.78	10.45
2013	2209600.00	1950400.00	4160000.00	259200.00	45.80	12.00
2014	2342619.00	1960022.00	4302641.00	382597.00	42.73	11.60
2015	2274949.84	1681950.89	3956900.72	592998.96	36.41	11.92

资料来源：中国海关总署。

二、中国与 APEC 成员的贸易发展

亚太地区是中国对外贸易增长最快的区域。20 世纪 90 年代以来，中国与 APEC 成员进出口额始终保持着快速增长。1991 年至 2015 年，中国对 APEC 整体出口贸易年均增长 14.98%，进口贸易年均增长 14.17%，进出口总额年均增长 14.64%（见表 6.4 和表 6.5）。

表 6.4　1991—2015 年中国对 APEC 整体出口贸易增长情况

年份	中国对 APEC 整体出口额（亿美元）	出口增长率（%）	年份	中国对 APEC 整体出口额（亿美元）	出口增长率（%）
1990	495.46	—	2003	3105.66	30.13
1991	587.32	18.54	2004	4163.91	34.07
1992	693.25	18.04	2005	5224.43	25.47
1993	698.46	0.75	2006	6445.34	23.37
1994	941.09	34.74	2007	7760.51	20.40
1995	1145.28	21.70	2008	8728.30	12.47
1996	1138.65	−0.58	2009	7395.59	−15.27
1997	1370.69	20.38	2010	9655.39	30.56
1998	1320.54	−3.66	2011	11630.42	20.46
1999	1406.62	6.52	2012	13062.61	12.31
2000	1827.73	29.94	2013	14362.42	9.95
2001	1937.59	6.01	2014	14925.18	3.92
2002	2386.58	23.17	2015	14489.64	−2.91

资料来源：1990—1992 年数据来源于国家统计局《中国统计年鉴》；1993—2015 年数据来源于海关总署《中国海关统计年鉴》。

表 6.5　1991—2015 年中国对 APEC 整体进口贸易增长情况

年份	中国对 APEC 整体进口额（亿美元）	进口增长率（%）	年份	中国对 APEC 整体进口额（亿美元）	进口增长率（%）
1990*	396.47	—	2003	3111.79	37.49
1991*	500.56	26.25	2004	4191.65	34.70
1992	642.18	28.29	2005	4933.10	17.69
1993	782.13	21.79	2006	5825.05	18.08
1994	870.13	11.25	2007	6909.56	18.62
1995	989.03	13.67	2008	7647.10	10.67
1996	1018.88	3.02	2009	6943.17	−9.21
1997	1048.34	2.89	2010	9428.33	35.79
1998	1047.12	−0.12	2011	11215.59	18.96
1999	1276.50	21.90	2012	11624.83	3.65
2000	1689.37	32.34	2013	12357.48	6.30
2001	1817.64	7.59	2014	12283.51	−0.6
2002	2263.26	24.52	2015	9874.76	−19.61

资料来源：1990—1992 年数据来源于国家统计局《中国统计年鉴》，1993—2015 年数据来源于海关总署《中国海关统计年鉴》。

2015 年，中国对 APEC 成员的出口贸易额为 14489.64 亿美元，占中国对外出口总额的 63.69%；进口贸易额为 9874.77 亿美元，占中国进口总额的 58.71%；与 APEC 整体的贸易总额高达 24364.41 亿美元，占中国对外贸易总额的 61.57%（见表 6.6）。

表 6.6　2015 年中国与 APEC 成员货物贸易情况　　单位：亿美元；%

成员	出口额	出口额/中国出口总额	进口额	进口额/中国进口总额	进出口总额	进出口总额/中国进出口总额
日本	1356.71	5.96	1429.87	8.50	2786.58	7.04
韩国	1012.96	4.45	1745.18	10.38	2758.15	6.97
澳大利亚	403.22	1.77	736.43	4.38	1139.65	2.88
中国香港	3308.36	14.54	127.67	0.76	3436.03	8.68
中国台北	448.99	1.97	1433.07	8.52	1882.05	4.76
秘鲁	63.55	0.28	81.19	0.48	144.74	0.37
智利	132.91	0.58	185.94	1.11	318.85	0.81
印度尼西亚	343.42	1.51	198.88	1.18	542.30	1.37
马来西亚	439.90	1.93	533.00	3.17	972.91	2.46
新西兰	49.21	0.22	65.84	0.39	115.05	0.29
俄罗斯	347.84	1.53	332.76	1.98	680.61	1.72
越南	661.24	2.91	298.42	1.77	959.66	2.43
泰国	382.93	1.68	371.70	2.21	754.63	1.91
加拿大	294.26	1.29	262.52	1.56	556.78	1.41
美国	4095.38	18.00	1487.37	8.84	5582.75	14.11
墨西哥	337.95	1.49	100.55	0.60	438.50	1.11
新加坡	520.08	2.29	275.56	1.64	795.65	2.01
菲律宾	266.73	1.17	189.76	1.13	456.50	1.15
文莱	14.09	0.06	0.97	0.01	15.06	0.04
巴布亚新几内亚	9.89	0.04	18.08	0.11	27.98	0.07
APEC 整体	14489.64	63.69	9874.77	58.71	24364.41	61.57

资料来源：海关信息网 《宏观数据》海关统计月报 2015 年 12 月。

中国的十大贸易伙伴中，绝大多数是 APEC 成员。根据进出口总额排位，2015 年，除了欧盟和巴西以外，中国的其余 8 个贸易伙伴均来自 APEC。其中，美国、东盟、中国香港、日本、韩国、中国台北、澳大利亚分别位列第 2 位至第 8 位，俄罗斯排在第 10 位，贸易总额合计达到 22987 亿美元，占中国与前十位贸易伙伴总额的 78.3%。

根据联合国贸易（UN Comtrade）数据库 2015 年的统计数据，中国是澳大利亚、中国香港、秘鲁、智利、新西兰、新加坡的第一大出口市场；是日本、泰国、马来西亚、加拿大的第二大出口市场。在进口方面，中国分别是日本、韩国、澳大利亚、中国香港、秘鲁、智利、马来西亚、新西兰、俄罗斯、泰国、美国和新加坡的第一大进口来源地。2015 年，在 20 个 APEC 贸易伙伴中，中国是 14 个 APEC 成员的第一大贸易伙伴，是 3 个 APEC 成员的第二大贸易伙伴。

三、中国与 APEC 成员的投资发展

APEC 成员也是中国利用外商直接投资的主要来源地。2014 年，来自 APEC 的外商直接投资额为 1009 亿美元，占中国利用外资总额的 84%。尽管有些年份外资流量有所波动，但是总体上，APEC 成员对中国的投资在中国的 FDI 中一直占据主导地位。APEC 成员中，美国、韩国、新加坡、日本、中国香港、中国台北始终是外资的主要来源，2014 年，这些成员的投资额分别为 23.71 亿美元、39.66 亿美元、58.27 亿美元、43.25 亿美元、812.68 亿美元和 20.18 亿美元，占 APEC 整体对华投资总额的 98.88%（见表 6.7）。

2014 年，中国对外直接投资净额 1231.20 亿美元，较上年增长 14.2%，其中，中国内地对中国香港、东盟、欧盟、澳大利亚、美国、俄罗斯、日本七个 APEC 主要成员的投资达到 1011.36 亿美元，占比高达 82.14%[①]。2014 年，在中国对外非金融类直接投资中，APEC 成员是重要的目的地，其吸引的中国投资约占中国对外投资的 74.45%（见表 6.8）。

---

① 资料来源：中华人民共和国商务部，中华人民共和国统计局，国家外汇管理局，《2014 年度中国对外直接投资统计公报》。

表 6.7　中国实际利用 APEC 成员投资情况　　单位：万美元；%

成员	2001	2003	2005	2007	2009	2010	2012	2013	2014
文莱	10	5260	16039	37688	34812	30956	15109	13319	7094
中国香港	1671730	1770010	1794879	2770342	4607547	6056677	6556119	7339667	8126820
印度尼西亚	15964	15013	8676	13441	11172	7684	6378	12623	5075
日本	434842	505419	652977	358922	410497	408372	735156	705817	432530
马来西亚	26298	25103	36139	39725	42874	29433	31751	28053	15749
菲律宾	20939	22001	18890	19532	11101	13806	13221	6726	9707
新加坡	214355	205840	220432	318457	360484	542820	630508	722872	582668
韩国	215178	448854	516834	367831	270007	269217	303800	305421	396564
泰国	19421	17352	9590	8948	4866	5134	7772	48305	6052
越南	148	331	127	73	592	203	316	—	7
中国台北	297994	337724	215171	177437	188055	247574	284707	208771	201812
俄罗斯	2976	5430	8199	5207	3177	3497	2992	2208	4088
智利	133	801	636	719	323	146	2075	2094	625
墨西哥	182	555	710	566	91	1525	1487	1580	319
秘鲁	27	90	338	527	4	2	16	—	39
加拿大	44130	56351	45413	39658	86177	63485	43497	53610	35346
美国	443322	419851	306123	261623	255499	301734	259809	281987	237074
澳大利亚	33560	59253	40093	35387	39437	32501	33797	32967	23853
新西兰	4818	6577	12991	6391	8495	14229	11890	6795	4748
巴布亚新几内亚	20	45	20	34	0	0	0		—
APEC 整体	3446047	3901860	3904277	4462508	6335210	8028995	8940400	9772815	10090170
占中国 FDI 流入	73.51	72.93	64.72	59.68	70.37	75.94	80.03	83.11	84.39

资料来源：根据国家统计局《中国统计年鉴》数据计算得出。

表 6.8 中国对 APEC 成员直接投资情况   单位：万美元；%

成员	2007	2008	2009	2010	2011	2012	2013	2014
文莱	118	182	581	1653	2011	99	852	-328
中国香港	1373235	3864030	3560057	3850521	3565484	5123844	6282378	7086730
印度尼西亚	9909	17398	22609	20131	59219	136129	156338	127198
日本	3903	5862	8410	33799	14942	21065	43405	39445
韩国	5667	9691	26512	-72168	34172	94240	26875	54887
马来西亚	-3282	3443	5378	16354	9513	19904	61638	52134
菲律宾	450	3369	4024	24409	26719	7490	5440	22495
新加坡	39773	155095	141425	111850	326896	151875	203267	281363
中国台北	-5	-6	4	1735	1108	11288	17667	18370
泰国	7641	4547	4977	69987	23011	47860	75519	83946
越南	11088	11984	11239	30513	18919	34943	48050	33289
俄罗斯	47761	39523	34822	56772	71581	78462	102225	63356
墨西哥	1716	563	82	2673	4154	10042	4973	14057
加拿大	103257	703	61313	114229	55407	79516	100865	90384
美国	19573	46203	90874	130829	181142	404785	387343	759613
澳大利亚	53159	189215	243643	170170	316529	217298	345798	404911
新西兰	-160	646	902	6375	2789	9406	19040	25002
巴布新几内亚	19681	2992	480	533	1665	2569	4302	3037
智利	383	93	778	3371	1399	2622	1179	1629
秘鲁	671	2455	5849	13903	21425	-4937	11460	4507
APEC 整体	1694538	4357988	4223959	4587639	4738085	6448500	7898614	9166025
占中国对外直接投资流量比重	63.93	77.95	74.72	66.67	63.47	73.44	73.24	74.45

资料来源：中华人民共和国商务部，中华人民共和国统计局，国家外汇管理局，《2014 年度中国对外直接投资统计公报》。

第二节　中国在茂物目标自由化领域所取得的进展

APEC 推动贸易投资自由化问题实际是 APEC 茂物目标中的核心，包括的内容为关税、非关税措施、服务业、投资等四个领域。

一、关税

关税减让是 APEC 贸易投资自由化合作的重要内容之一。各成员通过实施单边行动计划逐步自愿削减关税，以提高商品贸易的自由化水平。中国积极落实茂物目标相关行动计划，在关税削减领域已经取得显著进展。1996 年起，中国领导人在 APEC 会议上多次宣布采取单边行动降低关税（参见表 6.9），简单平均关税水平由 1996 年的 23.0%下降至 2001 年的 15.3%。2001 年中国加入世界贸易组织（WTO）后积极履行承诺，平均关税水平继续大幅度下降（参见表 6.10）。2006年后，中国继续对关税水平进行调整，简单平均最惠国关税水平有小幅度下降。其中，农产品的平均关税水平高于非农产品的平均关税水平（参见表 6.11）。

表 6.9　1996—2006 年中国关税减让措施及平均关税水平

年份	措施	平均关税（%）
1996	自 4 月 1 日起主动削减关税	23.0
1997	自 10 月 1 日起主动削减关税	17.0
1999	自 1 月 1 日起主动削减关税	16.7
2000	自 1 月 1 日起主动削减关税	16.4
2001	自 1 月 1 日起主动削减关税	15.3
2002	自 1 月 1 日起履行 WTO 承诺	12.0
2003	自 1 月 1 日起履行 WTO 承诺	11.0
2004	自 1 月 1 日起履行 WTO 承诺	10.4
2005	自 1 月 1 日起履行 WTO 承诺	9.9
2006	自 1 月 1 日起履行 WTO 承诺	9.9

资料来源：APEC Secretariat, Report of the Individual Action Plan (IAP). Peer Review of China, 2007/SOM3/023.

表 6.10　2006 年以来中国关税状况　　　　　　　　　　　　单位%

年份	2006	2007	2008	2009	2010	2011	2013	2014
最惠国实际关税（HS6 位税号，简单平均）	9.9	9.9	9.6	9.6	9.6	9.6	9.9	9.6
最惠国实际关税——农产品（HS6 位税号，简单平均）	15.7	15.8	15.6	15.6	15.6	15.6	15.6	15.2
最惠国实际关税——非农产品（HS6 位税号，简单平均）	9	9	8.7	8.7	8.7	8.7	9.0	8.6
零关税产品税目占比			7.4	7.5	7.4	7.5	6.9	7.9
非从价税产品税目占比			0.4	0.5	0.5	0.5	0.3	0.4

资料来源：WTO，Tariff Profiles 2006，2008, 2009, 2010, 2011, 2012, 2013,2014, 2015.

表 6.11　中国主要贸易产品类别关税状况

产品类别	最终约束关税			最惠国实际关税			进口		
	平均值	零关税占（%）	最高值	约束比例（%）	平均值	零关税占%	最高值	占比（%）	零关税占（%）
动物产品	14.9	10.4	25	100	14.1	14.2	25	0.4	6.0
奶制品	12.2	0	20	100	12.1	0	20	0.3	0
水果、蔬菜、植物	14.9	4.9	30	100	14.6	5.4	30	0.5	1.5
咖啡、茶	14.9	0	32	100	14.7	0	32	0.1	0
谷物及其制品	23.7	3.3	65	100	22.6	8.8	65	0.6	0
油籽油脂	11.1	7.1	30	100	10.4	9.1	30	3.2	0
糖及糖果	27.4	0	50	100	28.7	0	50	0.1	0
饮料及烟草	23.2	2.1	65	100	22.8	2.1	65	0.3	4.9
棉花	22.0	0	40	100	18.0	10.0	40	0.5	0
其他农产品	12.1	9.3	38	100	11.2	8.5	38	0.7	2.3
鱼类及鱼产品	11	6.1	23	100	10.5	5.0	23	0.5	0.3
矿产和金属	8.0	5.6	50	100	7.2	9.5	50	20.8	50.6
石油	5.0	20.0	9	100	4.5	21.1	9	14.9	87.3
化工产品	6.9	0.5	47	100	6.5	1.5	47	11.0	0.7
木材、纸张等	5.0	22.3	20	100	4.3	36.2	20	2.6	86.0
纺织品	9.8	0.2	38	100	9.5	0	38	1.4	0
服装	16.1	0	25	100	16.0	0	25	0.3	0
皮革、鞋类等	13.7	0.6	25	100	12.8	0.6	25	1.6	0.5
非电气机械	8.5	7.8	35	100	7.8	9.6	35	8.6	36.3
电气机械	9.0	25.3	35	100	8.1	24.7	35	19.7	86.4
运输设备	11.4	0.8	45	100	11.3	0.8	45	5.9	0
其他未列名制成品	12.2	15.1	35	100	11.6	10.4	35	6.2	17.6

资料来源：WTO, Tariff Profiles 2015.

中国根据从价税率对全部税目实施关税约束。而最惠国实际关税税率则接近于约束税率，为中国的最惠国关税提供了较高的可预见性。

中国的最惠国实际关税包括标准税率和对部分特定商品实施的暂定税率。暂定税率不高于相应的标准税率。2011 年，中国的最惠国实际关税（包括暂定税率）包括 7977 个税目（HS 2007，8 位税号），其中 7925 个税目（99.3%）是从价税率，税率则为 0 至 65%。中国对 52 个税目实施非从价税，其中 44 个税目实施从量税；5 个税目则可在价格不超过一定金额时实施从价税，而在价格超过指定金额时实施复合税。另有三个税目实施选择税。

2016 年中国对现行关税税目进行了调整，增列已包装天然水、其他天然水和锂等税目，进出口税目数量由 2013 年的 8238 个增至 8294 个[①]。

2011 年后，中国每年会对部分进出口关税进行调整。2016 年，中国对小麦等 8 类 47 个税目的商品继续实施关税配额管理，税目税率维持不变。对小麦、玉米、稻谷和大米、羊毛等部分商品的配额税率执行 1%的税率；对冷冻的整鸡等 46 种商品继续实施从量税或复合税[②]。

2016 年中国对包括对冻格陵兰庸鲽鱼等 46 项进口商品实施暂定税率，其关税水平低于我国目前实施的最惠国税率水平。2016 年中国对鳞片状天然石墨等 34 项出口商品实施暂定税率，降低高纯生铁等商品出口关税，对磷酸等商品不再征收出口关税[③]。

二、非关税措施

中国的非关税措施包括关税配额、进出口限制及许可以及贸易救济措施等。中国不实行与 WTO 原则不符的非关税措施，非关税措施数量不断减少，并且相

[①] 参见海关总署公告 2015 年第 69 号《关于 2016 年关税实施方案的公告》及附件 9，发布时间：2015 年 12 月 28 日。http://www.customs.gov.cn/publish/portal0/tab49659/info782988.htm
[②] 参见海关总署公告 2015 年第 69 号《关于 2016 年关税实施方案的公告》及附件 9，发布时间：2015 年 12 月 28 日。http://www.customs.gov.cn/publish/portal0/tab49659/info782988.htm
[③] 参见海关总署公告 2015 年第 69 号《关于 2016 年关税实施方案的公告》及附件 9，发布时间：2015 年 12 月 28 日。http://www.customs.gov.cn/publish/portal0/tab49659/info782988.htm

关法规和程序更加完善和透明。

（一）关税配额

根据《中华人民共和国对外贸易法》等有关法律法规的规定，中国商务部以及国家发改委每年公布具体产品的关税配额实施办法。

2010 年，中国对小麦等 8 类 45 个税目的商品实施关税配额管理，税目和税率维持不变；对配额外进口的一定数量棉花实施滑准税；对尿素、复合肥、磷酸氢二铵 3 种化肥实施 1%的暂定配额税率①。

2011 年，中国对 8 类共 45 个 HS 8 位税号产品实施关税配额管理：小麦（6个税号）、玉米（5 个税号）、大米（14 个税号）、糖（6 个税号）、羊毛（6 个税号）、毛条（3 个税号）、棉花（2 个税号）以及化肥（3 个税号）。此外，对配额外的棉花进口实施滑准税。

2016 年，在符合世界贸易组织有关原则的基础上，中国对小麦等 8 类 47 个税目的商品继续实施关税配额管理，税目和税率维持不变。对小麦、玉米、稻谷和大米、羊毛部分商品的配额税率执行 1%的税率，对 2016 年化肥进口关税配额总量和羊毛、毛条进口关税配额总量进行了公告②。

（二）进口限制及许可

中国不实行与 WTO 不符的进口限制措施。

1．禁止进口措施

出于公共安全、环境保护以及国际承诺等考虑，中国禁止进口部分产品，具体产品目录由商务部及其他有关部委负责制定发布。此外，根据《中华人民共和国对外贸易法》，商务部及有关部委可对部分产品实施临时性禁止进口措施。2011年，中国禁止进口的物品包括：废物、旧物、麻醉剂、化学武器及白炽灯泡。

2．进口许可证管理

中国对部分产品的进口实行进口许可证管理。主要管理法律法规包括《中华

---

① 税委会[2009]28 号，国务院关税税则委员会关于 2010 年关税实施方案的通知，http://gss.mof.gov.cn/zhengwuxinxi/zhengcefabu/200912/t20091215_246181.html。

② 商务部公告 2015 年 45 号、51 号、53 号。

人民共和国对外贸易法》《中华人民共和国货物进出口管理条例》和《重点旧机电产品进口管理办法》。根据商务部、海关总署、质检总局 2015 年第 75 号公告，2016 年实行进口许可证管理的货物包括重点旧机电产品（化工设备、金属冶炼设备、工程机械类、起重运输设备、造纸设备、电力、电气设备、食品加工及包装设备、农业机械类、印刷机械类、纺织机械类、船舶类、矽鼓）及消耗臭氧层物质共两大类。

3. 进口自动许可证

中国对部分产品的进口实行自动进口许可证管理，主要管理法律法规包括《中华人民共和国对外贸易法》《中华人民共和国货物进出口管理条例》和《货物自动进口许可管理办法》。2016 年，中国对 49 类产品实施进口自动许可证管理，主要包括肉类、谷物、植物油、烟草、化肥、煤炭、铁矿石、原油、钢材等非机电类货物和机械、汽车产品、飞机和船舶等机电类货物[①]。

4. 出口许可证管理

中国对部分产品实行出口许可证管理。主要管理法律法规包括《中华人民共和国对外贸易法》和《中华人民共和国货物进出口管理条例》。2016 年，实行出口许可证管理的 48 种货物，分别属于出口配额或出口许可证管理。属于出口配额管理的货物为：活牛（对港澳出口）、活猪（对港澳出口）、活鸡（对港澳出口）、小麦、小麦粉、玉米、玉米粉、大米、大米粉、甘草及甘草制品、蔺草及蔺草制品、滑石块（粉）、镁砂、锯材、棉花、煤炭、原油、成品油（不含润滑油、润滑脂、润滑油基础油）、锑及锑制品、锡及锡制品、白银、铟及铟制品、磷矿石；属于出口许可证管理的货物为：活牛（对港澳以外市场）、活猪（对港澳以外市场）、活鸡（对港澳以外市场）、冰鲜牛肉、冻牛肉、冰鲜猪肉、冻猪肉、冰鲜鸡肉、冻鸡肉、矾土、稀土、焦炭、成品油（润滑油、润滑脂、润滑油基础油）、石蜡、钨及钨制品、碳化硅、消耗臭氧层物质、铂金（以加工贸易方式出口）、部分金属及制品、钼、钼制品、天然砂（含标准砂）、柠檬酸、青霉素工业盐、维生素 C、硫

---

① 商务部、海关总署公告 2015 年第 74 号。

酸二钠、氟石、摩托车（含全地形车）及其发动机和车架、汽车（包括成套散件）及其底盘等。其中，对向港、澳、台地区出口的天然砂实行出口许可证管理，对标准砂实行全球出口许可证管理①。

5. 贸易救济

中国的贸易救济措施管理法规主要包括《中华人民共和国货物进出口管理条例》《中华人民共和国反倾销条例》《中华人民共和国反补贴条例》《中华人民共和国保障措施条例》以及其他相关规定。商务部进出口公平贸易局及产业损害调查局等负责具体损害调查及管理等工作。主要贸易救济措施包括反倾销措施、反补贴措施以及保障措施等。在贸易救济措施的实施问题上，中国严格履行其在 WTO及其他已生效贸易协定中的承诺。

三、服务业

（一）中国现行服务贸易立法情况

加入 WTO 以来，中国政府采取了有效措施促进服务市场的自由化。中国已经基本上形成了以《对外贸易法》为主体，以服务行业性法律、行政法规、部门规章和地方性法规为补充的服务贸易法律体系。服务贸易立法的上位法是《对外贸易法》。

1994 年颁布、2004 年修订的《对外贸易法》对服务贸易作出了明确规定。其中，第二章"对外贸易经营者"的第十条对从事服务贸易的一般性资格进行了原则规定："从事国际服务贸易，应当遵守本法和其他有关法律、行政法规的规定。从事对外工程承包或者对外劳务合作的单位，应当具备相应的资质或者资格。具体办法由国务院规定。"此外，第四章"国际服务贸易"对服务贸易与国际条约和协定的一致性、服务贸易的行政管理、服务贸易的限制性和禁止性条款、服务贸易市场准入等内容进行了规定。第七章"对外贸易调查"、第八章"对外贸易救济"、第十章"法律责任"都将服务贸易明确纳入管理范围。

---

① 资料来源：商务部、海关总署联合公告 2015 年第 76 号。

通过修改和制定各服务行业的法律、行政法规和部门规章，中国履行了在 WTO 中有关服务贸易部门的所有市场准入承诺。面向外国服务提供者的市场准入程度显著提高。《中华人民共和国加入世界贸易组织议定书》为中国服务业部门的立法工作提供了基本原则，包括跨境交付、境外消费、商业存在和自然人移动的具体规定。此外，中国加入 WTO 后还积极制定并实施了一批新的服务贸易相关法律法规，例如，《外国律师事务所驻华代表机构管理条例》《中华人民共和国关于中外合作办学管理条例》《外商投资电信企业管理条例》《中华人民共和国外资金融机构管理条例》《外资的保险公司管理条例》《中华人民共和国国际海运条例》等。值得注意的是，中国将在渐进、可控的基础上继续推进服务自由化。

目前，在服务贸易商业存在方面，我国针对服务贸易的内向商业存在的管理，主要基于 20 世纪改革开放初期出台的"外资三法"（即外资企业法、中外合资经营企业法、中外合作经营企业法）。2001 年我国加入 WTO 前后，曾对"外资三法"分别进行了修订，使之基本与我国加入 WTO 的承诺相适应。2012 年，由中国商务部牵头再次启动了对"外资三法"的修订工作，主要目标是统一内外资法律，适应下一步将全面推开的"准入前国民待遇加负面清单"的外商投资管理模式。"外资三法"以及据其制定的众多管理办法，配套《外商投资产业指导目录》《中西部外商投资优势产业目录》等，构成了服务贸易内向商业存在的监管和促进基础。

对服务贸易外向商业存在进行监管主要依据的是《境外投资管理办法》，主要对在境外设立非金融企业或取得既有非金融企业的所有权、控制权、经营管理权等权益的行为进行了规范，并通过《境外投资产业政策》和《境外投资产业指导目录》对鼓励类、禁止类产业（其余可理解为允许类）进行了明确，其中对服务及其他行业进行了简单规定。值得注意的是，对金融类的内向商业存在和外向商业存在均有相对独立的管理体系，比如我国制定有《外资银行管理条例》《外资保险公司管理条例》等。

在自然人流动方面，为了规范对外劳务合作，保障劳务人员的合法权益，促进对外劳务合作的健康发展，2012 年国务院令第 620 号颁布了《对外劳务合作管理条例》。该条例的中心思想是"规范"，其立法动议起源于近年来我国境外劳务合作过程中出现的多起群体性事件。该条例的制定出台和实施与我国现阶段自然人流动的阶段性特征相适应，即绝大部分到境外工作的人员属于技术技能较低、从事劳动密集型工作的群体。同时，进入、途经或居住在中国的外国人应当遵守《外国人出入境管理办法》的相关规定。对于外籍员工，应当依据《外国人在中国就业管理规定》提交就业批准申请。

在跨境服务贸易（跨境提供、境外消费）方面，就服务贸易特定领域进行立法的实例很少，在建筑领域颁布的《对外工程承包管理条例》是其中的典型。在其他领域主要通过发布指导意见、中长期规划等规范性文件对本领域服务贸易发展进行指导，大部分领域的做法是根据我国加入 WTO 的承诺以及 CEPA、ECFA 等多、双边服务贸易协定条款，在行业立法中予以明确，如《广播电视管理条例》《电影管理条例》等。

为适应国家大力发展服务贸易、加快转变对外贸易发展方式，2009 年商务部还对服务贸易促进的立法进行了初步理论研究，在此基础上启动了《服务贸易促进条例》的立法程序，提交了条例草案。考虑到服务贸易管理的特殊性和现有法律法规框架，该条例草案的中心思想是"出口促进"，较少涉及服务贸易的管理。草案共分为总则、服务贸易经营者、服务贸易统计、服务贸易促进措施、服务行业协会、附则等六章。可以说，《服务贸易促进条例》草案内容较好地归纳总结了今后一段时期我国发展服务贸易的思路和举措，有利于服务贸易国家战略的稳步实施。

（二）具体服务部门的相关法律和管理规章

1. 运输服务

中国运输服务管理部门是中华人民共和国交通部和中国民航管理局。主要法律法规包括《中华人民共和国国际海运条例》《中华人民共和国民用航空法》《外商投资道路运输业管理规定》和《外商投资民用航空业规定》。

（1）海运服务

允许外国服务提供者设立合资船运公司，外资不得超过合资企业注册资本的

49%，合资企业的董事会主席和总经理应由中方任命。

2012 年 8 月，交通运输部发布了《关于促进我国国际海运业平稳有序发展的通知》。通知要求各级交通运输主管部门（港航管理部门）充分认识当前国际海运形势的严峻性，针对航运低谷期特点，研究采取有效政策措施支持海运业发展。2012 年 3 月，交通运输部发布了《关于加强国际海上旅客运输市场准入管理的公告》，明确国际船舶运输经营者经营进出中国港口的国际海上旅客运输业务，应当依据《国际海运条例》规定，取得国际班轮运输经营资格。以外国籍船舶在华开展多点挂靠业务的，应当依据交通运输部《关于外国籍邮轮在华特许开展多点挂靠业务的公告》（交通运输部公告 2009 年第 44 号）要求获得特别批准；船舶应当具有与航区相适应的法定检验证书和船级证书；不予核准船龄超过 30 年的客船进出中国港口；外国籍邮轮在华开展多点挂靠等不定期或单航次国际海上旅客运输业务的，前述船龄限制由交通运输部综合考虑船舶技术状况予以核定[①]。

（2）航空运输服务

允许外国服务提供者在中国设立合资航空器维修企业。中方应在合资企业中控股或处于支配地位。设立合资企业的营业许可须进行经营需求测试。

近年来，为了进一步促进民用航空的安全性、效率和可持续发展，中国已经签署并实施了一系列新的法案和规章，以改进航空适航性、飞行标准和航空安全领域的法律框架与规制体系。

为进一步促进航空运输的自由化，鼓励国内航空公司更多地参与国际竞争，2012 年民航进一步放宽了中国航空公司经营的市场准入限制，允许中国航空公司经营中国至东盟、日本（除东京、大阪、名古屋以外的城市）、韩国济州及美国塞班、关岛等地航线。

为实施外国航空公司在中国境内指定的销售代理直接进入并使用外国计算

---

① 交通运输部公告 2012 年第 12 号《关于加强国际海上旅客运输市场准入管理的公告》，http://www. moc. gov.cn/zhuzhan/zhengwugonggao/jiaotongbu/shuiluyunshu/201203/t20120320_1213886.html。

机订座系统，维护计算机订座系统服务市场秩序，保障消费者、外国航空公司、销售代理和外国计算机订座系统服务提供商的合法权益，根据相关法律、法规，2012 年民航制定实施了相关管理规定以在计算机订座系统市场引入竞争机制。

（3）铁路运输服务

允许外商在中国设立合资企业并拥有多数股权；2007 年起，允许设立外资独资子公司。

其中，货物运输代理服务方面，允许有至少连续 3 年经验的外国货运代理在中国设立合资货运代理企业，允许外资拥有多数股权；2005 年起允许设立外资独资子公司。

公路运输服务方面，允许外商采用以下形式投资经营道路运输业：

① 采用中外合资形式投资经营道路旅客运输；

②采用中外合资、中外合作或独资形式投资经营道路货物运输、道路货物仓储和其他与道路运输相关的辅助性服务及车辆维修。

外商投资从事道路旅客运输业务应当符合以下条件：

①主要投资者中至少一方必须是在中国境内从事 5 年以上道路旅客运输业务的企业；

②外资股份比例不得多于 49%；

③企业注册资本的 50%用于客运基础设施的建设与改造；

④投放的车辆应当是中级及以上的客车。

2. 旅游服务

中国旅游服务的主要管理部门是中国国家旅游局。主要管理法规包括《旅行社管理条例》和《设立外商控股、外商独资旅行社暂行规定》。

（1）饭店和餐馆

外国提供者可以建立中外合资企业或外商独资子公司，在中国建设、改造和经营饭店与餐馆设施。对外商投资饭店和餐馆没有特别的地理限制。允许与合资饭店及餐馆签订合同的外国经理、专家包括厨师和高级管理人员在中国提供服务。

（2）旅行社和旅游经营者

允许外国服务提供者以合资或独资旅行社及旅游经营者形式提供服务。设立的外商控股或外商投资旅行社的注册资本不得少于 250 万元人民币。

设立外商控股旅行社的境外投资方，应符合下列条件：

① 是旅行社或者是主要从事旅游经营业务的企业；

② 年旅游经营总额 4000 万美元以上；

③ 是本国（地区）旅游行业协会的会员；

④ 具有良好的国际信誉和先进的旅行社管理经验；

⑤ 遵守中国法律及中国旅游业的有关法规。

设立外商独资旅行社的境外投资方，除应符合①、③、④和⑤规定的条件外，年旅游经营总额应在 5 亿美元以上。

外商控股或独资旅行社不得经营或变相经营中国公民出国旅游业务以及中国其他地区的人赴香港、澳门特别行政区和台湾地区旅游的业务。目前，世界排名前十位的所有国际旅店管理公司都已经进入中国旅游市场。

3. 教育服务

中国教育服务的主管部门是中华人民共和国教育部。中国规范教育服务的基本法律和条例包括《中华人民共和国教育法》《中华人民共和国义务教育法》《中华人民共和国教师法》《中华人民共和国职业教育法》《中华人民共和国高等教育法》《中华人民共和国中外合作办学条例》和《中华人民共和国中外合作办学条例实施办法》。

中国允许中外合作办学并允许外方持有多数股份。此外，在中国境内依法设立的外国机构、外资企业、国际组织的驻华机构和合法居留的外国人，可以成立独资学校为居住在我国的外国公民提供中等教育和其他初等教育服务。

在初等教育、中等教育、高等教育、成人教育和其他教育领域，外国教育工作者个人如果受到中国的学校或其他教育机构的邀请或雇用，可以到中国从事教育服务，但必须拥有学士或学士以上学位、适当的专业资格和至少两年的专业经验。中外合作办学机构的校长或者主要行政负责人，应当具有中华人民共和国国籍。中外合作办学机构的外籍人员应当遵守外国人在中国就业的有关规定。

4. 电信服务

2013 年 9 月 27 日，中国国务院印发的《中国（上海）自由贸易实验区总体方案》明确规定，在保障网络信息安全的前提下，允许外资企业经营特定形式的部分增值电信业务，如涉及突破行政法规，须国务院批准同意。根据国民经济行业分类标准，上述特定形式的增值电信服务主要指信息传输、软件和信息技术服务，其中的具体服务分部门包括：其他电信业务、互联网信息服务、数据处理和存储服务以及呼叫中心服务。对于基础电信服务，则没有做出相应的开放安排[①]。

上海市政府发布的《中国（上海）自由贸易试验区外商投资准入特别管理措施（负面清单）（2013 年）》对电信服务中的市场准入限制进行了详细的规定。根据该负面清单，电信、广播电视和卫星传输服务属于限制投资类服务部门；各级广播电台（站）、电视台（站）、广播电视频道（率）、广播电视传输覆盖网则属于禁止投资的范围[②]。

此外，除应用商店外，投资经营其他信息服务业务的外方投资比例不得超过50%；投资经营国内因特网虚拟专用网业务的外方投资比例不得超过 50%；除投资经营电子商务外，外方投资比例不得超过 55%，投资经营其他在线数据处理与交易处理业务的外方投资比例不得超过 50%[③]。这意味着外资在上海自贸区投资经营上述增值电信领域，仍需要采取与中国企业合作、合资的方式。

被列入禁止投资范围的还包括：新闻网站、网络视听节目服务、互联网上网服务营业场所、互联网文化经营（音乐除外）、网络游戏运营、经营因特网数据中心业务等。

[①] 国发〔2013〕38 号，《国务院关于印发中国（上海）自由贸易试验区总体方案的通知》，http://www.gov.cn/zwgk/2013-09/27/content_2496147.htm。

[②] 沪府发〔2013〕75 号，《中国（上海）自由贸易试验区外商投资准入特别管理措施（负面清单）（2013 年）》，http://www.shanghai.gov.cn/shanghai/node2314/node2319/node12344/u26ai37036.html。

[③] 沪府发〔2013〕75 号，《中国（上海）自由贸易试验区外商投资准入特别管理措施（负面清单）（2013 年）》，http://www.shanghai.gov.cn/shanghai/node2314/node2319/node12344/u26ai37036.html。

5. 邮政服务

2011 年 1 月 4 日，中国国务院颁布了《邮政业安全监督和管理措施》，并从 2011 年 2 月 1 日起实施。

中国在入世时承诺开放快递服务（CPC75121），但"现由中国邮政部门依法专营的服务除外"。2009 年修订后的《邮政法》规定，外商不得投资经营信件的国内快递业务。这一规定与中国加入 WTO 的承诺是一致的，不会影响外商投资的快递企业依法继续在中国从事信件的国际快递业务以及包裹等物品的国际国内快递业务。外商投资的快递企业在中国依法从事快递经营活动，将继续受到中国法律的保护。在 2012 年举行的中瑞自由贸易区谈判中，中国邮政快递领域的对外开放是双方重要议题之一。根据 2013 年 5 月中瑞双方签署的《关于结束中国-瑞士自由贸易协定谈判的谅解备忘录》，中方对瑞方在邮政快递领域维持中方入世承诺的开放水平。

6. 建筑服务

为了进一步促进建筑业发展，确保建筑质量和具有合格资质的建筑企业能够承接建筑项目，中国实施了下列规章制度：2009 年 7 月 30 日，签署并实施了《建筑承包商特定资质相关问题的通知》；2009 年 10 月 19 日，签署并实施了《关于修订住房建设项目和公共基础设施项目结项验收管理办法的决定》；2010 年 8 月 1 日，签署并实施了《关于住房建设项目和公共基础设施项目质量监理和管理的规定》。

2010 年 6 月 10 日，签署并实施了《关于注册土木工程师（石料师）执业和管理的临时办法》，以加强对注册土木工程师的管理，确保土木工程项目的质量与安全。

7. 金融服务

（1）银行服务

2009 年以来，中国已经实施了以下 3 种单边自由化措施：允许外资银行承购包销跨行债券市场上发行的金融债券；允许外资银行在中国跨行债券市场上发行金融债券；允许外资银行在香港发行人民币金融债券。

2013 年 12 月 2 日，中国人民银行发布了《关于金融支持中国（上海）自由贸易试验区建设的意见》。《意见》在投融资汇兑便利化、人民币跨境使用以及利率市场化等多方面做出了全面部署，标志着上海自贸区金融领域的业务进入实质性操作阶段。上海自贸区的金融服务政策要点包括：

① 投融资汇兑便利化方面：上海自贸区试验区企业跨境直接投资，可直接向银行办理所涉及的跨境收付、兑换业务；在区内就业并符合条件的个人，可按规定开展包括证券投资在内的各类境外投资；在试验区内注册的企业、非银行金融机构以及其他经济组织可从境外融入本外币资金。

② 扩大人民币跨境使用方面：金融机构可直接办理经常项下、直接投资的跨境人民币结算业务；银行业金融机构可与包括互联网支付的支付机构合作，为跨境电子商务提供人民币结算服务；区内金融机构和企业可从境外借用人民币资金。

③ 推进利率市场化改革方面：区内符合条件的金融机构纳入优先发行大额可转让存单的机构范围；条件成熟时，放开区内一般账户小额外币存款利率上限。

④ 深化外汇管理改革方面：将直接投资项下外汇登记及变更登记下放给银行办理；允许金融租赁公司及中资融资租赁公司在境内融资租赁中收取外币租金；取消区内机构向境外支付担保费的核准。

（2）保险服务

中国保险监督管理委员会（The China Insurance Regulatory Commission，CIRC）是管理中国保险服务的主要机构，目前执行的法律法规主要有《中华人民共和国保险法》《中华人民共和国外资保险公司管理条例》《再保险业务管理规定》等。

中国保险监督管理委员会已经完成了"金融部门评估项目（Financial Sector Assessment Program，FSAP）"。根据"金融部门评估项目"专家组的建议，中国保险监督管理委员会已经颁布了《保险公司保险业务转让管理暂行办法》，并于 2011 年 10 月 1 日起开始实施，该办法主要是为了给保险人结束经营业务或退出市场提供便利。

2012 年，中国交通强制保险正式对外资保险公司开放。2012 年 2 月 14 日，中美双方发布了《关于加强中美经济关系的联合情况说明》，声明称中方已决定对外资保险公司开放交强险。4 月 30 日，《国务院关于修改〈机动车交通事故责任强制保险条例〉的决定》公布，将《机动车交通事故责任强制保险条例》第五条第一款由原来的"中资保险公司经保监会批准，可以从事机动车交通事故责任强制保险业务"修改为"保险公司经保监会批准，可以从事机动车交通事故责任强制保险业务"。5 月 1 日起，新条例正式开始施行，标志着中国正式向外资保险公司开放交强险市场。目前，部分外资公司已涉足交强险业务，利宝互助、安盟保险、富邦财险等三家公司已经在交强险业务上取得突破。

2012 年 2 月，中国保险监督管理委员会颁布了《关于调整外资保险公司部分行政许可项目有关事项的通知》[①]。通知规定，外资保险公司变更营业场所、分支机构筹建审批、开业核准以及高管任职审核等项目的行政许可交由相关保监局办理。这进一步简化了外资公司的许可审批流程，提高了审批效率。

（3）证券服务

2010 年 7 月至 2011 年 7 月，中国证券监督管理委员会颁布了如下新的规定：《证券公司借贷次级债券的规定》《关于修订证券发行和承购包销的行政管理措施的决定》《关于发布证券研究报告的暂行条例》《关于证券投资顾问业务的暂行条例》《合格的境外机构投资者参与股票指数期货交易的指导原则》以及《经销证券投资基金的行政管理办法》。

2012 年 10 月，中国证监会正式颁布了修订后的《外资参股证券公司设立规则》和《证券公司设立子公司试行规定》，将原有外国投资者在合资证券公司中不超过 33% 的持股比例提高到 49%，并允许合资证券公司在持续经营满两年以上且符合有关条件的情况下，申请扩大业务范围。

8. 环境服务

中国鼓励和支持外商投资于中国的环境保护产业，包括环境服务产业。

---

① 《中国服务贸易发展报告 2013》，中国商务部，2013 年 2 月。

2010 年 4 月，中国国务院签署并实施了《国务院关于进一步充分利用外商投资的若干措施》，鼓励外资进入节能和环保产业。

2011 年 4 月，中国环境保护部（现生态环境部）签署并实施了《关于进一步促进环境产业发展的意见》，以促进专业化和社会化的环境保护设施和相关服务加快发展，并在城市污水处理厂、垃圾回收厂、有害废物处理厂的运营服务领域完全引入市场机制。该意见同时要求完善环境信息的宣传和分享机制。

2011 年 9 月，中国颁布了《关于促进战略性能源产业国际化发展的指导意见》，鼓励节能和环保产业的国际化发展。

9. 会计服务

2010 年 4 月 15 日，中国签署了《企业内部控制实施指导意见》并于 2011 年 1 月 1 日起实施。2010 年 11 月 1 日，新的 38 项执业会计师审计标准颁布，取代了 2006 年颁布的 48 项审计标准中的 34 项内容。新的执业会计师审计标准于 2011 年 1 月 1 日起实施。

四、投资

（一）中国外资法律框架

为创造良好的投资环境，中国政府自 1979 年起逐步建立了一套较为完备的法律体系，主要包括：

《中外合资经营企业法》及其实施条例（2001 年修订）

《中外合作经营企业法》及其实施细则（2000 年修订）

《外商独资企业法》及其实施细则（2001 年修订）

《指导外商投资方向规定》（2004 年修订）

《外商投资产业指导目录》（2011 年 12 月 24 日修订，2012 年 1 月 30 日开始实施）

《中西部地区外商投资优势产业目录》（2008 年修订）等

另外，在中国的外商投资也同样适用中国的一般性法律法规，如《公司法》

《合同法》《反垄断法》《仲裁法》《劳动法》《保险法》《增值税暂行条例》《企业所得税法》《消费税暂行条例》《营业税暂行条例》等。

（二）外资管理制度

1. 外商投资企业的核准

2004 年 7 月，国务院颁布了《关于投资体制改革的决定》，企业投资项目由审批制转变为核准制和备案制，其中外商投资项目由审批制变为核准制，并根据投资类型和投资金额的不同，分别由中央政府和地方政府进行核准。2010 年 4 月，国务院《关于进一步做好利用外资工作的若干意见》进一步对外商投资核准权限进行调整，提高地方政府核准权限，允许其核准 3 亿美元以内的鼓励类和允许类外商投资项目，进一步简化了投资项目的核准程序。

除特别规定外，国务院相关中央部委将外资项目的核准权下放给地方政府。在服务业部门成立外资企业（金融部门和电信部门除外）由地方政府根据相关规定进行核准。未来中国将进一步通过广泛使用在线许可和行政系统为外资核准提供便利；同时逐渐下放外商投资的核准权利。

中国也已经颁布了《关于外国投资者从事并购或兼并业务的国家安全评估的规定》，提高了处理该项事务的透明度。

2. 外资产业政策

中国政府对外商投资的产业政策，在《指导外商投资方向规定》《外商投资产业指导目录》《中西部地区外商投资优势产业目录》中得到具体体现。

《指导外商投资方向规定》将外商投资项目分为鼓励、允许、限制和禁止四类。其中，鼓励类、限制类和禁止类的外商投资项目，列入《外商投资产业指导目录》，未列入《外商投资产业指导目录》的项目为允许类外商投资项目[①]。

鼓励类外商投资项目：农业新技术、农业综合开发和能源、交通、重要原材料工业建设；高新技术、先进技术，能够改进产品性能、节约能源和原材料、提高企业技术经济效益或者生产适应市场需求而国内生产能力不足的新设备、新材

---

① 《指导外商投资方向规定》，http://www.gov.cn/gongbao/content/2002/content_61969.htm。

料；适应国际市场需求，能够提高产品档次，开拓新市场，扩大产品外销，增加出口；属于综合利用资源和再生资源以及防治环境污染的新技术、新设备的；属于能够发挥中西部地区的人力和资源优势，并符合国家产业政策的；属于国家法律、行政法规规定鼓励的其他项目[1]。

限制类外商投资项目：国内已开发或者已引进技术、生产能力已能满足国内市场需求的项目；国家吸收外商投资试点或者实行专卖的产业；稀有、贵重矿产资源的勘探、开采；需要国家统筹规划的产业；国家法律、行政法规规定限制的其他项目[2]。

禁止类外商投资项目：危害国家安全或者损害社会公共利益的；对环境造成污染损害，破坏自然资源或者损害人体健康的；占用大量耕地，不利于保护、开发土地资源，或者危害军事设施安全和使用效能的；运用我国特有工艺或者技术生产产品的；国家法律、行政法规规定禁止的其他项目[3]。

对符合《外商投资产业指导目录》鼓励类的外商投资项目，在投资总额内进口的自用设备，免征关税和进口环节增值税，采购国产设备享受增值税退税的优惠政策；此外，从事投资额大、回收期长的能源、交通、城市基础设施建设、经营的鼓励类外商投资项目，经批准，可以扩大与其相关的经营范围。列入《中西部地区外商投资优势产业目录》的外商投资项目可享受鼓励类外商投资项目政策。限制类外商投资项目，产品出口销售额占其产品总销售额 70% 以上的，经批准可以视为允许类外商投资项目。

《外商投资产业指导目录》自 1995 年首次颁布实施以来，历经多次修订，积极合理引导外资投向，不断提高对外开放的水平、提高利用外资的质量。

3．税收制度

随着中国政府于 2010 年 10 月颁布《关于统一内外资企业和个人城市维护建设税和教育费附加制度的通知》，自 2010 年 12 月 1 日起，中国对内外资企业实施

---

①　《指导外商投资方向规定》，http://www.gov.cn/gongbao/content/2002/content_61969.htm。
②　《指导外商投资方向规定》，http://www.gov.cn/gongbao/content/2002/content_61969.htm。
③　《指导外商投资方向规定》，http://www.gov.cn/gongbao/content/2002/content_61969.htm。

的各项税制实现全面统一。此前，中国已对增值税、消费税、营业税、企业所得税、城镇土地使用税、车船税、耕地占用税和房产税实现了内外资企业的统一，从而保证了公平税费负担，促进了公平竞争，创造了良好的市场和投资环境。

（三）外资激励政策

自 2009 年 1 月 1 日起，中国统一内外税制，之前单独对外商投资企业征收的税种如车船使用牌照税、外商投资企业和外国企业所得税、城市房地产税等，在 2007 年和 2008 年相继被废止。目前外商投资企业、外国企业及外籍个人（包括港、澳、台胞）在中国适用的主要税种包括：企业所得税、个人所得税、流转环节税（包括增值税、消费税、营业税）、土地增值税、印花税、契税等。进出口货物按海关关税条例及相关规定缴纳关税和进口环节增值税。

2008 年 1 月 1 日，中国废止《外商投资企业和外国企业所得税法》（1991）和针对内资企业的《企业所得税暂行条例》（1994），实施新《企业所得税法》，对内外资企业统一实行 25% 的所得税率，并统一实行税收优惠政策：对符合条件的小型微利企业实行 20% 的优惠税率，对国家需要重点扶持的高新技术企业实行15% 的优惠税率，扩大对创业投资企业的税收优惠以及企业投资于环保、节能节水、安全生产等方面的税收优惠；保留原税法对农、林、牧、渔业及基础设施投资的税收优惠政策。原来专门给外资企业设计的优惠政策部分被取消，即生产型外资企业和双密集型外资企业享受的"两免三减半"政策、产品出口型外资企业的减半征税优惠政策、先进技术企业"两免三减半"后继续减半征税 3 年的政策。通过完善税法，中国调整了税收优惠的方向和重点，确立了"产业优惠为主、区域优惠为辅"的新税收优惠体系。对中国当前发展较为薄弱的基础产业、高新技术产业和环保产业等给予不同程度的税收优惠，同时，配合中国经济发展重心向中西部转移的战略部署，对区域性优惠政策加以调整，区域发展导向逐步从目前的沿海地区转向中西部地区。对西部大开发地区的所得税优惠政策，在 2010 年到期之前继续执行。

国家对目前实行的《外商投资产业指导目录》中鼓励类领域的外商投资项目

继续给予一定税收优惠政策，其进口设备可享受免征进口关税和进口环节增值税的优惠政策，采购国产设备享受增值税退税的优惠政策。

2013 年，中国商务部颁布了《关于 2013 年全国吸收外商投资工作的指导意见》。意见要求贯彻互利共赢、多元平衡、安全高效的开放型成员的方针，合理有效地利用外资，推动、引进和发展外资。同时继续实施对外资公司的优惠政策，如对于超过 10 年经营期的生产型的企业，从开始营利的年度起减免 2 年的企业所得税；外商投资企业在合同规定的筹建期间内可以免交土地使用费。

第三节　中国在茂物目标便利化领域所取得的进展

APEC 茂物目标的便利化主要包括标准一致化、海关程序、商务人员流动、知识产权、竞争政策、政府采购、透明度、电子商务、WTO 义务的执行等内容。

一、标准一致化

标准一致化合作是 APEC 所确定的贸易便利化行动计划的优先合作领域之一。中国已经积极参与并按计划完成了 APEC 贸易便利化两个阶段的行动安排，在标准一致化领域亦取得积极进展。

中国的标准可以分为四级：国家标准、行业标准、地方标准和企业标准。国家标准、行业标准和地方标准又可进一步分为推荐性标准和强制性标准。凡涉及安全和健康的以及法律专门规定的均为强制标准。除少数地方标准外，上述标准之外的其他标准均为推荐性标准。对需要在全国范围内统一的技术要求，应当制定国家标准。国家标准优先于行业和地方标准。一旦制定了相应的国家标准，行业和地方标准则自动废止。另外，在技术变化快并且标准发展迅速的领域可以制定国家指导性技术文件。国家指导性技术文件的起草程序与标准的起草程序相同，但其复审周期为 3 年，而标准的复审周期为 5 年。因此，国家指导性技术文件更加易于反映技术的迅速变化。中国实施标准一致化工作所依据的主要法律法规包括《标准化法》（1988 年发布，1989 年 4 月 1 日起执行）及其实施条例。国家质检总局下属的标准化管理委员会负责管理标准化工作。

在政策上，中国鼓励本国标准发展为国际标准，同时推动将国际标准确定为国家标准，两项工作协调发展。2001 年入世后，为了与 TBT 和 SPS 协定保持一致，中国做出了巨大努力，并在标准体系的重建方面取得重大进展。中国政府已于 2006 年拨付了 3 亿元的巨额预算用于支持标准工作。其中的一项重要扶植工作就是通过开展培训等进行标准一致化领域的人力资源开发。此外，为了鼓励企业标准的开发，中国政府设立了"中国标准创新贡献奖"。为了加快标准的使用和更新速度，国家标准化管理委员会启用了 IT 平台。自 2005 年起，全部的申请和审批均通过国家标准化管理委员会的网络在线申请系统进行。中国国家标准化管理委员会（SAC）开发了国家强制标准的电子阅读系统，可通过中国国家标准化管理委员会网站自由登录。中国国家标准的分类也可在此网站查询。每月在有关期刊发布新的国家标准。根据 TBT 和 SPS 协定的规定，中国改进了国家强制标准的发布及管理措施，并向 WTO 成员报告。同时每半年向 WTO 报告国家标准的修改计划。公众可以通过 SAC 网站提交有关新标准的建议。为了进一步提高中国标准的透明度，使之符合 WTO/TBT 协定的规定，国家标准化管理委员会与国家质检总局开展了中国《标准化法》的修订工作。

中国积极参与标准化领域的地区合作，并通过双边和多边途径获得测试和证明的相互认证。中国国家认证认可监督管理委员会已经与 20 多个政府或一致化评估组织就工厂检验与测试签署了多边相互认证协定。在 APEC，中国积极推进食品安全标准，并提出了 APEC 食品安全倡议。此外，中国还利用 APEC 贸易便利化行动计划基金项目开展了一系列研讨会及培训，[①] 并参与了 APEC 的电子电器设备一致化评估相互认证协定（APEC EE MRA）。[②]

---

① APEC, IAP of China, 2006-2010, www.apec.org。
② WTO, Trade Policy Review of China. www.wto.org。

二、海关程序

海关程序是 APEC 贸易便利化行动计划的重要组成领域，中国在海关程序领域已取得重要进展。根据中国对《贸易便利化行动计划》第一阶段行动的自我评估，中国的贸易便利化措施主要集中于海关程序领域。中国已经投入大量资源用于改善程序并降低成本。在 APEC《贸易便利化行动计划》第一阶段行动选择清单中，与海关程序有关的内容共 60 项，中国已经采取了其中的 45 项措施。在第二阶段行动计划中，中国继续深入开展海关程序的优化与改革，提高通关效率，并如期实现了将交易成本在 2010 年再降低 5% 的目标。

近年来，中国致力于不断完善和强化海关的法制管理，废止或修订了与国际贸易规则和惯例不符的法律法规，根据 WTO 原则修订和完善了相关法律法规体系，使海关管理更加法制化和现代化。2001 年 1 月 1 日，新修订的《海关法》颁布实施。在此基础上，中国又先后颁布和施行了《关于进口货物原产地预确定的管理规定》《审定进出口货物完税价格办法》和《进口货物特许使用费估价办法》等相关法律法规，形成了更加完善的海关管理法律制度，为国际货物和人员流动管理提供了法律保障。同时，中国海关注重加强海关管理的法制透明度，全部海关管理法律法规及海关总署公告等均在相关政府部门网站上公布，并正在计划将上述全部法规体系翻译为英文在网站发表，以方便国际贸易及投资参与者查询。此外，中国海关注重提高海关管理者的执法水平，加强对相关工作人员的培训和宣传教育，强化执法监督检查，保障执法工作的规范化。

海关估价制度和原产地规则是海关对进出境货物进行管理的法律基础。WTO所制定的《原产地规则协定》和《海关估价协定》对相关原则和标准做出了详细的规定，是各成员需遵守的重要国际协定。我国在入世时也就遵守上述原则和协定做出了郑重承诺。为了全面落实承诺精神，中国海关自 2001 年起，逐步采取措施完成了我国国内立法根据 WTO《海关估价协定》所进行的转换工作，并按照WTO《原产地协定》要求，对我国的原产地规则制度进行了相应的修改和补充。目前，我国的海关估价制度和原产地规则已经完全与 WTO 原则相符合。

在通关管理方面，中国海关通过对管理体系和制度的改革与调整，大幅度提高了各口岸的检验检疫、通关和放行速度。中国海关提出了"大通关"的概念，加强各口岸工作以及不同环节工作的联络与协调，保证了人员和货物通关速度的不断提升。此外，中国海关高度重视先进技术对提高通关效率所能发挥的重要作用，并积极开展了"电子海关""电子口岸"和"电子总署"的建设，实现了海关通关和监管管理的科学化、智能化和网络化，为货物贸易及跨境人员流动带来了极大的便利。在跨境货物和人员流动规模全面大幅度增长的前提下，海关的服务效率得到了显著提升。目前，海运方式进出口货物一般 24 小时可通行，空运方式进出口货物一般十几个小时可通行，鲜活商品等应急货物平均几小时即可通行，粤港、粤澳口岸正常通行时间已经实现车辆不超过 1 小时、旅客不超过 30 分钟。[①]

中国海关积极参与国际和地区合作，并重视海关程序相关国际规则的研究和制定，在国际和地区海关程序领域合作中发挥了重要的作用。中国于 1983 年加入世界海关组织（简称为 WCO），并已经成为该组织内常设的技术委员会、协调制度委员会、执法委员会、海关估价技术委员会、原产地技术委员会以及自动数据处理分委员会的重要成员，对包括《京都条约》和《协调制度》等在内的国际海关公约的制定和修订做出了重要贡献。中国积极履行了 WTO 在海关程序领域所规定的各项义务和责任，并全面实施了入世承诺中关于海关程序的内容。此外，中国在其近年来已签署的双边自由贸易协定中，均著有海关程序条款，并建立了多个双边海关合作协调机制，全面强化了中国与主要贸易伙伴在海关程序领域的双边沟通和联系，为海关先进管理经验的交流以及政策制度的协调做出了重要贡献。

三、商务人员流动

投资与贸易飞速增长促使中国对人员流动的需求不断提高。近年来，中国已在 IAP 中公布多项措施实现 APEC 商务人员流动目标，并积极参与了贸易便利化行动计划中的相关活动。中国已加入 APEC 商务旅行卡计划，并在不断压缩旅行卡的申请审批时间。签证申请也较为方便和快捷。旅游和商务签证申请可 1 天内

---

① 中国海关总署：《今日中国海关 2011》，中国海关总署网站，http://www.customs.gov.cn。

批准，1—5 年的工作签证申请可在 1—5 天内完成。同时，中国还可为特定人员提供口岸签证便利。

中国于 2002 年 2 月 22 日加入 APEC 商务旅行卡计划，并于 2003 年 10 月正式生效。截至 2012 年，中国已经受理了约 185688 份来自国外的申请以及 9761 份来自本国的申请。[①] 自 2009 年起，中国在各出入境口岸为 APEC 商务旅行卡持卡人开辟了专门通道。

自 2009 年起，为了给旅客提供更加方便快捷的出入境服务，中国又推行了以下便利化措施：全国所有海港口岸的出入境检查站实行每周 7 天每天 24 小时的通关服务；开通出入境车辆提供网上提前申报和体检检验系统，以及相关文件申请的预约服务；2009 年 12 月发布了《边检标准化手册》，使出入境通关程序进一步标准化以改进相关服务。[②]自 2012 年 1 月 1 日起，持中国永久居留证的外国人以及外国机组人员出入境时不再需要填写出入境卡。[③]

四、知识产权

知识产权保护是促进经济发展和国际贸易的重要因素之一。建立和维护有效的知识产权制度能够促进创新以及观念和信息的有效传播，也有助于为投资和技术转让建立良好的外部环境。中国是世界知识产权组织（WIPO）的成员和 WTO《与贸易有关的知识产权协议》（TRIPs）的缔约国。在 APEC 合作中，中国也积极参与了建立知识产权保护综合法律框架的各项合作与行动计划。

（一）国家级知识产权保护措施与行动

中国始终把知识产权保护作为改革开放和法规建设的重要内容。从 20 世纪 80 年代中期开始，中国陆续制定或修改了一系列的相关法律法规，如《商标法》《专利法》《著作权法》《计算机软件保护条例》等，到目前已经初步建立起比较系统的知识产权保护法律体系。

---

① APEC：《中国单边行动计划 2012》，APEC 网站，www.apec.org。
② APEC：《中国单边行动计划 2010》，APEC 网站，www.apec.org。
③ APEC：《中国单边行动计划 2012》，APEC 网站，www.apec.org。

自从 2001 年 12 月中国加入 WTO 以后，中国政府严格履行和知识产权保护有关的义务和承诺，进一步加大了对侵犯知识产权行为的惩处力度，严厉打击造假和盗版活动，取得了明显的成效。

2008 年，中国国务院发布了《国家知识产权战略纲要》，从国家层面将规划中国知识产权发展提升到重要高度。该纲要概括了当前中国知识产权保护的现状和面临的挑战，制定了指导原则，阐明了战略重点和关键技术措施，并且提出了宏伟目标，即到 2020 年之前，把中国建立成为一个创造、运用、保护和管理知识产权的高水平国家。纲要中所涉及的战略措施包括：增强知识产权创造能力，鼓励知识产权的运用和商业化，加快发展知识产权保护法律体系，提高知识产权法律实施力度，加强知识产权管理，发展知识产权中介服务，开发知识产权人力资源，培养知识产权文化，扩大知识产权国际交流和合作。

2011 年，由多家政府部门联合召开了"中国知识产权战略实施跨机构联合会议"。本次会议通过了《2011 年中国知识产权保护行动计划》，共实施六大领域的 100 多项措施。[①]

2010 年 10 月至 2011 年 6 月期间，中国国务院执行了针对侵犯和仿冒知识产权行为的国家级特别行动，该行动采取了强制性措施，对核心地区、核心领域和核心产品的侵犯和仿冒知识产权行为进行了深入调查和纠正。

2011 年 11 月，中国国务院建立了打击侵犯和仿冒知识产权的领导小组，包括 29 个与知识产权保护相关的国家中央部门，以加强知识产权保护政策的实施。

考虑到处理知识产权案件需要很强的技术和专业技能，中国从 1992 年起在最高人民法院和各级人民法院建立了不同层次的知识产权审判室或审判庭。到目前为止，中国 31 个省级人民法院都已经建立了知识产权法庭。知识产权法庭的作用在于保护知识产权拥有者的合法权益。2011 年 1 月 10 日，中国最高人民法院颁布实施了《关于办理侵犯知识产权刑事案件适用法律若干问题的意见》，最高人民检察院和中国公安部也将据此采取一系列行动，应对打击知识产权盗版过程中

---

① 详细信息可参阅：http://www.sipo.gov.cn/yw/2011/201104/t20110425_600570.html。

的新问题和新环境。

2011 年 2 月 25 日，第十一届人民代表大会常务委员会第 19 次会议通过了《中国非物质文化遗产法》，并自 2011 年 6 月 1 日起实施。该法案致力于加强对非物质文化遗产的保护行动。

2012 年，国家知识产权局与国务院 10 部门共同制定《关于加强战略性新兴产业知识产权工作的若干意见》，与国务院 9 部门联合发布《关于加快培育和发展知识产权服务业的指导意见》以及《知识产权服务业统计制度》等，并先后开展了知识产权服务业统计调查工作，加大了对专利代理机构诚信工作的监督与处罚力度，通过改革全国专利代理人资格考试规则为行业发展提供更多高层次人才等，这些都为知识产权服务业进一步发展奠定了基础。

2012 年，中国国家知识产权战略实施工作部际联席会议制定了《2012 年国家知识产权战略实施推进计划》，围绕提升知识产权质量、促进战略性新兴产业发展等 8 个方面，提出 90 项重点措施。

2013 年 8 月 22 日，中国（上海）自由贸易试验区正式批准设立。试验区范围涵盖上海市外高桥保税区、外高桥保税物流园区、洋山保税港区和上海浦东机场综合保税区等 4 个海关特殊监管区域，总面积为 28.78 平方千米。自贸区内暂停实施外资企业法等 4 部法律，相应地，在知识产权方面需要做出调整以适应新的政策，尤其是技术出口方面。

2013 年 11 月 5 日，浦东新区法院自由贸易区法庭成立，受理和审理自贸区的投资、贸易、金融、知识产权和房地产等领域的民商事案件；上海国际仲裁院也已在自贸区内挂牌，受理包含知识产权的纠纷。在自贸区内实行严格的知识产权保护标准是发达国家形成的共识，国务院印发的关于自贸区的通知已明确表示将在自贸区内建立知识产权纠纷调解、援助等解决机制。

2013 年 9 月 16 日，国家知识产权局通过了《关于修改〈专利审查指南〉的决定》（第 67 号），并宣布其将于 2013 年 10 月 15 日起施行。该《决定》去掉了专利初步审查中的"一般不通过检索"进行审查的措施，说明实用新型的审查标准在逐步提高。

2013 年 11 月 13 日，中国国家认证认可监督管理委员会和国家知识产权局印发《知识产权管理体系认证实施意见》，将此作为推行企业知识产权管理规范的国家标准。根据国家知识产权战略网公布的信息，目前中国已有 1800 家企业申请参与知识产权管理规范的国家标准认证。该认证将有助于完善企业的知识产权管理体系，提升企业创新能力和市场竞争能力。

中国政府还通过举办研讨会、出版书籍和录制电视节目等各种方式，增强公众保护知识产权的意识，并开展了针对政府主管部门的官员、企业领导和技术人员的知识产权保护专题培训。

（二）知识产权保护的具体法规与部门规章

中国知识产权法律规章体系不仅包括国家针对知识产权不同内容的相关法律法规，还包括部门规章、地方性法规、地方政府规章、部门规范性文件、地方司法文件、法规性文件和行业规定等多项规章制度，这些规则构筑了知识产权保护制度的基础。

版权与相关权立法体系

中国现行版权与相关权主要由以下法律、法规组成：《中华人民共和国著作权法》（简称《著作权法》，2001 年修正）、《中华人民共和国著作权法实施条例》（2002）、《信息网络传播权保护条例》（2006）、《计算机软件保护条例》（2002）、《实施国际著作权条约的规定》（1992）、《著作权集体管理条例》（2005）和国务院关于修改《中华人民共和国计算机信息网络国际联网管理暂行规定》的决定（1997）等。

入世后，中国相应提高了版权保护水平，版权制度基本达到 TRIPS 协定要求，但修订后的《著作权法》与 TRIPS 协定还存在不协调之处。与 TRIPS 协定要求成员遵守的《伯尔尼公约》相比，《著作权法》在"作品"保护范围、实用艺术作品保护、民间文学艺术保护、追续权、计算机程序保护、科研使用、公务使用、免费表演等方面均存在差距。

商标（包括地理标志）立法体系

中国现行商标权主要法律、法规包括《中华人民共和国商标法》（简称《商标法》，2001 年修正）和《中华人民共和国商标法实施条例》（2002）。部门规章主要包括《商标使用许可合同备案办法》（1997）、《驰名商标认定和保护规定》（2003）、《集体商标、证明商标注册和管理办法》（2003）、《马德里商标国际注册实施办法》（2003）、《商标印制管理办法》（2004）、《商标评审规则》（2005 年修订）、《地理标志产品保护规定》（2005）、《商标代理管理办法》（2009）等。

专利立法体系

中国现行专利权主要法律、法规包括《中华人民共和国专利法》（简称《专利法》，2008 年修正）、《中华人民共和国专利法实施细则》（2010 年修订）和《专利代理条例》（1991）。部门规章主要包括《专利实施许可合同备案管理办法》（2001）、《专利行政执法办法》（2001）、《专利实施许可合同备案管理办法》（2001）、《专利代理惩戒规则（试行）》（2002）、《专利实施强制许可办法》（2003）、《专利代理管理办法》（2003）、《专利文献号标准》（2004）、《专利费用减缓办法》（2006）、《专利文献著录项目标准（试行）》（2006）等。

工业设计立法体系

中国没有针对工业设计保护的专门法律。对于工业品外观设计，中国目前采取双重保护模式。对经过审查和登记注册的外观设计受《专利法》和《专利法实施细则》保护，对未经过登记注册的外观设计，则由《反不正当竞争法》予以保护，此外，《关于禁止仿冒知名商品特有的名称、包装、装潢的不正当竞争行为的若干规定》还规定平面或立体的外观设计，只要具有可识别性，均可获得反不正当竞争的保护。

集成电路布图设计立法体系

目前，大多数国家采取专门法保护集成电路布图设计，中国颁布了《集成电路布图设计保护条例》（2001）、《集成电路布图设计保护条例实施细则》（2001）和《集成电路布图设计行政执法办法》（2001）。

未披露信息（商业秘密）立法体系

中国对商业秘密的保护采用以竞争法为主体、其他法律法规相配套的立法模式。直接对商业秘密进行保护的单行法律主要包括《反不正当竞争法》《劳动法》《合同法》《刑法》《商标法》《著作权法》等法律，从不同侧面对商业秘密保护做出了规定。

五、竞争政策

中国深刻认识到公平竞争在创造有序的市场环境、保护消费者和经营者合法权益等方面所起的重要作用，因此，过去 30 年来，中国在竞争法规的完善和执行方面做出了巨大的努力，力求创造透明和公平的竞争环境。

《反不正当竞争法》和《反垄断法》是中国在竞争政策方面制定的两部最主要的法律。此外，其他一些法律法规也设立了关于反不正当竞争的条款，例如《价格法》《广告法》《产品质量法》《商标法》《专利法》《公司法》《消费者权益保护法》《招投标法》《电信条例》《关于禁止在市场经济活动中实行地区封锁的规定》《关于外国投资者并购境内企业的规定》等。民航、电力、邮电和通信服务等特定部门规章以及地方政府规章中也包含了有关市场竞争的条款。

《中华人民共和国反不正当竞争法》于 1993 年 9 月 2 日颁布，同年 12 月 1 日正式生效。该法旨在鼓励和保护公平竞争，维护经营者和消费者的合法权益，促进社会主义市场经济的健康发展。该法不仅限制违反诚实信用原则的不公平竞争行为，同时也管制其他限制竞争的行为。

《中华人民共和国反垄断法》于 2007 年 8 月 30 日颁布，并于 2008 年 8 月 1 日起正式生效。除了总则和补充规定之外，《反垄断法》还针对禁止垄断协议、禁止滥用市场支配地位行为、经营者集中、禁止滥用行政权力排除或限制竞争、对涉嫌垄断行为的调查、法律责任和其他问题做出了明确规定。《反垄断法》不仅适用于中国境内发生的垄断行为，同时也适用于发生在中国境外但是对中国国内市场竞争造成"消除或限制效果"的行为。这种跨境行为主要通过竞争政策领域的国际合作予以解决。需要指出的是，该法并不适于农业生产者或者农村经济组织在经济活动中的联合或一致行为，比如生产、加工、销售、运输和储存农产品。此外，该法也不适于经营者遵照知识产权保护相关法规行使知识产权的行为。根据该法律第 7 条的规定，国有经济占控制地位的、关系国民经济命脉和国家安全的行业以及依法实行专营专卖的行业，国家对其经营者的合法经营活动予以保护。通过保护上述国有经济的"合法经营活动"，并要求他们遵守法律法规，不得损害消费者利益，上述第 7 条规定体现了中国产业政策与竞争政策之间的协调。《反垄断法》禁止"行政垄断者"，尤其是包括地方政府在内的行政部门采取措施阻碍或者限制外地竞争者的行为，并对此类行为实施行政处罚措施。如果某一组织或机构滥用行政权力限制竞争，由上级机关责令改正。反垄断执法机构可以向有关上级机关提出依法处理的建议。

2008 年 8 月，中国国务院设立了反垄断委员会，负责组织、协调、指导反垄断方面的工作，并具体履行以下职能：（1）研究和起草相关竞争政策；（2）对市场竞争的总体情况进行调查和评估，并发布评估报告；（3）制定和发布反垄断指南；（4）协调《反垄断法》的执行。同时，中国还建立了与市场竞争相关的部级综合管理体系。国务院指定国家发改委、商务部和国家工商行政管理总局作为执行机构。国家发改委负责监督与价格垄断相关的行为；商务部负责开展并购行为的反垄断调查，包括外国投资者对境内企业的并购；国家工商行政管理总局负责监管《反不正当竞争法》中涉及的垄断协议，滥用市场支配地位以及滥用行政权力（不包括价格垄断相关问题）的问题。

中国商务部已与欧盟建立了竞争政策对话机制，与美国贸易开发署（USTDA）和日本国际协力机构（JICA）开展了合作，并与欧盟、美国、日本、俄罗斯、韩国、越南和蒙古等国家和地区的反垄断机构保持联系，中国还积极参与了联合国贸发会议、亚太经合组织、经济合作与发展组织（OECD）以及亚洲开发银行的相关活动。

六、政府采购

中国的政府采购活动于 1996 年正式启动。此后，伴随着中国经济的强劲增长，中国的政府采购市场迅速扩大。为了规范政府采购工作，中国政府采取了许多有效措施，包括严格审查政府采购预算，建立政府采购计划编制系统，并强化政府采购计划管理；严格实施评标的标准化；加强培训与宣传，提高采购实体的能力等。

中国的政府采购活动遵循《中华人民共和国政府采购法》，该法律于 2002 年 6 月 29 日公布，并于 2003 年 1 月 1 日生效。该法律依照国际通行规则制定，适用于中国各级政府部门。该法律共包括 9 章 88 款，涉及与政府采购有关的主要问题，如基本原则和政府采购的模式、合同的格式和履行、供应商的质疑和投诉以及行政监督的职能等。此外，政府采购工程进行招标投标的，应适用《招标投标法》。其他相关法规包括《政府采购货物和服务招标投标管理办法》《政府采购信息公告管理办法》和《政府采购代理机构资格认定办法》等。关于公平交易问题，《政府采购代理机构资格认定办法》规定每三年对代理人资格进行一次审查。

目前中国还不是 GPA 缔约方。根据加入 WTO 的承诺，中国在 2002 年成为了 WTO 政府采购委员会的观察员。此外，中国在入世议定书中还承诺"尽快"启动加入 GPA 的谈判。2007 年，中国提交了加入 GPA 的申请和初步出价清单。2010 年 7 月，中国又提交了改进出价清单。

《政府采购法》规定了政府机构在中国境内采购货物及服务时的原则与方法，制定了定价合同的程序、透明度要求、投诉以及对政府采购程序的监督机制。为保护政府采购市场的公平竞争，该法律规定，任何地区和产业不得妨碍供应商自由进出其市场。政府财政部门应承担采购活动的行政监管职责。财政部门不得设置集中采购机构，不得参与政府采购项目的采购活动。采购代理机构与行政机关不得存在隶属关系或者其他利益关系。

　　根据该法律，政府采购应当采购本国货物、工程和服务。① 但是对本地构成比例以及如何确定产品是否为本国生产的原产地规则没有做出相应规定。采购外国产品需要满足一定的条件，如需要采购的货物、工程或者服务在中国境内无法获取或者无法以合理的商业条件获取的；为在中国境外使用而进行采购的。

　　采购货物和服务可根据情况采用下列方式：公开招标、邀请招标、竞争性谈判、单一来源采购、询价以及国务院政府采购监督管理部门（即财政部）认定的其他采购方式。对于超过一定采购金额限额的项目需要进行公开邀请（公开招标的一种形式）。超过规定限额而采用其他采购方式的需要经过财政部的批准。低于规定限额的采购项目的采购方式由采购实体依据《政府采购法》决定。如果采购的货物或服务具有特殊性，只能从有限范围的供应商处采购，或者采用公开招标方式的费用占政府采购项目总价值的比例过大，可依法采用邀请招标方式采购。采购代理人必须确定至少 3 家符合条件的供应商并向其发出投标邀请书。符合下列情形之一的货物或者服务，可以依法采用竞争性谈判方式采购：招标后没有供应商投标或者没有合格标的或者重新招标未能成立的；技术复杂或者性质特殊，不能确定详细规格或者具体要求的；采用招标所需时间不能满足用户紧急需要的；不能事先计算出价格总额的。采购的货物规格及标准统一、现货货源充足且价格变化幅度小的政府采购项目，可以依照本法采用询价方式采购。符合下列情形之一的货物或者服务，可以依照本法采用单一来源方式采购：只能从唯一供应商处采购的；发生了不可预见的紧急情况不能从其他供应商处采购的；必须保证原有采购项目一致性或者服务配套的要求，需要继续从原供应商处添购，且添购资金总额不超过原合同采购金额百分之十的。根据《政府采购法》的规定，公开招标应作为政府采购的主要采购方式。工程项目的采购由《政府采购法》和《招标投标法》共同管理。② 根据《政府采购法》的规定，由中国境内的外商投资企业生产的产品被视同为本国产品。③

---

① 资料来源：《政府采购法》第 10 条。
② WTO, Trade Policy Review of China 2010, www.wto.org.
③ APEC，中国单边行动计划 2010，www.apec.org.

供应商如果被不公平地排除在政府采购程序之外，或者遭到歧视性待遇，可以向采购代理方提出质询，向财政部政府采购司提出申诉，或在此之后向法院提起诉讼。

中国各级政府均已建立了专门的政府采购管理机构。很多省份还建立了负责集中采购的政府采购中心。同时，政府采购的信息应当在政府采购监督管理部门（财政部）指定的媒体上及时向社会公开发布。中国建立了有效和透明的政府采购信息发布体系，主要媒体机构包括中国政府采购网（http://www.ccgp.gov.cn）、《中国财经报》和《中国政府采购》杂志等。

中国尚未就政府采购问题签署任何双边、地区及多边协定。为了反映加入WTO《政府采购协定》的意愿，中国政府在 2007 年制定了法律条款，允许在特定条件下将进口产品纳入政府采购体系。[①] 将进口产品用于采购目的需要经财政部或其下属地方机构的批准。地方政府部门在中国政府采购中占主要地位。

中国是世界贸易组织《政府采购协定》的观察员并已于 2007 年 12 月 28 日正式申请加入 GPA 谈判。加入 GPA 谈判涉及市场开放范围和国内法律调整两个方面。2008 年 1 月，中国的初始出价已经提交有关成员。此后，中国已提交了有关国内法制信息，并与各方举行了几轮磋商。此外，中国还就其已开展的准备工作以及面临的主要挑战提交了相关信息。2009 年，中国再次提交了一份进展报告并得到各方的认同。2010 年中国向 WTO 秘书处递交了改进出价并开展了进一步磋商。

七、透明度

中国政府始终高度重视加强透明度建设，确保与对外贸易和投资有关的法律法规信息能够及时公布。利用现代电子技术，中国在 1999 年启动了"政府上网"工程。借助互联网，政府和公众之间已经建立了快捷有效的交流和反馈机制，这

---

① 参见中国财政部发布的《政府采购进口产品管理办法》（2007 年 12 月 27 日生效）。2008 年 7 月 1 日，中国财政部会同海关总署发布通知，要求进一步规范对进口商品的政府采购，并对《政府采购法》第 10 条做出了解释和说明。参见中国政府采购网，http://www.ccgp.gov.cn/gzdt/724707.shtml。

对提高透明度具有重要意义。2000 年 7 月 1 日生效的《中国立法法》^① 规定，及时公开新的法律和行政法规必须作为立法程序的一部分。2004 年 7 月 1 日，《行政许可法》^② 生效，对行政许可程序做出了详细的规定。2007 年，中国国务院颁布了《中华人民共和国政府信息公开条例》，对政府信息公开的范围、方式和程序、监督和保障等做出了详细规定。该条例明确规定国务院办公厅是全国政府信息公开工作的主管部门，负责推进、指导、协调、监督全国的政府信息公开工作。^③

为了使政务更加公开透明，中国政府采取了有效措施，建立或完善了一系列行政管理程序，包括行政决策制度、协商制度、公开听证制度和行政监督制度等。这些措施和努力不仅有利于透明度原则的实施，同时也促进了政府行政管理制度的合理化。

在加入 WTO 之后，中国政府采取了有效措施，以进一步加强透明度建设。国务院发展办公室网站公开发布各项法律法规及规章制度，并且每年发布《政府信息公开工作报告》。中国政府网也专门设置了各项政策、法律、法规、规章及有关文件的公开发布网页。而与贸易、投资等相关的信息则主要由商务部负责发布。商务部成立了名为"中国 WTO 通报咨询中心" 的专门机构，负责 WTO 事务的咨询和通报。该机构的职责包括：履行 WTO 规定的通报义务；对其他 WTO 成员提出的与中国贸易政策和 WTO 国际贸易事务相关的问题做出答复。商务部办公厅还负责《中国对外经济贸易合作公报》（以下简称公报）的编辑和分发。公报收集和发布的信息涉及法律、规定、与货物贸易、服务贸易和 TRIPs 有关的其他措施和法律草案，以及外汇管制等 80 多个问题。汇编后的公报每年都会分发给中央和地方各级政府机构、各大图书馆和新闻媒体。同时，商务部网站也会登出公报全文。

此外，作为 WTO 成员，中国已在 2006 年、2008 年、2010 年、2012 年、2014 年和 2016 年参加了 6 次贸易政策审议。作为 APEC 成员，中国定期向该组织提

---

① 该法的英文全文可参见网址：http://www.npc.gov.cn。
② 该法的英文全文可参见网址：http:// www.chinalawedu.com/news/23223/23228/22357.htm。
③ 《中华人民共和国政府信息公开条例》第三条。

交单边行动计划，并参加了茂物目标中期评估及成员间的同行评议。

八、电子商务

中国始终高度重视电子商务的发展。随着基础设施、人力资源和信息技术的发展，中国开始着手进一步拓展电子商务的使用。从 1993 年起，中国已经逐步实施了"三金工程"，即："金桥工程"，目标是建立一个国家经济信息网站；"金关工程"，目标是以电子化的海关报关程序替代传统的报关程序；"金卡工程"，目标是推广电子支付。同时，中国政府也鼓励各级政府部门开展电子政务，并通过制订政策、颁布法律等一系列措施，营造电子商务发展环境，确立电子商务战略地位，明确电子商务重点发展领域。为此，各级政府致力于采取措施完善电子商务发展环境，引导企业实现电子商务应用，推动"物联网"技术在商贸领域的应用，充分发挥电子商务在促进国民经济发展中的作用并取得了积极成果。

近年来，中国颁布了一系列法规和政策，以促进电子商务的发展。2004 年 8 月，第十届全国人大常委会通过了《电子签名法》，首次明确了电子签名在中国的法律效力。2005 年颁布的《国务院关于加快电子商务发展的若干意见》强调了电子商务对经济发展的重要性，并制定了发展电子商务的基本原则和措施。2005 年 10 月 30 日，中国人民银行公布了《电子支付指导》公告（第 1 号），明确了处理与电子支付有关的各种问题的基本规则。其他与电子商务有关的法规和政策包括：国务院 2006 年颁布的《2006—2020 年国家信息化发展战略》、2007 年颁布的《商务部关于网上交易的指导意见（暂行）》、2007 年颁布的《电子商务发展"十一五"规划》，以及 2008 年颁布的《电子商务模式规范》和《网络购物服务规范》等。2012 年，工信部颁布了《电子商务"十二五"发展规划》。同年，国务院办公厅颁布了《电子口岸发展"十二五"规划》。这些法律法规的制定和颁布为中国制定《电子商务法》奠定了良好的基础。

2013 年，全国人大财经委召开了电子商务法起草组成立暨第一次全体会议。会议明确了立法指导思想、原则、框架设想和主要内容，标志着中国电子商务法立法工作正式启动。根据十二届全国人大常委会立法规划，电子商务法由全国人大财经委负责牵头制定。起草组设领导小组、专家小组和工作小组。全国人大财经委将牵头组织国务院法制办和国家发改委等十多个部门以及相关专家共同开展起草工作。本次会议确定了电子商务立法的初步"时间表"：从起草组成立至 2014 年 12 月，进行专题调研和课题研究并完成研究报告，形成立法大纲。2015 年 1 月至 2016 年 6 月，开展并完成法律草案起草。①

九、WTO 义务的执行

2001 年 12 月 11 日，中国成为世界贸易组织第 143 个成员。中国根据入世议定书中的承诺，在货物与服务贸易等领域全面推进贸易自由化，扩大对外开放范围，提高市场准入水平，取得了举世瞩目的成就。至 2010 年入世过渡期结束，中国已经全面高质量地履行了入世承诺，大幅度提高了本国的贸易自由化和便利化水平，并已经成为地区经济发展的重要推动力量。

在货物贸易领域，中国大幅度削减进口关税水平。根据世界贸易组织统计，2011 年，中国简单平均最惠国实际关税水平已经降至 9.6%，其中，农产品平均关税为 15.6%，非农产品平均关税为 8.7%。2010 年，零关税进口产品价值占当年进口总值的 43.3%。② 在非关税措施方面，中国根据 WTO 的原则精神以及入世承诺内容，分多个批次削减了特定招标、进口许可证等非关税措施，仅在国际公约以及 WTO 原则允许的范围内，对诸如涉及生命安全以及环境保护的产品，实行有限的、透明的非关税管理措施。

在服务贸易自由化领域，中国全面履行加入世界贸易组织承诺，扩大市场开放度，提高市场准入水平，落实各项承诺内容。中国在服务贸易领域的承诺涉及金融、电信、建筑、分销、物流、旅游、教育等主要部门。在世界贸易组织服务贸易分类的全部分部门中，中国就其中的 93 个做出了市场准入承诺，开放范围已

---

① 参见国务院法制办公室网站，http://www.chinalaw.gov.cn/article/xwzx/fzxw/201312/20131200394360.shtml。
② 参见 WTO，Tariff profile 2012，http://www.wto.org。

经接近发达国家的平均水平。

此外，中国在与贸易有关的投资、知识产权保护等领域也做出了积极的努力。中国对国内的税收制度进行了调整，保证了内外资企业所得税制的统一，真正实现了外资企业的国民待遇。中国全面推进了对知识产权的保护，加大了对盗版、走私等行为的打击力度。中国在与贸易伙伴的争端解决过程中全面履行 WTO 争端解决机制的程序和要求，在维护本国合理利益的同时，尽量避免贸易摩擦的激化，促进争端公正公平解决。中国全面积极参与多哈回合谈判，在各领域努力做出了进一步开放市场的出价，为多边贸易体制的发展做出了显著贡献。

根据 WTO 的原则精神，各成员应全面贯彻最惠国待遇和国民待遇原则，保证国内法律法规符合非歧视、透明和公平原则。为了实现上述目标，自入世之日起，中国对国内法律法规进行了大规模的清理和调整，废止或修改了与 WTO 原则不符的法律规定，同时制定了一系列新的法律、法规和条例。上述措施对于促进中国经济的进一步改革开放，深化成员制改革发挥了重要的促进作用。此外，根据 WTO 的要求，中国已经先后 6 次接受了 WTO 对我国经济贸易政策所进行的审议，保证了相关贸易政策的公开透明性。

第七章　APEC 茂物目标前景展望

总体而言，自茂物目标设立以来，在引领亚太经济合作组织（APEC）贸易投资自由化和便利化的进程中发挥了积极的作用。APEC 各成员的关税和非关税壁垒显著降低，贸易投资自由化和便利化水平不断提高，商业和投资环境日趋改善，从而使 APEC 地区的经济保持了多年的较快增长，日益成为拉动世界经济增长的主要引擎。

随着茂物目标第二个时间表临近到期，APEC 面临着两个紧迫的问题：其一，如何加快完善茂物目标推进方式、弥补其现有的不足之处，提高其运行效率，使 APEC 的贸易投资自由化进程到 2020 年达到预期水平。其二，如何针对亚太区域经济一体化进程的新特点和新趋势，为 APEC 贸易投资自由化和便利化进程规划新的目标和路径，使 APEC 保持持久生命力和良好的发展势头。

第一节　APEC 茂物目标推进方式评析与展望

通过多年的实践，APEC 在推进茂物目标实现的进程中形成了一套独特的行事规范，以磋商代替谈判，以承诺代替协定，尽量避免高度的机制化和强约束性给 APEC 部分成员带来过大的压力。客观而言，这种推进方式充分考虑了 APEC 不同成员的多样性、经济发展水平和市场开放承受能力的差异性，在制度层面具有较大的弹性。但另一方面，随着 APEC 贸易投资自由化水平目标定位的不断提高，具有非约束性质的茂物目标推进方式也逐渐暴露出一些问题和缺陷，需要得到有效的解决和补足。

一、"自主自愿"合作原则与集体行动的长期效率的冲突

APEC 的"自主自愿"合作原则是指在充分尊重成员意愿的前提下，由成员自愿提交单边行动计划，同时由成员自主决定是否加入集体行动。"自主自愿"原则实际上涉及参与各方在订立契约之前为获取相应交易信息所要支付的成本，以及订立契约后为执行契约所要支付的成本两个问题。短期内看，"自主自愿"原则使参与各方所要支付的成本相对谈判机制所付成本要低得多。而在多方合作过程中，要保障集体行动的效率，就必须存在一个可提供足够激励效果的自我实施契约或协议，或者必须存在一个强有力的监督机制。[①] 若其中一方或几方存在机会主义（搭便车）行为，那么积极的一方或几方就会放弃更多的努力，而导致集体行动处于低效率或无效率的状态。要防止机会主义（搭便车）行为，就要求有一个有力的监督机制，向积极的一方提供正向的激励，或惩罚机会主义者（搭便车者），以保证集体行动的效率。而 APEC 的"自愿自主"原则恰恰就缺乏这样的约束机制。因此，虽然短期内这一原则为各成员参与 APEC 合作创造了更为宽松的环境和平台，但长期内则无法提供一套有效的激励—约束机制。

二、"灵活渐进"原则与集体行动公平约束的冲突

渐进性与灵活性的原则考虑了不同成员的市场承受能力，因此茂物目标确定了贸易自由化的两个时间表，各成员可以根据自身的实际情况制定自己的单边行动计划，采取渐进的方式以不同速度到达茂物目标的要求。这一原则强调的是在集体行动中，允许各成员根据自身的实际情况采取渐进的、灵活的政策，避免给成员过于严格的政策约束。在新古典主义国际关系理论看来，这种灵活性与渐进性在实质上使得集体行动不得不服从"短边规则"，即集体行动的进程实际上由行

---

① 宫占奎，刘晨阳. APEC 茂物目标——进程与评估[J]. 南开学报（哲学社会科学版），2011（4）.

动最慢的成员所决定。

但是，对于集体行动而言，仅仅满足个体理性约束还不够，集体行动的成功同时还要求满足公平相容约束。也就是说，只有既符合个体理性约束同时又符合公平相容约束的集体行动才能被真正组织起来。在 APEC"渐进主义"和"灵活机制"的原则之下，集体成员的优先选择是利益分配的公平。因此，在集体中没有一个成员愿意在制度建设方面给予过多的投入，从而导致了集体行动的相对迟缓，甚至催生了在成员之间采取"搭便车"的机会主义行为。这说明 APEC 的"渐进主义"和"灵活机制"原则与集体行动中的公平相容约束存在一定的矛盾，发展中成员和发达成员在"公平"目标上的冲突，导致了集体行动在"渐进主义"和"灵活机制"的合作原则下难以有效地开展高水平的经济一体化合作。

三、"开放的地区主义"原则与集体行动的正外部性之间的冲突

APEC"开放的地区主义"主要是指非歧视原则，即亚太地区贸易投资自由化的成果不仅仅适用于 APEC 成员，同时也适用于非 APEC 成员。在经济全球化和其他区域经济一体化的现实压力下，APEC 选择"开放的地区主义"实属难能可贵。但是，这种"非歧视、不排他"的合作原则也存在着与集体行动中的外部性相冲突的缺陷。

外部性可以分为正外部性和负外部性。正外部性的本质和公共物品相似，存在多个成员同时使用同一种资源或享受同一种制度安排的情况。正外部性发出方的行为提供了一种具有公共效用的产品（制度），即这种产品（制度）的效用对发出方和承受方同时产生了正的效用。由此，我们可以将正外部性理解为第三方公共有益产品或一种对第三方有益的制度安排。当 APEC 成员就贸易投资自由化、便利化达成协议并进一步推进时，这一制度或协议事实上就向区域外的国家、集团提供了一种第三方"公益品"。APEC"开放的地区主义"合作原则使非成员可以更容易地分享 APEC 成员提供"公益品"的利益，APEC 成员为生产具有正外部性的产品（制度）而付出成本，但其获得的收益却小于社会的收益。在这种情

况下，APEC 成员就有可能在生产正外部性产品（制度）时缺乏相应的激励，其提供产品（制度）的最优水平就会低于社会最优水平，从而导致 APEC 的集体行动进展缓慢，使 APEC 进程迈入了一个难以突破的瓶颈阶段。

从以上的分析可以看出，虽然"APEC 方式"在推进实现茂物目标的进程中起到了积极的作用，但同时也引发了 APEC 在确定政策目标、执行集体行动方面长期效率不高等问题。如果这些问题得不到有效的解决，将会导致 APEC 贸易投资自由化和便利化进程的放缓和成员内部的离心化倾向。因此，对 APEC 运行方式的改革具有相当的必要性和紧迫性。

四、APEC 推进茂物目标运行方式改革的前景分析

虽然 APEC 的制度改革势在必行，但改革不能脱离 APEC 的基本现实。首先，APEC 成员在经济发展水平、政治制度以及文化传统上存在巨大差异这一现实在短期内还难以改变；其次，亚太地区 FTAs/RTAs 的迅速发展已经分散了各成员对 APEC 区域经济合作的注意力，成员把推进贸易投资自由化的重心重新转移到 APEC 上来尚需时间。在当前 APEC 制度体系出现矛盾和不均衡的情况下，试图过早地将 APEC 变革为具有强约束力的一体化组织，不仅与 APEC 成立时的初衷和宗旨相违背，而且在实践中成功的可能性也很小。因此，对 APEC 运行方式进行改革的当务之急是化解原有制度安排的固有矛盾，增强各成员参与 APEC 贸易投资自由化和便利化合作的凝聚力。[①]

第一，应尝试对茂物目标进行更加清晰的界定。茂物目标本身的模糊性为 APEC 的合作进程增添了变数，发达成员与发展中成员在贸易投资自由化标准的界定上分歧巨大。以关税为例，如果将贸易自由化的目标界定为零关税，在现有机制下绝大多数成员不可能在 2020 年完成目标。如果将贸易自由化的目标界定为关税率为 0~5%，则发达成员基本上已经达到了自由化的要求，而大多数发展中成员虽然还有几年的缓冲时间，但考虑到他们的经济发展水平和相关产业的承受

---

① 宫占奎、刘晨阳.《APEC 茂物目标——进程与评估》. 南开学报（哲学社会科学版），2011（4）.

力，要想在 2020 前实现目标也非常渺茫。除了关税之外，更加难以量化的非关税措施和投资自由化问题进一步加大了界定茂物目标的困难。因此，APEC 当前的重要任务就是要积极有效地协调成员各方的意见，尽快达成各方均能接受的自由化指标体系和可量化的目标。

第二，APEC 推进茂物目标的主要合作原则应当保留，但需做出修正。其中，"开放的地区主义"是首要的调整对象，应代之以有区别、有条件的"开放的地区主义"。所谓有区别，是指在 APEC 贸易投资自由化和经济技术合作这两个领域的开放是有区别的。对于前者，区域外的非成员不能自动获得非歧视的最惠国待遇；对于后者，则可以完全开放与区域外的合作交流。所谓有条件，是指区域外非成员要享受 APEC 贸易投资自由化方面的减让，必须也对 APEC 成员做出一定的减让，尽管这种减让并不一定要对称。只有对 APEC 内部成员之间施行开放的、非歧视的政策，对区域外的非成员实行一定程度的非对等或有条件的开放，才能重新凝聚 APEC 成员集体行动的向心力。

第三，为了促进 APEC 的贸易投资自由化和便利化进程，可以在坚持"自主自愿""协商一致"和"灵活渐进"原则的同时，利用不同方式适当加强 APEC 运行机制的约束力，例如：在单边行动计划中强化"向前看"的分析，关注中长期政策的规划和制定；强化同行评议机制，并考虑将同行评议外包给其他的国际组织进行独立客观的评估；继续实施并推进"探路者"方式，增加 APEC 合作的实效性；对 APEC 机构进行改革，强化 APEC 秘书处的行政权力和监督管理职能。

总之，从发展的角度来看，APEC 作为亚太地区最大的区域经济合作组织，在推进贸易投资自由化和便利化进程中的制度性保障越来越不可或缺。因此，APEC 的机制化发展是必然趋势。但是，考虑到亚太地区及其成员的现实情况，APEC 的机制化应该是一个循序渐进的过程，不能操之过急。从目前开始，APEC 应该以 2020 年为时间节点，为"后茂物"时代的贸易投资自由化和便利化进程进行新的制度设计。①

第二节 "下一代"贸易投资议题的发展及其影响

在 2010 年茂物目标第一个时间表到期之后，亚太区域经济一体化进程不断深化的趋势在客观上对 APEC 加强贸易投资自由化和便利化合作提出了新的要求，只有回应这些要求才能保持 APEC 自身的向心力和凝聚力。目前，APEC 各成员关税减让的空间不断缩小，加之 APEC "软约束"运行机制的特殊性，削减"边界措施"的预期效应进一步下降。因此，APEC 逐步将合作重点转向"跨边界"和"边界后"的措施，从而催生了所谓的"下一代"贸易投资议题。

一、"下一代"贸易投资议题的衍生和发展

2010 年 11 月在日本横滨举行的 APEC 领导人非正式会议首次提及"下一代"贸易与投资议题。此次会议上发布的《横滨愿景》呼吁 APEC 成员进一步推进和深化区域经济一体化，其中就包括要讨论"下一代"贸易投资问题。在美国的推动下，"下一代"问题成为区域经济合作的重要内容，并发展为 2011 年 APEC 会议的优先议题。

2011 年 5 月，在美国蒙大拿州举行的 APEC 贸易部长会议正式确认了有关"下一代"贸易投资问题的三大重要议题，分别为"促进全球供应链联通""推进中小企业参与全球生产链"和"促进建立有效的、非歧视性的、由市场引导的创新政策"。2011 年 11 月，在夏威夷檀香山举行的 APEC 领导人非正式会议虽然没有在声明中具体提出"下一代"贸易投资议题，但是上述三个方面的议题都在会上得到了确认。此后，"下一代"贸易投资议题继续受到 APEC 各成员的关注，提高 RTAs/FTAs 的透明度和促进供应链/价值链中与制造业有关的服务业发展，分别在

---

① 宫占奎，刘晨阳.APEC 茂物目标——进程与评估[J]. 南开学报（哲学社会科学版），2011（4）.

2012 年和 2014 年被确认为"下一代"贸易投资议题。此外，APEC 各成员已开展讨论并有可能成为新的"下一代"贸易投资议题的合作领域包括：数字经济、创新政策和技术贸易、创新型农业技术、环境保护、规制一致性、气候变化和消费者保护等。

二、"下一代"贸易投资议题提出的背景和动因

随着经济全球化的进程不断加快，贸易投资自由化和便利化的议题也不断深化。可以说，经济全球化所带来的商品和资本全球流动的加速和规模的扩大、生产的供应链或价值链的全球再分布，直接推动着贸易议题从"边界上"（关税、非关税壁垒等）转变为"跨边界"（供应链联通），并深入到"边界后"（国内标准和规则）。在这种情况下，推动贸易投资自由化和便利化的目标几乎覆盖整个生产价值链，从与研发、生产、运输、销售有关的标准和规则的制定，到研发、生产、国内销售等各环节的价值增值，再到产品的跨境流动和国外最终消费等方面的国际协调。这一过程不仅是微观企业在生产能力、创新能力、掌握销售渠道和市场能力上的竞争，更是各成员政府在不断调整政策、争取标准和规则制定权、快速把握全球化机遇等方面的能力的较量。

"下一代"贸易投资议题是在茂物目标第一个时间表到期后，各成员在"边界上"措施已取得显著进展的基础上，将贸易投资自由化和便利化推向"边界后"，以各成员内部规则的协调驱动成员间经济一体化的尝试，这与 APEC 以规制合作促进区域经济合作的目标是一致的。实际上，2010 年领导人宣言中就多次提及规制合作和标准一致性问题，认为各成员应深化规制合作，提高标准一致性，以消除无效率政府行为，降低贸易成本①。由此可见，"下一代"贸易投资议题与规制合作实质上是相互配合呼应的。

需要指出的是，美国是"下一代"贸易投资议题最积极的推动者，其利益诉求主要体现在以下两个方面：其一，"下一代"贸易投资议题有助于保持和加强美

---

① 刘重力，王丽华. 2011 年 APEC 重要议题评析及中国策略[J]. 亚太经济，2011（6）.

国优势产业的国际竞争力，因为美国的优势不仅在于其先进的技术，而且还体现在制定和掌握标准和规则的能力。美国在 APEC 范围内推进"下一代"贸易投资议题，很大程度上就是为了能够借助这些议题让其他成员接受相关标准，并认可美国企业在这些领域的优势地位；其二，"下一代"贸易投资议题的推进可以使美国在今后的国际经济谈判中处于更有利的地位。美国在 TPP 谈判这些议题，同时又在 APEC 框架下对之加以推进，其实也是希望在其他 FTA 谈判和 WTO 谈判中发挥引导作用。

三、"下一代"贸易投资核心议题与贸易投资自由化和便利化的关系

从 2011 年 APEC 会议提出的关于"下一代"贸易投资的三大核心议题看，全球供应链联通、中小企业参与全球生产链和市场引导的创新政策就像三个互相咬合的齿轮，一齐拉动贸易投资自由化和便利化向纵深发展。

中小企业是繁荣与就业的重要来源，是实现创新的重要力量，也是亚太地区的增长引擎。但中小企业在亚太地区贸易中仍面临重重壁垒。2011 年贸易与中小企业部长联席会议上，美国提交了"解决中小企业贸易障碍"的报告，分析了中小企业面临的 9 大贸易障碍，认为应由 CTI 和中小企业工作小组（SMEWG）联合解决这些问题[①]。这些障碍主要体现在：不合理的运输成本和繁杂的海关清关程序，难以获取知识产权保护和关税税率优惠，融资困难、信息渠道闭塞，区域间产品标准不一致，政府规制缺乏透明度等。这些贸易障碍提高了中小企业参与全球生产链的直接成本和间接成本，增加了中小企业扩展新市场的风险，从而极大地阻碍了商品和服务在 APEC 区域内的流动。

可靠的供应链已被证明是经济稳定、动态增长，贸易和投资良性发展的核心要素之一。加强全球供应链联通有助于改善 APEC 地区内的营商环境，帮助企业降低成本，增加物流确定性和可预见性，加速区域间产品和服务从生产者到消费者的无障碍流动，同时在技术上确保更多企业能够参与全球贸易。更重要的是，

---

① 孟夏，陈立英. APEC "下一代贸易与投资"议题分析[J]. 亚太经济，2014（2）.

加强全球供应链的联通性将直接帮助中小企业融入全球生产链，这对于中小企业的发展而言是一项重要突破。APEC 地区的供应链在整体上是稳定有效的，但从供应链联结领域的瓶颈问题看，症结在于负责运输和物流规制的公共部门合作弱化，与运输和物流相关的规制缺乏透明度。2011 年，APEC 会议对 TFAP Ⅱ 进行最终评估，TFAP Ⅱ 剩余的工作将转移到供应链联通行动计划中继续进行；推动供应链联通行动计划取代贸易便利化行动计划成为今后 APEC 在贸易便利化方面的重点工作。伴随着加速的生产全球化进程而来的供应链的全球化，将使得区域联通性在 APEC 内部扮演越来越重要的角色[①]。

创新不仅是提高供应链联通性、鼓励绿色增长以及帮助中小企业消除贸易障碍的重要支柱，而且对于 APEC 成员实现当前和未来的经济稳健增长也意义重大。但从目前的情况看，规制性标准常常落后于科技的迅猛发展和创新思维的快速商业化，这给创新性科技和产品之间的转换制造了巨大障碍，从而降低新兴市场的经济增长，损害了财富创造。除了新兴市场规制方面存在问题外，各成员同时面临着以下难题：即在创新理念向市场化产品转化过程中，产业、科技和政府机构之间缺乏合作与行动不一致。实践证明，任何成功的创新策略都依赖于一套致力于促进竞争、发展科技、鼓励发明创造的开放性的和非歧视的贸易与投资政策。鼓励创新政策的施行对于贸易投资自由化和便利化的促进作用是显而易见的：开放的和非歧视的创新政策要求建立和维护一个开放的市场环境，在这个市场里，资本、人员、创新思想、商品和服务能够以促进竞争、提高生产率、推进增长的方式在 APEC 区域内流动。建立起透明、非歧视、市场主导的规则体系，将有利于创新型商业模式的采纳和发展、研发活动的合作和互动，而这些都将加速创新成果在 APEC 区域内的广泛应用，进而提高贸易和投资效率。同时，创新政策推动着知识产权有效保护体系的建立，这有助于激励包括中小企业在内的创新者在研发和前沿技术的商业化上加大投资力度，极大地促进技术和服务在 APEC 成员内扩散。信息通信技术政策，包括与数据安全和隐私保护相关的政策的施行，有

---

① 刘重力，王丽华. 2011 年 APEC 重要议题评析及中国策略[J]. 亚太经济，2011（6）.

助于将贸易扭曲的不利影响最小化并提高政策的全球协调性。[①]

四、"下一代"贸易投资议题对 APEC 贸易投资自由化进程的影响

在某种程度上，"下一代"贸易投资议题的提出给 APEC 贸易投资自由化和便利化进程注入了新鲜血液，使其内涵更加丰富。由于 APEC 长久以来实行非约束性协调的单边主义合作机制，各成员对贸易投资自由化和便利化目标的认知存在较大差异，加之 WTO 多哈回合谈判屡遭挫折，APEC 在实现部分边界措施自由化后几乎处于停滞状态，经济一体化进程一直没有太大起色。这一状况打击了许多成员对 APEC 实现茂物目标的信心，也使得部分成员在推进目标上动力不足。启动"下一代"贸易投资议题，只有将议题核心与把握生产全球化机遇（加强全球供应链联通）、提高微观经济主体活力（促进中小企业参与全球生产链）以及强化国家核心竞争要素（创新政策）紧密联系，才能使得 APEC 的贸易投资自由化和便利化目标更加务实，便于 APEC 各成员开展实质行动。

另一方面，"下一代"贸易投资议题涉及"跨边界"措施并深入"边界后"，触及规则、标准甚至制度层面，这样一种高标准、高质量的议题给 APEC 发展中成员带来了比较大的挑战。"下一代"贸易投资议题涵盖了解决传统问题的新视角，以及传统贸易领域中不存在或没有充分考虑的新问题，如影响技术贸易的数据隐私和空间安全（cyber-security）政策，以及诸如云计算等采用新的商业模式提供服务的问题。这些反映时代元素的高质量条款对许多发展水平相对较低、改革的市场阻力较大、实施成本较高的 APEC 成员来说，短期内实现的难度很大。

在这种情况下，"下一代"贸易投资议题的推进也许将面临一种"两难困境"：如果坚持宽范围、高标准、高质量，将使 APEC 各发展中成员面临更大挑战；如果试图协调各成员在实现目标方面的步伐，对最核心的问题"旁敲侧击"，那么"下一代"贸易投资议题也就名存实亡，对推动茂物目标的促进作用不大。因此，APEC

---

① 尹翔硕，范丽晖. APEC 贸易投资自由化与便利化研究[M]. 亚太区域经济合作发展报告 2012. 天津：南开大学出版社，2012.

各成员应该本着求同存异和"向前看"的原则，在循序渐进的基础上不断深化在"下一代"贸易投资议题各相关领域的合作，为进一步推进"后茂物目标"时代的贸易投资自由化和便利化合作积累经验。

第三节　APEC 深化贸易投资自由化和便利化合作的驱动因素

当前，亚太区域合作格局的快速演变给 APEC 带来了多种机遇和挑战，一系列内部和外部因素促使 APEC 进一步深入推进贸易投资自由化和便利化进程。

一、顺应亚太区域合作的新趋势

亚太地区的人口约占世界总人口的三分之一，地区 GDP 总量和贸易总额在世界上所占的比重也都超过了 50%。因此，始于 20 世纪 80 年代末的亚太区域合作进程不仅关乎本地区的经济增长和繁荣，对世界经济格局也产生了重要影响。

需要强调的是，亚太区域合作进程是由多种因素催生的，既缘于地区成员之间日益紧密的经济联系，也受到了大国地缘战略和地区战略的直接驱动。同时，就客观条件而言，亚太地区疆域辽阔，成员众多，各成员在社会制度、经济发展水平、文化、历史等方面存在很大的差异。因此，亚太区域合作一方面具有比较显著的多样性和灵活性，呈现出多层次、多领域、多途径的特征；另一方面其合作深度也受到了来自国际、地区内部和各成员的多种因素的制约，尚未达到较高的区域经济一体化水平。

在呈现上述总体态势的同时，亚太区域合作进程也具有一些比较突出的阶段性特征。20 世纪 80 年代末至 90 年代末，以 APEC 的成立为主要标志，亚太区域合作的重点是秉承开放地区主义的精神构建整体的制度性框架，并为合作注入实质性内容，从而吸引区内各成员的广泛参与，提高对亚太区域合作的认同感。进入 21 世纪以来，随着新一轮区域经济一体化浪潮在全球的兴起，以及 WTO 多边贸易谈判的遇阻，亚太区域合作的重心开始比较明显地向传统的经济一体化路径回归，在形式上集中表现为各种类型区域贸易安排（FTAs/RTAs）的大量衍生，从而使竞争性自由化成为这一阶段亚太区域合作的主要特征。

值得关注的是，在各种主客观因素影响下，亚太区域合作进程在近几年来出现了一些新的特征和趋势。第一，随着亚太地区战略格局的演变，亚太地区大国博弈的色彩日渐浓厚，并促使其他成员对自身原有的区域合作战略做出了相应的调整。其结果是，在亚太区域合作的发展进程中，源于经济和市场因素的驱动力有所下降，地缘政治和地缘战略因素所产生的驱动力明显上升，这必然会使亚太区域合作面临更加复杂的地区环境。第二，亚太区域合作驱动因素的变化也给各参与主体的利益分配带来了影响，各成员的利益取向日趋多样化，出现了经济收益和非经济收益并重的趋势。第三，地区环境和各成员利益诉求的演变促使亚太区域经济一体化的主体形态产生了新的发展方向，即多边化区域主义。以 TPP 和 RCEP 为代表，亚太地区的多边化区域主义既是双边及区域性 FTAs/RTAs 突破自身封闭性而进行对外开放与整合的过程，也是新区域主义针对形势变化而做出的调整与发展，这一趋势将对亚太区域经济一体化的未来发展产生深远影响。需要强调的是，为避免亚太地区出现贸易集团的割据和恶性竞争，必须借助高水平的贸易投资自由化和便利化合作，在本地区形成更加高效的统一市场体系和容量更大的消费市场，才能有效增强地区成员之间的凝聚力和相互依赖程度，从而为促进亚太地区经济的可持续增长奠定坚实的经济基础。

二、为全球经济复苏提供更加强劲的推动力

当前，世界经济整体向好，但是不确定性和不稳定的因素依然存在。主要发达成员的结构性问题远未解决，加强宏观经济政策协调的必要性日渐突出。新兴市场成员增速放缓，外部风险和挑战增加。与此同时，贸易和投资保护主义有所抬头。显然，世界经济在全面复苏和实现健康增长之前还面临着巨大挑战。在过去的 30 年间，充满活力的亚太经济一直是世界经济增长的有力引擎。APEC 承载

着推动本地区和全球发展的重要使命，面对上述挑战，应该展示勇气和决心。[①] 毫无疑问，APEC 深化贸易投资自由化和便利化合作将为亚太经济注入新的活力，进而为世界经济健康的恢复提供强劲动力。

三、应对 FTAs/RTAs 快速衍生所带来的挑战

考虑到目前亚太地区多个 FTAs/RTAs 遵循不同的规则和标准并行发展，APEC 应该在推进亚太地区贸易投资自由化和便利化的整体进程方面发挥更加积极的作用。FTAs/RTAs 在近年的迅速衍生主要是缘于亚太地区经济的迅猛发展和各成员之间贸易投资相互依赖程度的加深。对于很多成员来说，加入 FTAs/RTAs 不仅仅是 WTO 谈判陷入僵局时的次优选择，同时也是为了重振或加强自身经济竞争力的有效手段。另外，"多米诺效应"也加速了一些成员加入 FTAs/RTAs，这被视为一种被动反应。通过加入不同的亚太经济一体化机制，许多成员不仅仅期待得到经济利益，还希望得到非经济利益，比如与其他成员加强政治关系和全面的战略伙伴关系等。从这个意义来说，当前的 FTAs/RTAs 不仅是缔约方之间的经济协议，也是各缔约方外交、安全和对外经贸战略中不可缺少的一部分。目前看来，不同的 FTAs/RTAs 轨道之间存在一种独特的相互激励与竞争的关系，尤其是"TPP 轨道"和 RCEP 引导的"东亚轨道"，从而使亚太区域经济一体化进程实现了某种程度的平衡。然而，这种平衡是不稳定的，甚至是脆弱的。如果一些区域经济一体化机制被用作区域大国政治投机或是战略博弈的工具，那么这种平衡将很容易瓦解。亚太区域任何一个成员都不希望看见不同轨道间的恶性竞争。因此，APEC 有责任和内在需求，通过促进亚太地区贸易投资自由化和便利化进程的整体发展来缓解 FTAs/RTAs 大量衍生而带来的"意大利面碗"效应，维护亚太区域经济一体化进程的良性发展。

---

① 习近平. 发挥亚太引领作用，维护和发展开放型世界经济. 在 APEC 第 21 次经济领导人非正式会议上的发言，2013 年 8 月 8 日，巴厘岛，印度尼西亚。

四、为 WTO 多边贸易体制提供更加有力的支持

实际上，APEC 在 WTO 问题上一贯发挥着很重要的引领作用。支持多哈回合谈判是近年来 APEC 的优先议题之一。尽管 WTO 多哈回合谈判的前景仍不明朗，但多边贸易体制仍肩负着协调国家贸易政策、平衡国际贸易关系、减少贸易摩擦、促进世界经济增长的重任，它在应对国际金融危机、反对保护主义方面扮演着重要角色。同时，我们也应该意识到，多边贸易自由化和亚太区域经济一体化进程是互补的，APEC 的未来与一个强大和充满活力的多边贸易体制有着密不可分的关系。同样，一个更加开放、自由的国际贸易投资环境也会显著促进亚太区域的贸易投资自由化和便利化进程。因此，APEC 应该通过推进亚太地区的贸易投资自由化和便利化进程，进一步强化其 WTO 支持者的角色。

五、适应全球价值链合作的发展趋势

近年来，伴随着经济全球化进程的加快，世界制造业生产体系在全球出现了前所未有的垂直分离和重构，国际分工出现了巨大变化，从而加快了全球价值链的形成和发展。分工的细化导致了各成员之间的比较优势更多地体现为全球价值链上某一特定环节的优势，而非传统的最终产品优势，这也使得全球价值链极大地改变了国际贸易。一方面，全球价值链"利益共享、风险共担"的特征使得成员之间的联系空前紧密。例如，在东亚地区，与全球价值链有关的制造业出口占出口总额的 65%。在不少 APEC 成员的对外贸易中，在国外获得的增值部分约占出口总额的三分之一甚至一半。另一方面，价值链分工下垂直专业化生产方式与中间品贸易的盛行也加剧了国际贸易与经济的波动,甚至可能引发"系统性风险"，这意味着在一个部门或成员发生的个体事件甚至会破坏整个系统的价值链。这两个事实都提升了 APEC 成员加强全球价值链合作的必要性，并形成了 APEC 推动亚太区域的贸易投资自由化和便利化进程的又一内部驱动力。

第四节 "后茂物"时代 APEC 深化贸易投资自由化和便利化路径选择

多年来的实践表明,茂物目标在引领和推动 APEC 贸易投资自由化和便利化进程方面发挥了重要的作用。但是,在"后茂物"时代,APEC 必须针对国际和地区环境的变化对茂物目标进行充实和拓展,才能在贸易投资自由化和便利化合作中取得更具实效性的成果。对此,APEC 各成员已经取得了高度的共识,并开始探索新的合作路径。

一、加强亚太地区的全球价值链合作

目前,APEC 所在的亚太地区是世界范围内生产和贸易投资活动最为活跃的地区,也是全球价值链联系最为密切的地区。深化国际分工、将各成员的比较优势在分工模式中加以充分发挥,成了 APEC 各成员优化全球资源配置、促进经济增长与福利提升的核心途径。因此,深化亚太地区的全球价值链合作对于加强APEC 成员在全球网络中的经济纽带关系,保持亚太地区的经济活力,促进各成员经济的包容增长都具有至关重要的作用。

考虑到 APEC 成员经济发展水平以及在全球贸易中所处地位和需求的多样性,APEC 认为有必要制定一个中长期的行动指南,为推动亚太地区的全球价值链发展与合作进程提供全面的政策指导。为此,2014 年在北京举行的第二十二次APEC 领导人非正式会议通过了《推动全球价值链发展与合作战略蓝图》。从该蓝图的内容来分析,未来一段时期 APEC 框架下的全球价值链合作将涵盖以下重点领域:

第一,确认并逐步削减阻碍全球价值链发展的贸易投资壁垒。自由、便利的贸易投资环境对于全球价值链的发展至关重要,而各种显性和隐性的贸易投资壁垒无疑是最主要的障碍。减少贸易投资壁垒将有利于 APEC 各成员更加充分地融入全球生产网络，在全球范围内调集资源，从而降低成本、提高效率和竞争力。因此，以《全球价值链发展与合作战略蓝图》为指导，APEC 将鼓励各成员共同确定不利于全球价值链运行和发展的贸易投资壁垒清单，并积极实施各种贸易投资友好型措施，不断降低交易成本，为亚太地区的跨境贸易投资活动创造良好的宏观环境。

第二，加强全球价值链的数据统计工作。翔实准确的国际贸易数据统计可以为 APEC 各成员更好地融入全球价值链以及在该领域加强政策协调和国际合作提供客观依据，具有非常重要的应用价值。为此，APEC 在 2014 年制定了《APEC 贸易增加值核算战略框架》及其行动计划，目标是在 2018 年之前建成 APEC 贸易增加值数据库。为实现这一目标，APEC 将按照"分步走"的方式，汇编本地账户和对外贸易统计数据，并建立适当的数据分类方式，以实现 APEC 各成员之间贸易统计数据的有效连接，进而实现与经合组织、世界贸易组织的现有贸易增加值统计数据库的对接。为有效开展此项工作，APEC 专门成立了一个技术工作组和贸易增加值统计数据中心，进行政策研究、信息交换、开发数据统计方法等方面的工作，实施有针对性的能力建设项目，并与 WTO、经合组织（OECD）、世界银行、联合国贸易和发展会议以及其他相关国际组织开展密切合作。

第三，为 APEC 发展中成员更好地融入全球价值链创造有利条件。APEC 成员众多，经济发展水平差异很大，具有显著的多样性。相对于发达成员而言，发展中成员在生产能力、技术水平、基础设施和人才储备方面处于劣势，在参与全球价值链合作的过程中面临着不少困难。如果这一状况得不到有效改善，不仅不利于发展中成员经济的发展，也会减少发达成员从全球价值链中获得的收益。基于这一共识，APEC 未来将把经济技术合作融入全球价值链的发展，针对发展中成员开展各种形式的能力建设项目，加强人力资源开发和技术传播，使全球价值链合作成为促进亚太地区包容性增长和均衡增长的有效渠道。

第四，帮助广大企业，尤其是中小企业从全球价值链中获益。随着经济全球化进程的加快，中小企业在本国市场上将会面临更为激烈的竞争，因此开展国际化经营就成为不少企业的共识。首先，中小企业生产的大部分产品附加价值低，造成国内市场产品相对过剩，因此必须积极开拓海外市场；其次，当前经济的发展愈来愈依赖新技术、新产品的开发和新产业的崛起，中小企业为了提高其竞争力，必须增加研究开发费用的投入，这要求企业努力开拓海外市场，分摊巨额研发费用；再次，通过国际化经营，尤其是海外直接投资，中小企业能够避开贸易壁垒，接近东道国市场，提高海外市场份额。APEC所在的亚太地区市场广阔，这无疑为中小企业开展国际化经营提供了非常好的机遇。但是，相对于大型企业，中小企业在市场竞争中往往处于劣势，需要得到政府的扶持。因此，APEC各成员将开展形式多样的合作，以提升中小企业的全球竞争力，改善其市场融资渠道；加强企业持续经营能力，使中小企业能够有效拓展国际市场，为全球供应链的发展做出更多的贡献，并从中获得更多收益。为实现上述目标，APEC未来将采取如下措施：进一步加强信息与通信技术的使用，帮助中小企业更快捷地获取贸易和投资信息；加强知识产权保护；促进有助于中小企业融入全球价值链的技术传播和应用；构建开放透明的商业环境，促进中小企业与跨国公司的合作；鼓励中小企业参与公私合作等。

第五，促进投资自由化和便利化合作。优化区域产业分工和经济资源配置是APEC开展全球价值链合作的重要目标之一，在这方面，跨国公司的对外直接投资发挥着关键作用。近年来，国际社会对实质性推进多边投资合作的呼声越来越高。2016年7月，在中国上海举行的二十国集团（G20）贸易部长会议通过了《G20全球投资指导原则》，在推进制定全球投资规则总体框架方面取得了重要进展。在这一背景下，APEC作为世界上最具影响力的区域经济合作组织，将以全球价值链合作为契机，继续积极推进贸易投资自由化和便利化进程，不断完善亚太地区的投资环境。一方面，APEC将全面落实近年来所取得的与投资有关的成果文件，包括《APEC非约束性投资原则》《APEC投资战略》和《APEC投资便利化行动计划》等，探索强化相关的执行机制。另一方面，APEC将鼓励各成员采取有效措施减少投资壁垒，尤其是边境后的投资壁垒，并积极推进敏感度较低的贸易投资便利化合作，以尽快取得实质性成果。此外，APEC 还将采取各种形式的投资促进措施，确保 APEC 各成员之间的跨境直接投资申请能够得到迅速、公平和公正的处理，创建并保持透明、健全的管理程序。

除了上述重点领域之外，APEC 还将促进与相关国际组织和机构在全球价值链方面的合作，如 WTO、联合国贸易和发展会议、经济合作与发展组织（OECD）、二十国集团（G20）、世界银行、国际货币基金组织（IMF）、亚洲开发银行（ADB）和亚洲基础设施投资银行等。同时，APEC 还将针对全球价值链合作与工商界以及非政府组织开展有效的对话和信息交流。

二、积极推进亚太地区的跨境供应链合作

近年来，APEC 对供应链合作始终保持高度关注，希望借此进一步减少区域贸易与投资壁垒，在亚太地区打造更为通畅、更有效率和成本更低的贸易投资环境。与此同时，随着全球价值链和亚太区域经济一体化进程的发展，越来越多的企业以各种形式进入国际市场，促使原材料、半成品、产成品以及服务、技术、知识等资源进行跨境流通，从而加快了供应链的国际化。因此，APEC 加强跨境供应链合作在提升企业竞争力、促进区域贸易及经济增长方面的价值也日益凸显，具体表现在以下几个方面：

第一，APEC 跨境供应链合作有助于亚太地区的企业获得时间优势。跨境供应链管理可以减少从原材料供应地、加工地，再到销售点的物资流通时间，实现供应链各环节即时出售、即时生产、即时供应，将消费者需求的消费前置时间减少到最低限度，从而为企业在国际市场中占有更大的份额创造条件。

第二，APEC 跨境供应链合作有助于降低亚太地区商务往来的交易成本。跨境供应链管理在加快物流速度的同时，也减少了供应链各个环节上的库存量，避免了许多不必要的库存成本的消耗。另外，亚太供应链的形成消除了非供应链合作关系中上下游之间的成本转嫁，从整体意义上降低了各自的成本，使得企业将

更多的周转资金用于产品的研制和市场开发等，以保证企业长期稳定发展。

第三，APEC 跨境供应链合作有助于提高企业的产品质量。在供应链国际合作中，合作伙伴的选择是关键。一般而言，企业会注重合作伙伴是否对某项技术和某种产品所拥有的核心生产能力，其产品设计、生产工艺、质量是否处于国际同行业领先地位。APEC 供应链建设将推动类似的选择与设计，借助网络技术，使分布在各成员的供应链合作伙伴在较大区域范围内进行组装集成制造或系统集成，从而显著提高产品的质量。

第四，APEC 跨境供应链合作有助于简化企业组织，使企业提高管理效率。供应链管理的实施需要有相关网络技术作为支撑，以保证供应链中的企业实时获取和处理外界信息及链上信息，使企业高层管理者可以通过这些信息随时了解商情，而基层人员也可以通过网络获知企业有关指令和公司情况。因此，APEC 供应链建设通过信息共享，强化企业之间的信息沟通与联系，将有助于亚太地区企业组织机构由金字塔型向扁平型方向发展，组织结构简化，层次减少，使企业对信息反应更快，管理更为有效。

第五，APEC 跨境供应链合作有助于大力发展与亚太区域贸易与投资自由化相匹配的区域物流体系。亚太地区地域广阔，商品的跨境物流过程要经过海关、机场、港口等，涉及汽车、飞机、轮船等多种运输工具。此外，各成员的物流体系在管理法规、技术条件、基础设施等方面有很大的差异性，进一步加大了国际物流环境的复杂性。因此，APEC 跨境供应链合作将有助于减少阻碍物流发展的各种壁垒，促进各成员之间的政策协调，在亚太地区形成统一、高效的物流体系。

鉴于对跨境供应链合作重要性的认识，APEC 从 2009 年起开始实施《供应链互联互通框架和行动计划》，将提升供应链绩效作为推动贸易便利化和经济增长的核心关注点之一。通过几年来的实践，APEC 在跨境供应链合作领域取得了比较显著的成效，同时也暴露出一些亟须得到解决或改进的问题和不足，如政策透明度不足、跨境的交通基础设施薄弱、海关通关效率仍然不够高、技术标准和法规不一致等。展望未来，APEC 将重点从以下八个方面入手，进一步深入推进亚太地区的跨境供应链合作：

第一，提高亚太地区物流政策的透明度。相关措施包括：建立集中呈现 APEC 区域物流法规信息的网站；促进相关政府机构与私营部门的定期磋商以获得需要改进之处的反馈；促进贸易物流从业人员之间最佳做法的交流；鼓励各成员发展物流经济；整合各种贸易物流的工作流程；在负责管理物流业的政府机构中分享有效的模式和经验。

第二，加强物流业基础设施建设。相关措施包括：研究包括供应链企业在内的供应链节点问题，探索提升基础设施使用效率的途径；通过需求评估和利益相关者磋商机制，推动健全的物流基础设施的建设；研究国际最佳做法，在 APEC 中分享专业技术；探索融资方案，加强公共和私营部门伙伴关系（PPP）。

第三，进一步推动供应链建设评估和能力建设。相关措施包括：确定影响中小企业参与供应链的制约因素；推进 APEC 下设的相关委员会和工作组之间的合作，共同促进亚太地区物流服务水平和管理质量的提高；推广自由贸易园区（FTZ）模式促进供应链合作。

第四，提高货物通关效率。相关措施包括：鼓励采用适当措施，允许免除对微小货值货物的报关和关税；促进 APEC 各成员边境机构之间的协调；鼓励在边境开设特殊窗口；积极推进亚太示范电子口岸网络的建设，分享信息通信技术基础设施发展和便利化措施的最佳范例。

第五，简化海关单证以及认证程序。相关措施包括：积极实施 2014 年制定的《APEC 海关监管互认、执法互助、信息互换战略框架》；进一步推动各成员自我认证的能力建设；简化海关文件及有关原产地规则，包括收集信息的程序；豁免低价值货物原产地证明；为有效期更长的原产地证明的使用提供便利；探索能够解决错误原产地证书或声明的共同准则。

第六，提升空运、陆地运输以及多种模式联运的运作效率。相关措施包括：推进构建满足亚太供应链以及商务发展需要的航空运输体系；探索有关多种模式联运的技术要求，分析公共和私营部门可能的合作路径；进一步开发促进多式联运效率提高的智能识别交通系统。

第七，制定共同的技术标准，推出统一的物流安全安排。相关措施包括：进一步推动"黑匣子"技术的开发，为跨境服务提供商的流动提供更多便利；探索跨境汽车司机流动便利支持机制；引入智能身份识别系统，进一步增强 APEC 商务旅行卡的功能等。

除了上述措施之外，APEC 供应链合作在未来发展中还有另外一个值得关注的趋势，这就是和其他议题结合起来，开展跨领域的合作。在这方面，APEC 于 2014 年正式启动的绿色供应链合作是一个非常典型的例子。所谓绿色供应链，是指按照供应链模式推进绿色发展，以绿色标准、绿色设计、绿色采购、绿色贸易、绿色制造、绿色消费、绿色回收和绿色再制造的方式，建立产品全生命周期的绿色管理和循环，发展人与自然和谐的绿色生产、生活方式。2014 年 11 月在北京举行的第二十二次 APEC 领导人非正式会议同意启动 APEC 绿色供应链合作网络的建设，并批准在中国天津建立首个 APEC 绿色供应链合作网络示范中心。显然，通过绿色供应链这一议题，APEC 将环境保护问题和供应链合作很好地结合在了一起，使二者产生了相辅相成、相互促进的效果。事实上，跨境供应链合作和 APEC 正在积极推进的全方位互联互通建设有很多交叉领域和相通之处，可以催生更多新的合作领域。

三、全面深化服务业合作

服务业以知识密集型、技术密集型行业为主，具有低能耗、高回报的特性，对于促进 APEC 各成员的经济增长具有重要意义。在茂物目标引领下，APEC 在服务业的自由化和便利化方面开展了相关的区域合作，尤其是在交通运输、通信与信息技术、旅游、教育、商务人员流动等服务业部门取得一定的合作成效。但是，由于 APEC 各成员自身经济发展水平、服务业发展状况存在较大差异，而且服务业的开放涉及较多的政策调整，敏感度较高，因此 APEC 服务业合作尚未达到很高的水平，仍有很大的潜力可以继续挖掘。

近年来，随着形势的变化，APEC 深化服务业合作的驱动因素不断增加。首先，APEC 各成员的服务业增加值占其经济的比重呈现较快增长趋势，服务业成为很多成员，尤其是发展中成员推进经济转型、优化产业结构、提高就业的重要方式。因此，APEC 各成员越来越重视增强对服务业发展的政策、知识、技术、资金和人才的支持，完善服务业发展的技术标准、法律法规和监管机制，积极推动服务业由传统的批发、零售、住宿、餐饮等业务向金融、物流、保险、旅游、医疗等以知识和技术为支撑的现代服务业过渡，并自主逐步扩大服务业市场的对外开放，这显然有助于越来越多的成员积极参与更加广泛的 APEC 服务业合作。

其次，随着 APEC 货物贸易与投资自由化、便利化的推进，亚太区域经济一体化的加深，APEC 规制合作的完善，APEC 服务业合作的必要性和重要性显著提高。服务业日益成为亚太地区乃至世界经济发展和增长的新动力，而服务业合作也成了 APEC 各成员积极参与经济全球化和区域经济一体化的重要平台。因此，近年来 APEC 各成员开始更加积极主动地开展 APEC 服务业项目的合作和经验交流，并不断扩展合作的范围和内容。

第三，服务业和服务贸易在全球价值链的发展中也发挥着关键的作用，APEC 成员对此达成了共识。为了促进服务部门向更开放、高效和具有国际竞争力的方向发展，使服务业最大限度地为本地区高效、有活力和可靠的供应链做出贡献，APEC 需要开展有针对性的能力建设，帮助各成员在全球价值链背景下认识和发展服务业创新，加强信息共享，努力消除服务业，尤其是与制造业相关的服务业和服务贸易壁垒，为服务业的发展创造一个开放和竞争的环境。

APEC 对于服务业议题关注程度的提升在 2015 年 11 月于菲律宾马尼拉举行的第二十三次 APEC 领导人非正式会议上得到了比较集中的体现。此次会议发表的主题为《打造包容性经济，建设更美好世界：亚太大家庭愿景》的领导人宣言中强调指出："服务业正成为经济平衡的重要组成部分。在亚太地区，服务业占该区国内生产总值的比重约为三分之二。因此我们需要更加重视服务业发展，思考如何提升该行业未来的竞争力"。同时，作为此次会议的重要成果之一，APEC 领导入通过了《APEC 服务业合作框架》（APEC Services Cooperation Framework，以下简称 ASCF）。

ASCF 指出，服务业合作是实现 APEC 地区包容性增长的重要动力，为亚太经济发展提供了高质量就业和新增长路径，发展高效且有竞争力的服务业将为各成员带来整体经济利益。ASCF 结合亚太地区服务业发展的新趋势以及 APEC 在服务业合作领域已取得的成果和正在推进的工作，提出了 APEC 进一步深化服务业合作的重点领域、努力方向和预期目标。

ASCF 提出的 APEC 服务业重点合作领域包括：服务贸易的自由化和便利化；能力建设、人力资源与技能发展；法规合作；服务业部门的竞争政策和结构改革；与制造业相关的服务业全面融入全球价值链；创新与知识经济；服务业统计与资料收集等。

针对上述重点领域，ASCF 明确了 APEC 推进服务业合作的努力方向和预期目标，主要包括：增加 APEC 服务业部门的国际竞争力；减少服务业贸易与投资的行政法规障碍；建立更加透明和高效率的服务业法规架构；增加 APEC 成员内部和各成员之间的服务业贸易与投资；强化全球价值链框架下的服务业合作，实现区域性服务业整合和商业价值升级；通过服务业创造就业，促进社会包容、创新与发展；鼓励私人与工商界参与服务业合作，使更多的服务企业和服务业提供者从中获益。

以 ASCF 的制定为标志，APEC 的服务业合作将进入一个新的阶段，同时也为"后茂物"时代的贸易投资自由化和便利化合作增加了新的亮点。

四、以环境部门为范例加强部门自由化合作

如前文所述，由于 APEC 具有非约束论坛的性质，在推进贸易自由化进程中面临着制度性的困难。事实上，APEC 很早就意识到这一问题，并在实施集体行动计划和单边行动计划的基础上寻找新的突破口，1997 年开始实施的部门自愿提前自由化（Early Voluntary Sectoral Liberalization，简称 EVSL）就是一个典型的例

子。所谓"提前"是相对《茂物宣言》确定的 2010—2020 年贸易投资自由化的目标而言，具体做法就是选取一些对本地区及全球贸易和经济发展有重大影响的产业部门，通过降低关税和取消非关税壁垒等措施提前实施贸易自由化。1998—1999年期间，APEC 先后针对两个批次、共 15 个领域（能源、珠宝、玩具、林产品、水产品、化工、环境、医疗器械、电信设备相互认可安排、汽车、橡胶、食品、化肥、民用航空器、油籽）的提前自由化问题进行了多次讨论，但因受到东亚金融危机的冲击以及各成员分歧过大导致无果而终。

尽管 EVSL 因为条件不成熟而未能实现预期目标，但 APEC 通过有效措施推动贸易自由化进程取得实质性成果的意愿依然存在，并且随着亚太区域经济一体化水平的提高而日益增强。2012 年，APEC 终于在部门提前自由化方面取得了突破性进展。基于各成员对于环境保护、绿色增长、应对气候变化等议题的高度关注和取得的共识，2012 年 9 月在俄罗斯符拉迪沃斯托克举行的第 20 次 APEC 领导人非正式会议通过了《APEC 环境产品清单》。该清单包含 54 个 6 位税号的环境产品，APEC 各成员承诺将这些产品的关税在 2015 年底前降低到 5%或以下。

为推进《APEC 环境产品清单》的落实，APEC 自 2012 年以后又采取了一系列措施。首先，在 APEC 各成员领导人和部长层面对该议题保持了高度重视，在2012 年以后的每一次会议发表的宣言和声明中均提出要切实推动此项工作，这相当于为环境产品降税进行背书。其次，APEC 在贸易投资委员会下专门成立了"环境产品主席之友工作组"，并制定了年度性的工作计划，对各成员环境产品降税的进展情况进行追踪评估。此外，APEC 还开展了各种形式的能力建设活动，为各成员尤其是发展中成员按时间表完成环境产品降税提供技术性的支持。

APEC 环境产品清单涵盖了大部分环境污染治理领域，通过降税使得各成员能以更低成本获得这些产品以应对环境问题，这对于促进 APEC 区域的环境保护和绿色增长将产生积极作用。不仅如此，APEC 环境产品清单的达成和实施从表层上看是这些产品关税的降低，从深层来看，这更是一个实现贸易利益与环境利益相互平衡的良好机遇，标志着在推动贸易自由化的同时也能进一步促进区域环境的改善。

需要指出的是，作为世界上正式达成的第一个针对环境产品的降税安排，APEC 环境产品清单还直接促成了 WTO 环境产品诸边协定谈判的重启，为推动和提升全球环境产品与服务贸易注入了强大动力。在 WTO 多边贸易体制框架下，APEC 环境产品清单未来将有条件实现"双扩"，即一方面扩大接受环境产品清单的成员，实现"成员扩"；另一方面扩大环境产品清单上产品的数量，实现"清单扩"。

从前景来看，在继续推进环境产品降税的基础上，APEC 将采取更多的措施进一步深化环境部门的合作，多角度、多层次推进亚太地区的绿色贸易和可持续增长。首先，环境服务的自由化和便利化将成为该领域新的合作重点，其动因包括以下三个方面：其一，推动环境产品与服务贸易自由化和便利化是 APEC 贸易和投资自由化、区域经济一体化的重要内容，更是推动绿色增长、解决全球环境问题和实现可持续发展的重要途径；其二，环境产品与环境服务是环保产业的一体两翼，仅仅是推动环境产品的贸易自由化并不能完全实现环保产业的贸易和投资自由化，或者说环境产品的贸易自由化仅仅是启动了推动环保产业贸易和投资自由化的一只引擎，而环境服务的贸易自由化和便利化则是推动环保产业贸易和投资自由化的另一只引擎；其三，APEC 成员中许多发达成员环境服务业所占产值比重已经超过或远远超过生产环境产品的相关制造业。因此，APEC 在环境产品降税上取得共识之后，环境服务贸易自由化和便利化将是其推动的下一个重点领域。具体而言，一是推进制定环境服务贸易自由化行动计划，二是界定环境服务范围，三是识别阻碍环境服务贸易自由化的政策和措施。

其次，APEC 推动环境产品与服务贸易自由化将逐步从消除关税壁垒转向非关税壁垒。达成环境产品降税清单标志着在 APEC 范围内削减环境产品关税取得了阶段性成果。但是，由于 APEC 各成员发展水平不同、管理体系也存在着较大的差异，使得各成员间进行环境产品与服务贸易还存在着各种形式的非关税壁垒，例如环境项目的本地化要求、政府采购的特殊偏好、附带条件的援助、本地补贴、化石能源补贴、技术标准、价格管控、进口歧视等。因此，在消除关税壁垒的基础上，APEC 必然会将注意力转向阻碍环境产品与服务贸易自由化的非关税壁垒。

再次，APEC 将把加强公私合作伙伴关系作为推动环境产品与服务合作的重要途径。环境产品与服务，特别是环境服务，由于其具有公益性和外部性，一直是由政府部门负责。然而，由于政府部门的非专业性，往往会造成提供的环境服务效率低下，在政府部门财政紧张的时候，更会造成环境服务供给不足。因此，在环境产品与服务领域加强公私合作伙伴关系已成为 APEC 各成员的广泛共识。作为亚太地区级别最高的经济合作组织，APEC 在促进公共部门和私营部门之间的合作方面具有独特的优势。APEC 开展的各项活动，既有高层对话，也有具体政策发布、能力建设、产业博览和研究项目，由此将各个方面的利益相关者都纳入进来，建立了良好的公私互动关系。为进一步推动亚太区域的环境保护和绿色增长，APEC 将利用这一优势，使公共部门和私营部门共同合作推动环境产品与服务贸易自由化。

APEC 在环境部门所取得的合作成果充分说明，虽然 APEC 本身是一个非约束性的论坛组织，但领导人自上而下的决策和推动机制可以发挥独特的作用，某些情况下可以在贸易投资自由化进程中取得谈判机制难以获得的突破性进展和成果。展望未来，APEC 在环境产品和服务领域所取得的成功经验完全有机会在其他条件成熟的部门进行推广和复制，从而使部门性自由化不断为"后茂物"时代APEC 的贸易投资自由化和便利化合作进程提供动力。

第五节　亚太自由贸易区的进程与前景展望

客观而言，根据亚太区域经济一体化进程的新趋势和新特点对茂物目标原有的主体合作框架进行逐步完善和适度调整，可以在一定程度上提升"后茂物"时代 APEC 贸易投资自由化和便利化合作的成效。但是，还有另外一种观点认为，在亚太地区各种自由贸易安排不断衍生的背景下，如果想维护 APEC 在亚太区域经济一体化进程中的引领地位，保持各成员在贸易投资自由化和便利化合作领域的凝聚力，就必须充分发挥 APEC 的"孵化器"作用，制定一个全新的、更加稳定和有效的制度性框架。面向所有 APEC 成员的亚太自由贸易区（FTAAP）的构建无疑很好地契合了这一观点，其推进过程和前景也受到了所有 APEC 成员乃至全世界的高度关注。

一、FTAAP 设想的提出和推进

2004 年，APEC 工商咨询理事会（APEC Business Advisory Council，ABAC）的加拿大代表首次提出了 FTAAP 的构想。FTAAP 将面向所有 APEC 成员，一旦建成，将成为世界范围内最大的自由贸易区，从根本上解决亚太地区各种类型自由贸易安排大量衍生而引发的"意大利面碗"效应。ABAC 随后委托新西兰 APEC 研究中心主任罗伯特·斯科利（Robert Scollay）教授撰写并发表了建立 FTAAP 的可行性报告。2006 年，ABAC 再次委托太平洋经济合作理事会（Pacific Economic Cooperation Council，PECC）组织和召集各成员专家对 FTAAP 开展深入研究，并完成了相关研究报告。

2006 年，APEC 各成员领导人首次就 FTAAP 问题做出回应，同意将 FTAAP 作为一个远景议题加以研究，并要求 APEC 高官将研究结果在 2007 年的领导人非正式会议上进行报告。2010 年，APEC 领导人非正式会议发表了《茂物及后茂物时代的横滨愿景》宣言，其中特别强调，"我们将朝着实现 FTAAP 采取具体行动，以推进 APEC 区域经济一体化。FTAAP 应是一个全面的自由贸易协定，可建立在推进'10+3'、'10+6'、TPP 等现有域内自贸安排的基础之上"。2011 年，APEC 领导人在《檀香山宣言》中再次强调 FTAAP 是应对下一代贸易和投资问题并深化亚太地区经济一体化的主要渠道。

2012 年，APEC 领导人非正式会议宣言指出，应继续发挥 APEC 的"孵化器"作用，为实现 FTAAP 提供具体指导和智力支持。同时，APEC 领导人还批准启动

《第一期 FTAAP 能力建设行动计划框架》，重点是帮助 APEC 发展中成员提高参与 FTAAP 未来谈判的能力。在 2013 年召开的 APEC 印尼会议上，各成员领导人强调了 APEC 应在信息共享、透明度和能力建设方面发挥重要协调作用，并针对现有自由贸易安排开展政策对话，同时提升各成员参与实质性谈判的能力，从而为 FTAAP 的构建奠定更加坚实的基础。

2014 年，中国作为 APEC 会议的主办方，再次将 FTAAP 问题列为亚太区域经济一体化领域的重要议题，旨在通过 FTAAP 的启动及建设，增强亚太地区经济合作的凝聚力，避免地区一体化进程出现碎片化和分裂的局面。在 2014 年 2 月举行的 APEC 第一次高官会期间，中国向 APEC 贸易投资委员会提交了名为"加强 APEC 地区经济一体化框架文件"的议案，建议在已有成果基础上采取渐进方式逐步推进建成 FTAAP，并制定 FTAAP 建设的"路线图"，启动 FTAAP 的可行性研究。这一倡议受到了 APEC 各成员的普遍关注。为此，中国和美国同意共同组建和领导"加强区域经济一体化和推动 FTAAP 主席之友小组"，专门负责推进此项工作。此外，APEC 贸易投资委员会还以主席报告附件形式发布了"加强区域经济一体化和推动 FTAAP 主席之友小组工作计划"，具体列出了"主席之友小组"针对 FTAAP 建设考虑解决的主要问题，以及该小组 2014 年计划完成的工作，供各成员讨论并提出建议。在 2014 年 5 月召开的 APEC 第二次高官会及贸易部长会议期间，各成员再次就推进 FTAAP 问题展开了深入讨论。随后发表的 APEC 贸易部长会议声明对 FTAAP 议题给予了高度肯定，并提请 APEC 领导人对实质性推进 FTAAP 做出新的指示。

2014 年 11 月，APEC 第 22 次领导人非正式会议在北京召开，会议包括三大主题，即：推动亚太区域经济一体化；促进经济创新发展、改革与增长；加强全方位基础设施与互联互通建设。其中，推进 FTAAP 是亚太区域经济一体化议题讨论的焦点，也是此次会议最受关注的预期成果之一。最终，在中国的积极推动下，FTAAP 议题取得了颇具里程碑意义的成果。会议发表的《北京纲领：构建融合、创新、互联的亚太——APEC 第二十二次领导人非正式会议宣言》充分肯定了以 APEC 作为孵化器将 FTAAP 从愿景变为现实的重要性，并以附属文件的形式发布了《APEC 推动实现亚太自贸区北京路线图》，根据该路线图，APEC 领导人达成的共识包括：APEC 的关键宗旨仍是以规则为基础的多边贸易体制，建设 FTAAP 的前提是支持多边贸易体制，并为其提供有益补充；FTAAP 应该是全面的、高质量的，并包含"下一代"贸易和投资议题；2020 年实现茂物目标仍然是 APEC 的核心目标，FTAAP 不会取代茂物目标，而是成为亚太地区经济一体化与促进贸易投资自由化的重要驱动力；FTAAP 与 APEC 是平行关系，将在 APEC 框架外实现，与此同时，作为 FTAAP 孵化器的 APEC 将继续保持其非约束性和自愿原则，为实现 FTAAP 提供领导力和智力投入；FTAAP 应使区域贸易安排大量衍生所带来的负面影响最小化，并建立在已有和正在谈判中的区域贸易安排基础之上。因此，APEC 各成员应投入更大努力结束 FTAAP 的可能路径谈判，重点包括 TPP 和 RCEP；APEC 应继续进行有效的针对发展中成员的经济技术合作与能力建设，重点包括体制改革、人力资源和中小企业发展等领域，协助 APEC 成员加入正在建设中的区域构想，为实现 FTAAP 做好准备。基于以上共识，APEC 各成员同意采取以下行动：

第一，在已有工作基础上，就实现 FTAAP 的有关问题启动联合战略研究。研究内容包括经济和社会成本收益分析、区域内多边和双边贸易安排盘点、分析实现 FTAAP 的可能路径、评估"意大利面碗"效应的影响、分析贸易投资壁垒、明确各成员在建设 FTAAP 进程中将面临的挑战，并在上述研究的基础上提出政策建议。研究将由"加强区域经济一体化和推动 FTAAP 主席之友小组"牵头，并与 APEC 政策支持小组（Policy Support Unit，PSU）、ABAC、PECC、各成员的 APEC 研究中心和其他对此感兴趣的相关方开展合作。研究进展将向 APEC 贸易和投资委员会和高官会议定期汇报，并于 2016 年底之前将最终报告与建议提交给 APEC 部长会议和领导人非正式会议。

第二，通过推进 APEC 的 FTAs/RTAs 信息共享机制，提高已签订 FTAs/RTAs 的透明度。APEC 的 FTAs/RTAs 信息共享机制将成为 WTO 对区域贸易安排的透明化机制的重要补充，"加强区域经济一体化和推动 FTAAP 主席之友小组"每两年将对这一机制的有效性进行核查，并向 APEC 贸易部长会议、APEC 部长级会议和领导人非正式会议提交报告。

第三，在《第二期 FTAAP 能力建设行动计划框架》的指导下继续开展针对发展中成员的能力建设。APEC 高度肯定 2012 至 2014 年间实施的第一期能力建设行动框架所取得的成果，并鼓励更多的成员参与到针对具体领域的能力建设项目中来。APEC 将定期审议第二期能力建设计划的进展，以提升成员参与现有的和正在建设中的亚太区域贸易安排和 FTAAP 的能力。

第四，加速"边界上"贸易自由化和便利化、改善"边界后"商业环境、增强"跨边界"区域互联互通。具体的实施领域包括：投资、服务、电子商务、原产地规则、全球价值链与供应链连接、海关合作、环境产品和服务、监管一致性以及其他"下一代"贸易投资议题。

二、FTAAP 联合战略研究的进展

2014 年 APEC 北京会议之后，落实《APEC 推动实现亚太自贸区北京路线图》成为 APEC 合作议程中最重要的工作之一。APEC 第一次高官会于 2015 年 2 月在菲律宾苏比克举行。此次会议决定正式启动 FTAAP 联合战略研究，并批准了 APEC 贸易投资委员会拟定的《FTAAP 联合战略研究的工作计划》，主要内容如下：

1. 由"加强区域经济一体化和推动 FTAAP 主席之友小组"牵头设立联合战略研究的撰写小组，开展具体章节的研究和撰写工作；

2. 撰写小组根据"工作规划时间表"按步骤完成研究报告的启动、资料收集、写作、修改、定稿等环节；

3. 中国和美国将作为"加强区域经济一体化和推动 FTAAP 主席之友小组"联合主席以及撰写小组的联合召集人，其主要职责包括：撰写小组成员的任务分工和组织、研究报告的主持编写、最终报告的定稿与校对等；

4. 撰写小组将在研究报告的写作和修改过程中，寻求 PSU、ABAC、PECC

和各成员 APEC 研究中心等机构的学术支持；

5. 根据撰写小组的研究报告，"加强区域经济一体化和推动 FTAAP 主席之友小组"将定期向 APEC 贸易投资委员会、APEC 高官会、APEC 贸易部长会议汇报进展，并寻求工作指导。

2015 年 11 月 16—17 日，APEC 部长级会议在菲律宾马尼拉召开。在会后发表的会议声明中，APEC 各成员部长们高度评价了 FTAAP 联合战略研究撰写小组的成立，期待 2016 年底前能够完成一份全面的研究报告。此外，部长们还指示要大力推进实施《第二期 FTAAP 能力建设行动计划框架》（2015—2017 年），并设立"促进 FTAAP 及全球价值链创新"基金项目。随后，在 11 月 18—19 日举行的第 23 次 APEC 领导人非正式会议上，各成员领导人再次强调要继续全面推进《APEC 推动实现亚太自贸区北京路线图》，按时完成 FTAAP 联合战略研究，建立更为完善的信息共享机制，并期待联合战略研究的最终成果和相关建议能够提交给 2016 年在秘鲁利马举行的 APEC 领导人非正式会议。

2016 年 1 月，撰写小组各成员按时完成并提交了 FTAAP 联合战略研究各章节的初稿，并在撰写小组中广泛征求了修改意见（研究报告具体章节和牵头成员分工参见表 7.1）。此后，中国和美国作为撰写小组的共同召集人，在 PSU 的技术协助下，整理了所有章节的初稿和修改意见，并起草了 FTAAP 联合战略研究的第二稿。

2016 年 5 月，APEC 第二次高官会和贸易部长会议相继在秘鲁阿雷基帕举行。FTAAP 联合战略研究撰写小组将修改后的第二稿提交给"加强区域经济一体化和推动 FTAAP 主席之友小组"审议。中国和美国作为"主席之友小组"的联合主席共同起草了 FTAAP 联合战略研究报告的第九章（政策建议部分），并向 APEC 高官会和 APEC 贸易部长会议报告了工作进展情况。APEC 贸易部长会议重申了推进 FTAAP 是最终实现 APEC 茂物目标的重要方式，要求 APEC 高官们领导相关工作组努力在 2016 年底之前提出实现 FTAAP 的具体实施计划和方案。

表 7.1　FTAAP 联合战略研究报告的章节内容及牵头成员分工

章节序号	章节标题	牵头成员
第一章	概述：CSS 研究背景、目标、结构和其研究方法	中国、美国
第二章	APEC 区域经济发展现状的评述	澳大利亚
第三章	"下一代贸易与投资"议题	日本
第四章	影响贸易及投资的障碍与政策措施	新西兰
第五章	盘点亚太地区现有的 RTAs/FTAs：一致性与差异性	美国
第六章	盘点 APEC 推动 FTAAP 实现的已有行动与成果	中国
第七章	对 FTAAP 其他相关研究成果的更新	韩国
第八章	盘点目前正在推进中的 FTAAP 各种潜在路径	加拿大、秘鲁
第九章	FTAAP 面临的机遇、挑战及未来行动建议	中国、美国
附件	综述现有的 FTAAP 相关文献	

三、FTAAP 对亚太区域经济一体化进程的意义及前景分析

FTAAP 的实质性推进对于 APEC 贸易投资自由化和便利化合作以及亚太区域经济一体化进程有着重要意义。首先，FTAAP 将为亚太区域经济一体化合作福利效应的提升做出重要贡献。近几年来，APEC 成员的多位学者曾经对各种形式的亚太区域经济一体化合作模式的经济福利效应进行过预测和分析。多数研究测算的结果显示，多边贸易合作的经济福利效应在总体上要优于区域经济一体化合作，后者是一种次优选择，但是在多边贸易体制难以推进的情况下仍然能够带来可观的经济福利效应。而区域经济一体化合作的经济福利则取决于多种因素，其中，自由贸易区安排所包含的成员的总体经济规模越大，成员间经贸联系越紧密，则合作带来的预期福利提升的可能性越高。因此，就现阶段的亚太区域经济一体化合作而言，涵盖 APEC 全体成员的 FTAAP 合作的经济福利效应要优于 TPP、RCEP，以及各种双边自由贸易安排，并能够显著降低数量众多的 FTAs/RTAs 相互交叉重叠而带来的管理成本。

其次，FTAAP 的建设对于保持亚太区域经济合作的向心力、避免碎片化倾向也具有重要意义。近年来，亚太地区已经存在和正在谈判中的众多 FTAs/RTAs 在

一定程度上弱化了 APEC 各成员对亚太区域经济一体化整体进程的关注。FTAAP 的推进将有利于重新提振各成员对亚太整体区域经济一体化合作的信心，增加对其关注度，并投入更多的精力和物力探讨合作的具体方式及路径。同时，FTAAP 可以和茂物目标形成比较好的承接关系，为 APEC 地区的贸易投资自由化进程铺设新的路径。

但是，对于 FTAAP 这样一个涵盖成员众多、规模巨大的自由贸易安排而言，其构建过程绝不会是一帆风顺的。纵观全球范围内大型区域贸易安排的形成过程，基本上可以分为两种情况：一种情况是受市场和地缘因素的驱动，在具备成熟的基础条件后，水到渠成地建立，如北美自由贸易区（NAFTA）、欧洲自由贸易区联盟（EFTA）等；另一种情况是在政治和经济因素的共同驱动下，在最高领导人层面达成共识，并通过预设时间表的方式形成制度性引导，以"自上而下"的方式推动建成，如中国-东盟自由贸易区等。由于 APEC 所在的亚太地区成员众多，经济发展水平差异巨大，加之各种地缘政治因素的羁绊，建立 FTAAP 的基础条件在中短期内很难达到水到渠成的程度。显然，FTAAP 以上述第二种方式建成的可能性更大。在这一进程中，APEC 必须自始至终发挥"自上而下"的推动作用，在 FTAAP 的自由化水平、推进模式和时间表等方面做出合理可行并且能够平衡各成员利益的制度设计。

就 FTAAP 的自由化水平而言，考虑到当前亚太地区各种 FTAs/RTAs 的发展现状，以及 APEC 领导人做出的相关指示，FTAAP 应致力于构建高质量的亚太经济一体化体系，涵盖高标准的货物和服务自由化条款，同时亦需逐步深入、循序渐进地列入有关投资开放、知识产权、政府采购、劳动力流动、中小企业、标准认证，以及企业经营责任等广泛的条款内容。同时，FTAAP 也应在一定程度上考虑各谈判成员产业承受能力、经济发展现状和对外开放诉求的"适度标准"，通过适当的条款设计，体现其包容性和平衡性的特征。

在推进模式和时间表的设立方面，为了防止各方在 FTAAP 的规则水平问题上形成难以化解的矛盾，在必要的情况下可以为 FTAAP 设立阶段性、渐进式的目标。例如，可以考虑在 2020 年正式启动 FTAAP 谈判，从而与 2020 年到期的 APEC 茂物目标形成"无缝对接"，顺利承接 APEC 引导的亚太贸易投资自由化进程。继而，可以考虑将 2025 年设为 FTAAP 预期建成并生效的第一个时间表，此后再进行渐进式的升级谈判。

参考文献

[1] 宫占奎. APEC 贸易投资自由化和经济技术合作研究——兼论 APEC 制度创新[M]. 天津：南开大学出版社，1999.

[2] 宫占奎，黄春媛. APEC 进程 25 年：回顾与展望[J]. 亚太经济，2014（2）.

[3] 宫占奎，钱波. APEC 贸易自由化与釜山路线图[J]. 国际贸易，2006（4）.

[4] 宫占奎，文洋. APEC2010 年茂物目标评估分析[J]. 亚太经济发展报告 2010 年，天津：南开大学出版社，2010 年 12 月.

[5] 刘重力，杨宏. APEC 贸易投资便利化最新进展及中国的策略选择[J]. 亚太经济，2014（2）：26-32.

[6] 方宁霞. APEC 贸易便利化的进程与分析[D]. 天津：南开大学，2007.

[7] 刘重力. APEC 贸易便利化问题研究[M]. 天津：南开大学出版社，2012.

[8] 王涛. 日本贸易便利化分析[D]. 吉林大学，2013.

[9] 沈铭辉. APEC 投资便利化进程——基于投资便利化行动计划[J]. 国际经济合作，2009（4）：41-45.

[10] 薛敬孝. WTO 新议题对 APEC 贸易投资自由化、便利化的影响[M]. 天津：南开大学出版社，2009.

[11]于晓燕. APEC 区域经济一体化进程与探路者方式[J]. 亚太经济，2009（5）：3-6.

[12]沈铭辉，余振. APEC 贸易便利化进展及变化[J]. 国际经济合作，2009（2）：43-46.

[13]李文韬.APEC 贸易投资便利化合作进展评估与中国的策略选择[J]. 亚太经济，2011（4）：13-17.

[14]王立强，张凤. 中国贸易便利化进程及国际比较[J]. 济南大学学报（社会科学版），2015，25（2）.

[15]宫占奎. APEC 与 FTAAP 平行推进问题研究[J]. 南开学报（哲学社会科学版），2015（2）.

[16]占禄. 亚太经合组织（APEC）贸易投资自由化进程及中国的政策选择分析[D]. 北京：外交学院，2015.

[17]宫占奎. 亚太区域经济一体化对 APEC 进程的影响[J]. 当代世界，2014（11）：10-13.

[18]范瑾. 我国贸易便利化进程及对策分析[D]. 北京：对外经济贸易大学，2014.

[19]余振，沈铭辉：APEC 机制改革与发展趋势：以经济技术合作为例[J].国际经济合作，2010（11）.

[20]孟夏，王霞.APEC 经济增长新战略探析[J]. 亚太经济，2011（4）.

[21]金中夏. 中国的"马歇尔计划"——探讨中国对外基础设施投资战略[J]. 国际经济评论，2012（11）.

[22]李向阳. 跨太平洋伙伴关系协定：中国崛起过程中的重大挑战[J]. 国际经济评论，2012（2）.

[23]张彬，苗壮，王琼.APEC 推动创新增长合作的成效与前景分析[J]. 亚太经济，2014（2）.

[24]余振. APEC 经济技术合作进程与前景分析[J]. 亚太经济，2014（2）.

[25]余振. APEC 经济技术合作的现实困境及中国的战略选择[J]. 天津社会科学，2014（6）.

[26]宫占奎，于晓燕.APEC 发展进程及未来展望[J]. 南开学报（哲学社会科学版），2015（2）：159.

[27]宫占奎,于晓燕.APEC 演进轨迹与中国的角色定位[J].改革,2014(11):5-16.

[28]宫占奎,曾霞.亚太地区 FTA 整合问题研究[J].南开学报(哲学社会科学版),2013(4):56-63.

[29]沈铭辉.对 TPP 影响效应的简要评估[J].载于孟夏主编,亚太区域经济合作发展报告,2016(11).

[30]盛斌,果婷.亚太区域经济一体化博弈与中国的战略选择[J].世界经济与政治,2014(10):4-21.

[31]张亚斌,范子杰.国际贸易格局分化与国际贸易秩序演变[J].世界经济与政治,2015(3):30-46,156-157.

[32]宫占奎,古昕.APEC 茂物目标:憧憬、行动、评估与展望[J].亚太经济,2013 (4).

[33]宫占奎,刘晨阳.APEC 茂物目标——进程与评估[J].南开学报(哲学社会科学版),2011(4).

[34]宫占奎,文洋.APEC 贸易投资自由化领域的茂物目标评估分析[J].亚太经济,2011(3).

[34]宫占奎,于晓燕.APEC 茂物目标中期评估问题研究[M].北京:中国商务出版社,2007.

[35]李文韬,樊莹,冯兴艳.APEC 互联互通问题研究[J].亚太经济,2014(2).

[36]李文韬.APEC 贸易投资便利化合作进展评估与中国的策略选择[J].亚太经济,2011 (4).

[37]刘晨阳.2010 年后的 APEC 进程:格局之变与中国的策略选择[J].亚太经济,2011(3).

[38]刘晨阳.APEC 二十年——成就、挑战、未来[M].天津:南开大学出版社,2010.

[39]刘晨阳,袁燕.面向未来的亚太伙伴关系:2014 年后的 APEC 进程探析

[J]. 南开学报（哲学社会科学版），2015（3）.

[40]刘重力，王丽华.2011 年 APEC 重要议题评析及中国策略[J]. 亚太经济，2011（6）.

[41]刘重力，杨宏.APEC 贸易投资便利化最新进展及中国的策略选择[J]. 亚太经济，2014（2）.

[42]刘重力.APEC 贸易便利化问题研究[M]. 天津：南开大学出版社，2012.

[43]孟夏，陈立英.APEC "下一代贸易与投资" 议题分析[J]. 亚太经济，2014（2）.

[44]尹翔硕，范丽晖.APEC 贸易投资自由化与便利化研究[J]. 亚太区域经济合作发展报告 2012，天津：南开大学出版社，2012.

[45]The Osaka Action Agenda，Implementation of the Bogor Declaration，Osaka[R]. Japan, November 1995.

[46]APEC Manila Action P1an for APEC[R]. Philippine International Convention Center，Manila，November l996.

[47]APEC. Report to the 16th APEC Ministerial Meeting on Preparation for Mid-term Stocktake of the Bogor Goals [R].November 2010.

[48]APEC PSU. Progressing towards the APEC Bogor Goals – Perspectives of the APEC Policy Support Unit [R]. November 2010.

[49]Assessment of Liberalisation and Facilitation of FDI in Thirteen APEC Economies [R]. UNCTAD, World Investment Reports 1997-2009, December 2010.

[50]Australia. Summary of BMG's Achievements and Work Since 1997 [R]. 2010/SOM2/BMG/002 Second Business Mobility Group Meeting，Sapporo，Japan，29 May 2010.

[51]The 19th APEC Economic Leaders' Meeting Honolulu[C]. Hawaii, USA Nov. 12-13 2011.

[52]2015 APEC Ministerial Meeting，Joint Ministerial Statement[C]. Manila,

Philipine, 17 Nov 2015.

[53]WTO Tariff Profiles [DB]. 2015.

[54]APEC PSU. Perceptions in the Use of NTMs within the APEC Region[R]. June 2014.

[55]APEC PSU. Perceptions in the Use of NTMs within the APEC Region[R]. APEC Policy Support Unit. June 2014.

[56]APEC PSU. 2012 Bogor Goals Progress Report of Twenty-one APEC Member Economies[R]. PSU 2012.

[57]APEC PSU. APEC's Bogor Goals Dashboard[R]. PSU, October 2015.

[58]APEC PSU. APEC's Bogor Goals Dashboard[R]. PSU, October 2015.

[59]APEC CTI. APEC Non-Binding Investment Principles[R]. APEC CTI. 2011 Update.

[60]APEC CTI. APEC Strategy for Investment[R]. APEC CTI, 2010 CTI Annual Report to Ministers，Appendix 7.

[61]APEC PSU. APEC's Bogor Goals Dashboard[R]. PSU, October, 2015.

[62]Draguhn, Werner, Eva Manske, & Jürgen Rüland. Asia-Pacific Economic Cooperation (APEC): The First Decade. Routledge, 2013.

[63]Fukuda-Parr, Sakiko, and Carlos Lopes, eds. Capacity for development: new solutions to old problems[J]. Routledge, 2013.

[64]Lindemann, Björn Alexander. Case Study 2: The Asia-Pacific Economic Cooperation[J]. Cross-Strait Relations and International Organizations. Springer Fachmedien Wiesbaden, 2014. 161-185.

[65]ADB. Trans-Pacific Partnership versus Comprehensive Economic Partnership: Control of Membership and Agenda Setting[J]. Working Papers on Regional Economic Integration, 2014.

[66]Aggarwal, VK. Mega-FTAs and the Trade-Security Nexus: The Trans-Pacific

Partnership (TPP) and Regional Comprehensive Economic Partnership (RCEP) [J]. Asiapacific Issues, 2016.

[67]APEC. Statement on the 25th Anniversary of APEC — Shaping the Future through Asia-Pacific Partnership[EB/OL]. Beijing, China, November 2014.

[68]APEC. The Beijing Roadmap for APEC's Contribution to the Realization of the FTAAP [R]. Beijing, China, November 2014.

[69]Elms, D. The Trans-Pacific Partnership (TPP) as a Pathway to Asian Integration the Goal: Free-Trade Area of the Asia Pacific (FTAAP)[C]. 2014 Korea Dialogue on Strengthening North Pacific Cooperation, East-West Center and KIEP, 2014.

[70]The New Zealand-Singapore-Chile-Brunei Darussalam Trans-Pacific Strategic Economic Partnership[R]. Ministry of Foreign Affairs and Trade, New Zealand.

[71]Tran, D, Heal, A. A Free Trade Area of the Asia-Pacific: Potential Pathways to Implementation[J]. Gastroenterology Nursing, 2014, 24(5): 239-45.

[72] World Development Indicators[DB]. The World Bank, June 2016.

[73]APEC Secretariat, Report of the Individual Action Plan Peer Review of China[R]. 2007/SOM3/023.

[74]Andrew Elek. Trade Facilitation 2006-2010: Report for the APEC Committee on Trade and Investment[R]. Public-Private Dialogue on Trade Facilitation. Ho Chi Minh City, Viet Nam, 23-24 May 2006.

[75] Investment Facilitation Action Plan: Progress Report on Implementing the IFAP in 2009/2010[R]. APEC Committee on Trade and Investment , Second Senior Officials' Meeting. Sapporo, Japan, 4 June 2010.

[76] APEC Committee on Trade and Investment. Annual Report to Ministers[R]. 2013 (9).

[77]APEC's Bogor Goals Dashboard[R]. APEC PSU. 2013(5).

[78]IAP Implementation in Facilitating Investment for the Asia Pacific Region[R],

APEC Policy Support Unit.2013 (3).

[79]Progress report on development of a methodology to assess the progress of APEC economies in meeting the Shanghai Accord's goal of reducing transaction cost by 5% by 2006 [R]. 2004/SOMI/EC/010.

[80]APEC's Role in Trade Liberalization and Facilitation – Update on Trade and Investment in the APEC Region, submitted by Center for Strategic and International Studies (CSIS) [C]. Thematic Seminar on APEC Peru 2008. Lima, Peru, 27-28 November 2007.

[81]APEC's Second Trade Facilitation Action Plan（FTAP II）[R]. APEC Secretariat, Singapore, 2007.

[82]APEC's Trade Facilitation Action Plan – A Mid-term Assessment[R]. prepared by Yuen Pau Woo, published for APEC by the Asia Pacific Foundation of Canada. 18 October 2004.

[83]Review of APEC Trade Facilitation Action Plan 2001-2006[R]. Asia Pacific Foundation of Canada,submit to Public-Private Dialogue on Trade Facilitation. Ho Chi Minh City, Viet Nam, 23-24 May 2006.

[84] Investment Facilitation Action Plan: Progress Report on Implementing the IFAP in 2009/2010[R]. CTI Chair. Second Senior Officials Meeting. Sapporo, Japan, June 2010.

[85] Midterm Stocktaking Report on APEC's Progress toward the Bogor Goals[R]. Pacific Economic Cooperation Council (PECC). May 2005.

[86]Andrew Elek. Trade Facilitation 2006-2010: Report for the APEC Committee on Trade and Investment[R]. Public-Private Dialogue on Trade Facilitation. Ho Chi Minh City, Viet Nam, 23-24 May 2006.

[87]Trade Facilitation Menu of Actions and Measures, APEC Trade Facilitation Action Plan[R]. presented by CTI, 21 October 2002.

[88]Yuen Pau Woo. APEC's Trade Facilitation Action Plan–A Mid-term Assessment[J]. published for APEC by the Asia Pacific Foundation of Canada. 18 October 2004.

[89] Assessment of Achievements of the Bogor Goals in 2014[DB]. http://www.apec.org/Topics/Action-Plans/IAP-Submissions，2014-Bogor-Goals.aspx

[90]WTO Tariff Profile[DB]. http://www.wto.org.

[91] APEC's Bogor Goals Dashboard [DB]. APEC PSU, October 2015, http://www.apec.org.

[92] APEC Mid-Term Stocktake (MTST) Project Team Experts. Bogor Goals Mid-Term Stocktake – Discussion Paper (final version) [DB]. 2005/SOM2/MTST/002rev1. http://www.apec.org

[93]International Labour Organization (ILO), Declaration on Fundamental Principles and Rights at Work. http://www.ilo.org/public/english/standards/index.htm.

[94] Enhancing Trade and Investment, Supporting Jobs, Economic Growth and Development: Outlines of the Trans-Pacific Partnership Agreement [DB]. USTR. November12, 2011. http://www.ustr.gov.

[95]Progressing towards the APEC Bogor Goals Perspectives of the APEC Policy Support Unit [DB]. APEC PSU. November 2010. APEC#210-SE-01.4, www.apec.org.

[96] Fact Sheet on Individual Efforts Made towards the Achievement of the Bogor Goals [DB]. Australia，Canada，Japan，New Zealand，United States，Chile，Hong Kong, China，Korea，Malaysia，Mexico，Peru，Singapore and Chinese Taipei, November 2010. www.apec.org.

[97]Assessing Progress Made toward Bogor Goals–Business Perspectives on FTAs among East Asian APEC Members [DB]. Office of Regional Economic Integration Asian Development Bank, February 2010，www.apec.org.

[98]http://www.apec.org/Topics/Action-Plans/IAP-Submissions.aspx.

后记

本项目为教育部人文社会科学重点研究基地项目，编号为：14JJD810001，项目名称为：APEC 茂物目标二十年：评价及展望，项目负责人为宫占奎教授。

2010 年 13 个 APEC 成员完成了茂物目标评估以后，APEC 成员每两年提交一次单边行动计划，但从各成员提交的报告内容分析，一些成员很少再提供完整的 IAP 报告，所以资料搜集比较困难，有些资料是从 WTO 以及其他国际经济组织的数据库中获得。

APEC 是有 21 个国家和地区参加的国际经济组织，包括中国台北和中国香港，所以 APEC 文件的英文文件将各个参加国家和地区称为成员经济体，本书中一般称为成员或者经济体。

中国、中国台湾、中国香港同时参加了 APEC，大陆是以主权国家参加，台湾与香港以地区经济体参加，规定中国台湾称为"中国台北"。

本书共分七章，各章的作者如下：宫占奎（第一章）、于晓燕（第二章）、李文韬（第三章）、余震、张彬（第四章）、罗伟（第五章）、孟夏、李俊（第六章）、刘晨阳（第七章），全书由宫占奎总撰并通稿。

本书主要是对 APEC 茂物目标进程的总结和展望，有不足之处，诚望批评指正。

专著编写组

2016 年 10 月于南开大学